KB133719

한국속경남

초판 1쇄 발행 2017년 1월 13일

글 남석형 · 이서후 · 권범철
펴낸이 구주모

편집책임 김주완
표지·편집 서정인
일러스트 서동진
유통·마케팅 정원한

펴낸곳 도서출판 피플파워
주소 (우)630-811 경상남도 창원시 마산회원구 삼호로38(양덕동)
전화 (055)250-0190
홈페이지 www.idomin.com
블로그 peoplesbooks.tistory.com
페이스북 www.facebook.com/pepobooks

ISBN 979-11-86351-14-7 (04090)
979-11-86351-11-6 (set)

이 도서의 국립중앙도서관 출판예정도서목록(CIP)은 서지정보유통지원시스템 홈페이지(http://seoji.nl.go.kr)와
국가자료공동목록시스템(http://www.nl.go.kr/kolisnet)에서 이용하실 수 있습니다. (CIP제어번호 : CIP2016032417)

공익콘텐츠
발굴 기획
3

한국사회 깊숙이 파고든 경남의 자산을 풀어내다

한국 속 경남

차례

머리말

한국사회 깊숙이 파고든 경남자산 어떤 게 있을까요?

경남은 예로부터 예藝와 문文이 높아 인물이 많이 났으며, 경남 사람 특유의 호방한 기질은 한국사 변곡점에서 중요한 역할을 했습니다.

또한 경남은 바다와 산이 좋아 먹거리가 풍부했습니다. 다양한 음식·놀이 문화가 뒤따랐고, 이는 한반도 전역으로 퍼져 나가기도 했습니다.

이뿐만 아니라 경남은 한국경제 고도 성장기에 그 심장 역할을 하며 한국을 대표하는 기업·노동자 문화가 발달했습니다.

이처럼 중세부터 근·현대까지 경남 자산과 가치들은 한국사회 전반에 크고 넓고 깊은 영향을 끼쳤습니다. 이를 고증하고 현재 의미를 이야기로 풀어내는 일은 경남 가치를 드높이는 것이며, 지역사회를 한층 풍부하게 할 것입니다.

이에 1년에 걸쳐 경남 곳곳의 속살을 들여다보고, 타지에 뻗어나간 여기 자산을 찾기 위해 전국 방방곡곡을 돌아다녔습니다. 그 결과물을 하나로 엮어 '한국 속 경남'이라는 이름으로 선보입니다.

남석형·이서후·권범철

밥 무긋나?

마!

가가 가가?

우짜긋노

니삐 없데이

우야자는기고

가
가
가
가
가
?
경상도 말

경상도 말

—

'가가 가가가?'

무슨 말인지 쉽게 알아채기는 어려울 것이다.

글로 옮겨서 그렇지, 말로 하면 어렵지 않게 알아들을 수도 있다.

적어도 경남 사람이라면 말이다.

풀어보자면 '그 얘 성이 가 씨냐?' 정도 되겠다.

'가가 가가가?'에는 경남 말 특징이 잘 담겨 있다.

소리의 높낮이라 할 수 있는 '성조', 그리고 '축약'이다.

이와 같이 독특한 '경상도 말'을 들여다보자.

경상도 말의 특징

무뚝뚝하다꼬? 높낮이 더하면 더없이 정겹데이~

무의미한 권역별 구분

한반도 내 방언은 6개 권역으로 나누는 것이 일반적이다. 평안도·함경도·중부·전라도·경상도·제주도 방언이다.

다른 말로 '동남 방언'인 경상도 방언은 경남·부산·경북·대구가 뭉뚱그려 있다. 학자에 따라서는 이를 진주권·부산권·안동권·대구권이라 하기도 한다.

여기서는 범위를 '경남'으로 좁혀 이야기하고자 한다. 경남은 다시 진주·고성·사천 등 서부권, 창원·함안 창녕 등 동부권으로 나누기도 한다. 더 세분화하면 도내 18개 시·군 별로 구분할 수 있을 것이다. 하지만 시·군은 행정적으로 구분해 놓은 것이다. 말에 큰 영향을 미치는 지리·문화적 여건을 모두 아우를 수 없는 한계가 있다.

바다가 흔히 내려다보이는 평야에 사는 어느 노인은 이렇게 말한다.

"괴기 배 따는 뱃사람과는 통용 안 한데이~"

바로 옆 동네지만 생활환경에 따른 심리적 경계를 둔 것이다.

송창우(49) 시인도 이런 얘길 전했다.

"제가 자란 부산 가덕도에 두 개 면이 있습니다. 산 너머에 있는 우리 동네 사람들은 저쪽을 갯가 사람이라고 합니다. 문화도 우리는 김해·부산권, 저쪽은 거제·마산권입니다. 그러다 보니 두 개 동네가 말도 다르고 생각도 다릅니다. 같은 섬 안에서도 이렇게 차이 나는 겁니다."

이렇듯, 방언 연구에서 권역별로 묶어 접근하는 것은 20년 전 방식이라고 한다. 이제는 시골 면별 단위로 더 자세히, 세분화해 조사한다고 한다.

여기서는 우리 경남 사람들이 사용하는 말에 대한 상징적인 것들을 살펴보고자 한다.

시끄럽게 들리는 이유 '성조'

귀에 익은 이야기 몇 가지를 해보자. 경남 사람 둘이 서울 버스 안에서 일상적인 대화를 나눴는데, 주변 사람들은 싸우는 걸로 받아들이며 슬슬 피했다는 것이다. 또한 경남 사람이 서울 지하철 안에서 전화통화를 하고 있으니, 서울 사람이 "중국사람 맞잖아"라고 했다고 한다.

경남 말은 세고 시끄럽게 들린다. 그 이유는 '성조'에서 찾을 수 있겠다.

마산YMCA 유치원 아이들

'가(↗)가(↘) 가(↗)가(↗↗)가(↘)'와 같이 '성조'는 소리 높낮이로 뜻을 전달하는 것을 의미한다. 억양이 문장 전체를 관통하는 높낮이라 한다면, 성조는 단어를 결정하는 높낮이라 할 수 있다.

경남 말은 일반적으로 저조·중조·고조로 나누는 '3성' 체계다. '말'을 예로 들어보자. 말·되·홉 할 때 쓰는 용량 단위인 '말'은 고고, 달리는 '말馬'은 고저, 입으로 하는 '말言'은 저고다.

15~16세기 중세 국어는 성조 체계였다고 한다. 지금은 성조가 경상도, 함경도, 강원도 일부에만 남아 있다. 이와 달리 서울 말은 길고 짧은 '장단'만 있다. 높낮이 있는 경남 말이 그들 귀에 잘 들리지 않는 이유다. 경남 사람들 목소리가 큰 부분도 있지만, 성조 때문에 세고 시끄럽게 들리는 것이다.

중국말도 성조어다. 그런데 경남 말보다 한 단계 높은 '4성' 체계다. 평평한 것, 올라가는 것, 위에서 평평한 것, 급하게 내려오는 것으로 구분할 수 있다. 그래서 경남 말보다 더 요란하게 들린다. 경남 사람 입에서조차 "옆집 중국 사람들 대화 소리가 신경 쓰여 밤에 잠을 설친 적이 있다. 큰 소리가 아니었는데도 그렇더라"는 말이 나온다.

경남 말은 '와? 이기 다 니끼가?'와 같이 한편으로는 일본말처럼 들리기도 한다. 일본 말에도 성조가 남아 있고, 모음 체계도 비슷하기 때문으로 받아들이면 되겠다.

경제적인 언어 습관 '축약'

프로야구 롯데의 부산 사직구장 최고 히트작은 '마!'다. 상대팀 투수가 견제구를 던지면 관중석에서 어김없이 나오는 구호다. '짜증

난다', '시간 끌지 말고 빨리 해라'는 메시지가 '마' 하나에 담긴 것이다.

언어라는 게 의사소통을 위한 것이다. 짧게 말했는데도 상대방이 알아들으면 그것만큼 경제적인 것이 없다. 경남 말이 그렇다.

'야 이놈아'가 '야 임마'로 줄어들고, 그것이 또 '얌마'로까지 된다. '뭐 하러 그러나'가 '만다 그라노'로 되고, 또 '만다꼬'로까지 줄어든다.

우리말에는 'ㅣ', 'ㅜ', 'ㅟ', 'ㅔ'와 같은 단모음이 모두 10개다. 그런데 경남에서는 서부지역을 제외하고는 6개 모음만 사용한다. 이 또한 경제적인 언어 습관인 셈이다.

그렇다면 왜 경남 말은 이렇게 축약이 많을까? 방언 연구가들은 산골로 갈수록 말 줄임이 심하다고 한다. 여기서 흔히 거론되는 것이 살아가는 환경 영향이다. 먹고살기 어려운 척박한 자연·생활환경이 여기 사람들 말 습관까지 바꾼 것 아니냐는 것이다. 또한 바다 낀 고장이 많다는 것도 빠지지 않는다. 시끄럽고 정신없는 배 위에서는 말을 간결하게 할 수밖에 없다는 것이다. 나아가 뱃사람들은 그래서 목청이 클 수밖에 없고, 그것이 또 화끈한 이미지로 연결됐다는 것이다.

우스갯소리 하나 더 하자면, 위에서 돌이 굴러 떨어지는 상황이다. 충청도는 "아부지~ 돌~ 굴러가유~"라는 아들 말이 끝나기도 전에 아버지가 돌에 맞았다고 한다. 반면 경남은 "아버지, 돌"이라고 말하는 아들보다 아버지가 먼저 피해 있었다는 것이다. 경남 사람의 급한 성격, 그리고 축약된 말이 동시에 담겨 있다.

이처럼 성격이 급해서 말 축약이 심해졌을 것이라는 추측도 어렵지 않게 할 수 있다. 하지만 방언 연구가들은 조심스럽게 접근한다. "그렇게 추론할 수는 있지만 증명할 방법이 없기에 단정할 수 없다"는 것이다. 성격이 급해서 말이 변한 것인지, 말이 그렇기 때문에 성격이 변한 것인지, '닭이 먼저냐 달걀이 먼저냐' 문제라는 것이다.

편하게 하려는 발음, 그리고 말 맛

김영삼 전 대통령은 '경제'를 '갱제'로 발음하기로 유명했다. '확실히'도 '학실히'로 발음했다. 이는 발음을 편하게 하려는 경남 사람들 특징이다.

ㄱ을 ㅈ으로, ㅎ을 ㅅ으로, 받침을 생략하는 것 등이다. 김치→짐치, 흉본다→숭본다, 돌덩이→돌디이 같은 식이다.

비슷한 말도 뉘앙스에 따라 달리 전해진다.

'왜'라는 뜻이 담긴 경남 말에는 '와', '만다꼬'가 있다. 그런데 이 둘에는 차이가 있다. '와'는 상대적으로 '왜'의 의미를 충실히 담고 있지만, '만다꼬'는 뭔지 모를 불만의 의미가 담겨 있다.

'하소', '하이소'는 '이' 하나 차이지만 받아들여지는 것은 많이 다르다. '하소'는 무뚝뚝함·건방짐이 묻어 있는 반면 '하이소'는 공손함이 전해진다. 더 높이면 '하시이소'가 된다.

말끝에 붙는 '예', '요'도 그렇다. 경남 사람이 '서울 말' 따라할 때 생각하는 것 두 가지가 있다. 하나는 개그 프로에서 '서울 말은 끝말만 올리면 되는 거 모르~니(↗)'라고 했듯, 끝 부분을 올리는 것이다. 또 하나는 말끝에 '예'가 아닌 '요'를 붙이는 것이다. 그런데 '예'는 정감 있게 다가오고, '요'는 좀 건방지게 받아들여진다. '요'는 곧 서울 말 따라 하기라는 인식에서 나오는 일종의 반감 같은 것이라 할 수 있겠다.

경남 말은 '밥 무긋나(↘)'와 같이 묻는 말에서도 끝을 내린다. 그래서 좀 무뚝뚝하게 느껴진다. 하지만 '무긋'에서 음을 한껏 올리면 더 없이 살갑게 다가오기도 한다.

방언연구가 **김정대** 경남대 교수

사투리 지켜내야 표준어 건강해져

"30년 전만 해도 시골에 놀라운 방언이 많았습니다. 그때는 집단생활이다 보니 전승이 잘 되었죠. 지금은 젊은 사람들이 도시로, 또 서울로 다 나가니 갈수록 사라지고 있습니다. 방언 연구하는 사람들은 마음이 급해집니다. 나중에는 방언을 녹음기로 들을 수밖에 없을지도 모릅니다."

경남 등 각 지역 방언은 오늘날 빠른 속도로 소멸하고 있다. 서울로 사람이 몰리고, 또 그쪽 사고로 살아가려 한다. 무엇보다 방언을 하대하는 사회적 인식이 문제다. 모든 지역에서 표준어를 사용한다면 '언어 통일성' 측면에서 이점이 있을 수도 있다. 그럼에도 방언이 없어져서는 안 될 이유가 분명히 있다.

도내에서는 지난 2012년 5월 '경남방언보존연구회'가 만들어졌다. 경남대학교 국어국문학과 김정대(63) 교수도 여기서 활동하고 있다. 김 교수는 먼저 큰 틀에서 이야기를 꺼냈다.

"언어는 인류가 만든 최고 문화유산입니다. 나라마다 말이 다른 것은 사람들 사고가 다르기 때문입니다. 생태계 종이 다양하지 않고 한 종이 독식하면 먹이사슬은 깨지잖아요. 다양성 면에서 언어도 마찬가지입니다. 소수 언어가 사라져서는 안 되는 이유입니다."

김 교수는 표준어를 더 건강하게 하기 위해서라도 방언은 존재해야 한다고 했다.

"서울이 바다를 끼고 있습니까? 농촌도, 산골도 아니잖아요. 우리나라에는 농사짓는 곳, 바다 낀 곳이 얼마나 많습니까? 그곳에서 필요한 농·어업에 관한 용어들이 숱하게 있죠. 즉, 표준어가 감당하기 어려운 아름답고 생동감 넘치는 말들을 방언이 녹여내는 겁니다. 그런데 그 지역에서만 사용하는 말이라고 버리잖아요. 나중에 그 용어가 다시 필요하면 영어를 쓰거나 하겠지요. 그러면 수많은 우리 문화가 사라지는 겁니다."

방언이 필요한 또 다른 이유로 정체성·정서 문제를 들었다.

"어릴 때 여기서 지내다 서울로 간 친구가 있습니다. 명절 때 와서 친구들이 함께 모인 자립니다. 그런데 그 친구가 '너희들 잘 지냈니?'라고 서울말을 쓰면 분위기가 어떻게 되겠어요? 관계가 끊기는 겁니다. 서울에 갔는데 어디선가 경상도 말이 들리면 자기도 모르게 반갑잖아요. 이렇듯 방언은 그 지역 정체성·정서적인 것에서도 반드시 필요한 것이죠."

그 외 국어사 연구, 국어정책 수립에서도 방언은 큰 몫을 한다고 했다.

그렇다면 사라지는 방언을 살릴 구체적 방안은 뭐가 있을까?

"표준말 쓰는 공무원만 있으니 시골 노인들이 말을 잘 못 알아들어요. 실제로 방언 잘 사용하는 사람을 공무원으로 특채한 사례가 있습니다. 그 지역 자치단체·기업에서 방언 구사 능력이 뛰어난 사람을 우대하는 걸 생각해 볼 수 있죠. 학교에서도 교육해야 합니다. 그런데 그냥 하라면 안 하잖아요. 시험 문제에 넣어야겠지요. 또한 사투리경연대회에서 입상하면 입시에 우대하는 당근책도 생각해 볼 수 있습니다."

참다가 참다가 한마디 툭… 그래야 출세하는 줄 알았다

기질이 먼저냐, 말이 먼저냐

"밥 묵자", "아(아이)는?", "자자".

경상도 남자가 퇴근 후 집에 들어와 한다는 세 마디다. 물론 과장을 한 우스갯소리지만 경상도 남자의 '무뚝뚝한' 기질을 잘 나타낸 예다. 또한 이는 경상도 말의 특징을 잘 드러내고 있다. "자자"의 경우 음절의 높낮이성조로 의사를 전달하고 있으며, '아이'를 줄여 쓴 '아'는 경상도 말 특유의 '축약 현상'이다. '말'이 '기질'을 받쳐주는 모양새다.

비슷한 경우는 또 있다. 도토리와 상수리는 경상도에서 '꿀밤'으로 통일된다. 민들레·씀바귀·고들빼기는 모두 '씬내이'로 불린다. 존재해 왔던 대상을 사람들이 단순화·추상화한 것이다. 경상도 사람 특유의 기질이 말을 단순화한 것으로 보인다. 때문에 경상도 말은 유려하기보다는 투박하다.

그렇다면 말이 기질을 만든 것일까? 기질이 말을 만든 것일까? 이는 단정하기 어려운 문제다. 다만 산세가 험하고 평야는 부족한데 인구는 많았던 척박한 환경이 말에 영향을 줬을 것이란 추론은 가능하다.

전라도엔 정자, 경상도엔 서원

조선 전기를 대표하는 성리학자인 퇴계와 남명의 고향인 경상도.

밥 묵자
자자

조선시대 600여 서원 중에 160여 서원이 있었던 곳이 경상도다. '전라도엔 정자, 경상도엔 서원'이란 말이 나온 배경이다.

넓은 곡창지대인 전라도는 반상의 구분이 있을지언정 경상도만 하진 않았다. '양반이 시조를 읊으면 나는 논에서 모를 심다가 육자배기를 하면 그만'인 곳이 전라도다.

하지만 경상도는 달랐다. 양반가 가풍이 여염집 툇마루까지 이르렀다. 남녀 밥상이 달랐고, 숟가락 드는 순서가 엄격했으며 제사상을 어떻게 차리느냐가 법도의 기준이었다. 전 계층이 양반가 문화를 흉내 냈다.

때문에 말은 아껴야 하며, 말을 할 때 감정을 드러내도 안 된다. 꾸미는 말이 부족하고 모음 수가 전국 방언 중에서 가장 적은 이유도 이와 관계있다. 참고 참다 툭툭 던지는 말은 억세고 투박해질 수밖에 없다.

척박한 땅, 어느 양반가 대문간에 손때를 묻히지 않으면 살기 힘들었던 경제구조의 산물인 것이다.

말을 아껴 입신양명하라!

개인차야 있겠지만 대체로 전라도 사람들은 붙임성이 좋다. 처음 만나는 이라 할지라도 말이 살갑고 할 말도 많다. 반면 경상도 사람은 좀처럼 마음을 열지 않는 것처럼 보인다. 낯선 사람은 외면하거나 팔짱을 끼고 지켜보기만 한다. 그만큼 감정을 드러내지 않는 것이다.

이러한 '감정(말) 절제'는 경상도 사람 기질과 관계있다. 양반가에서 입신양명해 가문을 빛내기 위해선 끝없는 자기 절제를 해야 한다. 하고 싶은 것, 먹고 싶은 것 등을 말하지 않는 것이 미덕이다. 때문에 기생집 처녀 춘향이를 사랑한 양반집 이몽룡의 로맨스는 경상도에 없다. 그보다 정절을 지킨 '아랑의 전설(밀양)'이나 '망부석 설화(울산) 등이 있다.

그래서 경상도 말은 '감정 절제'의 산물이다. 그리고 그것은 '남성의 언어', '아버지의 언어'에 가깝다. 언어 중추가 발달한 여성에게 경상도 말은 손에 안 맞는 호미와 같다.

말 절제가 억압으로

어머니가 밖에서 맞고 들어왔다면 자녀들은 일단 어머니를 보호하고 위로한다. 하지만 아버지가 그런 경우를 당했다면 어떨까? 일단 자녀들은 아버지 상태를 살피고 치료할 것이다.

하지만 '보지 말아야 할 것을 본 것' 같은 정신적 충격을 함께 받는다. '맞고 다니는 아버지', '강하지 못한 아버지'에 대한 실망이다.

우리는 아버지가 언제나 자애롭고 정의롭기를 바란다. 하지만 동시에 '항상 이기기'를 바란다.

비록 이기는 과정이 정의롭지 못하다 할지라도 '이기는 아버지'를 원한다. 이탈리아의 정신분석학자 루이지 조아는 이를 '부성의 패러독스'라고 정의한다.

자녀들의 이런 이중적인 요구 속에 아버지는 언제나 감정을 억제해야 한다. '약한 모습'을 보이지 않으려는 의지가 대인관계 특징이 되며 곧 다른 이의 감정도 억제하려 든다. 감정의 절제가 나와 타인을 동시에 억압하게 된다. 경상도 말의 투박함엔 이런 아버지의 사연이 녹아 있다.

말에 갇힌 아버지

'억압된 어버지의 말'로서 경상도 말은 권위주의 정권을 거치면서 강화했다. 경상도 출신 박정희·전두환·노태우가 TV에서 하는 말은 아버지의 언어였다. 왕조시대의 '국가=부모'라는 등식은 권위주의 정권을 거치며 '국가=아버지'로 강화했다. 군사정권 특유의 수직적·억압적 문법이 경상도 말을 만나 '명령어'로서 아버지의 말이 된 것이다.

이는 무뚝뚝한 경상도 남자 기질을 강화했다. 자녀 안부가 궁금해 전화를 한 아버지는 걸자마자 끊기 바쁘다. 몇 번인가 망설였을 전화를 해놓고 바로 끊을 수밖에 없을 만큼 다정하게 말하는 법을 배우지 못했다. 늘 무뚝뚝하다가 말도 제대로 못 하는 어린 손주를 안을 때면 다정다감해지는 경상도 아버지. 우리 아버지는 어쩌면 지금부터 말을 배우고 있는지도 모르겠다.

지역말 외계어 취급하는 사회

고구마를 '고매'라 하면 격 떨어질까

입에 착 달라붙는 걸로 치면 '방언'보다는 '사투리'다. 그런데 '방언', '사투리'를 놓고 생각할 부분이 좀 있다.

사전에 나와 있는 뜻을 먼저 보자.

'방언-한 언어에서, 사용 지역 또는 사회 계층에 따라 분화된 말의 체계'

'사투리-어느 한 지방에서만 쓰는, 표준어가 아닌 말.'

무슨 말인지 헷갈릴 만하다. 이리 한번 풀어보자.

방언은 모든 지역에 다 해당하는 말이다. 경남에서 쓰면 경남 방언이고, 서울에서 쓰면 그게 서울 방언이다. 그런데 서울 사람들이 자기들 말을 표준어로 취급하면서 머리 아프게 된 것이다. 서울 방언이 표준어에 속하니까, 그 외 지역 말은 방언이라 하기 보다는 사투리라 하는 것이다. 그래서 사투리는 방언보다 투박하고, 격이 떨어지는 쪽으로 받아들여진다.

또한 서울 사람들은 너무 자기들 중심이다. 자신들 위치에서 경상도가 동남쪽이니까, '동남 방언'으로 분류해 놓았다. 그것도 경남·북을 묶어서 말이다.

표준어도 그렇다. 1989년 3월 1일 만들어진 '표준어 규정'을 보자.

'표준어는 교양 있는 사람들이 두루 쓰는 현대 서울말로 정함을 원칙으로 한다.'

1933년 조선어학회에서 〈한글맞춤법통일안〉을 내놓았는데, 여기서는 표준어를 '대체로 현재 중류사회에서 쓰이는 서울말로 한다'고 해 놓았다. 지금 표준어 개념이 이때 나온 것이다. 말이라는 게 하루가 멀다 하고 바뀌는데, '표준어' 개념은 80년 전 것을 그대로 이어가는 것이다.

그러니 방언이 천시 받고 외계어 취급 받는 건 엊그제 일도 아니다. 옛날에 장학퀴즈 나갔던 경상도 진주 남학생이 '고구마'를 '고매'라 했다가, 차인태 아나운서가 세 글자라 하니, '물고매'라 했다가 결국 떨어졌다는 일화가 있다.

2008년에는 경상도 여자가 사투리 문제로 서울 직장을 관두고,

그걸 비관해 목숨까지 끊었다고 한다.

경상도 안에서도 마찬가지다. 마산 사람 아무개가 대구에 갔더니, 말이 너무 억세다며 신기한 취급을 받았다고 한다. 그러면서 은근히 무시당하는 걸 느꼈다고 한다.

우리가 쓰는 이 말이 현실에서는 너무 슬프게 다가온다.

경상도 말을 힙합과 접목한 가수 **술제이**

"내 주변 사람들이 쓰는 언어로 노래 만들고 싶었다"

힙합 팬과 뮤지션들 사이에서 '프리스타일의 교주'라 불리는 가수 술제이(32·본명 김성훈)는 경남 출신이다. 거제에서 태어나 창원에 살았고, 경상고등학교를 졸업한 후 서울로 갔다.

2005년 엠넷 등이 주최한 프리스타일랩 배틀대회에서 우승한 후, 2009년엔 문화관광부 선정 이달의 우수 신인음반상을 받기도 했다. 최근 경상도 말로 부른 '뭐라꼬'가 입소문을 타며 인기를 얻고 있다.

서울 압구정 작업실에서 그를 만나 '경상도 말'에 대한 이야기를 나눴다. 그는 경상도 말이 힙합을 통해 '멋스럽게' 재탄생한다고 했으며, 무엇보다 '자기의 것'이라는 자연스러움 덕분이라고 했다.

Q: 경남 지역 출신 음악인으로 알고 있다.

"거제 옥포에서 태어났다. 아버지가 조선소에서 일 하셨다. 태어나고 얼마 후 통영충무으로 가 2년 정도 살다가 창원 양곡으로 와 살았다. 그게 세 살 쯤이었으니 창원이 고향이나 다름없다. 거기서 초등학교·중학교 다니고 경상고등학교를 졸업했다. 숭실대 영문과에 입학했는데 흑인음악 동

아리에 들어가면서 힙합을 시작했다.”

Q: 그렇다면 음악을 시작한 계기는 대학 동아리였나?

“초등학교 시절 서태지와 아이들의 ‘난 알아요’를 듣고 충격 받았다. 소풍 때 장기자랑에도 나가고 친구들이랑 노래방도 자주 갔다. ‘에미넴’이나 ‘투팍’ 등 뮤지션들 음악도 듣고, 노래방에서 랩 같은 걸 부르면 친구들이 모두 좋아했다. 그래서 막연하게 앞으로 이런 걸 할 수도 있겠다는 생각을 하고 있었다.

흑인음악 동아리에 들었을 때 선배들로부터 인정받을 자신감이 있었는데 막상 현실은 많이 달랐다. 노래방과 다르게 직접 가사를 써야 했다. 그래서 더 연습했다. 그리고 얼마 후 휴학하고 옛 마산시청 공익요원 생활을 했다. 그때쯤 '엠넷'에서 개최한 랩배틀 대회가 있었는데 거기서 우승했다."

Q: 경상도 억양이 음악에 장애가 되진 않았나?

"힙합은 미국이 본고장이다. 그 큰 대륙에서 동서남북 각기 다른 억양들이 존재한다. 그리고 그것들이 각자의 힙합이 됐다. 각 지역 사투리들이 음악에 그대로 묻어나는 것이다. 그래서 힙합은 자신의 언어로 이야기하는 것을 자랑스럽게 여긴다. 경상도 말 억양이 촌스럽거나 무슨 말인지 못 알아들을 수도 있지만 자연스럽고, 그래서 더 멋스러운 것이다.

랩(힙합)이란 장르는 박자도 잘 타야하고 글도 잘 써야 한다. 그런 의미에서 (경상도 말은)자기 색깔을 내는 데 오히려 도움이 됐다.

사실 처음 음악을 할 땐 사투리가 묻어난다는 부정적인 피드백도 있었다. 하지만 이젠 다 좋다. 하지만 주변에 배우 하는 친구들은 피눈물 나게 경상도 말을 고치는 걸 봤다. 음절 하나마다 억양 표시를 해서 서울말을 배운다. 정말 힘들게 고치더라."

Q: 혹시 '술제이'란 이름도 경상도 말 아닌가?

"맞다! 고등학교 때 친구들이 붙여준 별명이다. 술을 좋아한다는 '술쟁이'를 경상도 말로 한 것이다. 그렇다고 술을 좋아하거나 마셨다는 건 아니고, 내 얼굴이 항상 홍조가 들어 있었다. 마치 술 취한 사람처럼…. 그래서 친구들이 '술제이'라 불렀다.

랩 가수를 하겠다고 마음먹었을 때 이름이 필요했다. 그때 떠오른 것이 '술제이'란 고등학교 당시 별명이었다. 학창시절 별명이라 좋았고 자연스러워서 그렇게 정했다. 힙합에 취했다는 의미도 있고…. 하하! 서울 사람들은 그게 무슨 말인지 모르는데, 경상도 분들은 바로 그 뜻을 알아들으신다."

Q: 올해 발표한 '뭐라꼬'란 노래가 입소문을 타고 많은 사랑을 받고 있다.

"오디션 프로그램에도 나왔던 부산 출신 김보선 씨의 '뭐라고'라는 노래가 원곡이다. '뭐라고~'라는 코러스 부분이 있는데 그 부분만 경상도 말이었다. 재밌었다. 이 곡 전체를 경상도 말로 부른다면 재밌겠다는 생각이 들었다. 그래서 그날 밤 가사를 썼더니 보선이도 좋아했다. 뭐랄까… 그냥 계산 없이 했다. 재미로 써서 즐겁게 녹음했다. 그 느낌이 대중에게 잘 전달된 것 같다."

Q: (경상도 사람을 제외한)대중이 이해할 수 없을지도 모른다는 걱정은 없었나?

"맞다. 그게 조심스러웠다. 표기 방법이라든가 특히 띄어쓰기는 난감했다. 그래서 뮤직비디오를 타이포뮤직비디오(가사를 활용한 뮤직비디오)로 제작했다. 그걸 작업해준 디자이너도 마산 출신 친구인데 그 친구와 나도 생각이 엇갈렸다. 어떻게 표기해야 할지, 띄어쓰기는 어떻게 해야 할지 등을 두고 말이다. 정해진 표기법이 없으니까. 그래서 시각적으로 괜찮으면 그대로 사용했다.

하지만 처음 '뭐라꼬'를 들려줬을 때 대부분 서울분은 이해하지 못했다. 특히 '도바라(줘)', '앵기바라(안겨봐)' 등등은 그들 마음대로 각자 해석하더라. 자기들 나름대로 상상과 느낌으로 말이다. 그래서 이 곡을 어려워하시는 분들이 많았다. 하지만 음악을 즐기는 데는 문제가 되지 않았다. 사투리 맛이라든가 코러스 등을 재밌어 하셨다. 뭔가 무뚝뚝하면서도 재밌는 느낌이라고 할까."

Q: '뭐라꼬'는 전작들에 비해 많이 알려졌다. 특히 자신의 언어로 작업했기에 의미가 있을 것 같다. 기분이 어떤가?

"남을 따라 한 것이 아니기 때문에 정말 기분이 좋다. '감사하고 편안했다'는 표현이 가장 어울린다. 녹음할 때도 정말 편하게 했다. 랩이란 것이 자신의 인생을 담아내고 묻어내는 장르이기 때문에 더 의미가 크다. 친구나 가족들이 쓰는 언어로 노래를 만들었기 때문이다. 음악하는 사람으로서 자기 색깔을 드러낼 수 있었던 작업이기에 또한 의미가 있다. 자기 이야기를 자기의 언어로 풀어내는 것 아닌가."

Q: 여러 곳에서 강의도 많이 하는 것으로 알고 있다.

"힙합은 스스로 하는 것이란 통념들이 많았다. 하지만 지금은 체계적인 커리큘럼도 짜여 있어서 이 음악을 배우고자 하는 분들께 도움을 드리고 있다. 대학에서도 강의하고 있고, 기획사에서도 어린 친구들을 키우고 있다.

또한 '프리스타일 타운'이라는 그룹을 '울티마(힙합 뮤지션)'와 함께 설립해 전국을 다니며 세미나도 열고 '프리스타일 데이' 등 랩 배틀대회도 개최하고 있다."

Q: 서울 생활 10년이 넘었지만 여전히 경상도 말을 사용하고 있다. 타지에 와서 여러 분야 사람들과 일하는 것은 어떤가?

"사실 경상도 말도 아니고 서울 말도 아닌 중간 말에 가깝다. 유지하거나 바꾸겠다는 생각 자체가 없었다. 그냥 자연스럽게 여기까지 왔다.

창원 가서 가족들과 있을 때는 무뚝뚝한데 일할 땐 그렇지 않다. 서울에 와서 느꼈던 것은 경상도 사람 대부분 억양을 세게 하고, 직설적이며 짧게 말을 한다는 것이다. 그런데 단체생활에서는 상대방에게 상처주거나 판을 깨는 부작용들을 자주 봤다. 그래서 나는 서울말을 써야한다기보다 그냥 조심스럽고 부드럽게 이야기하려 노력하는 편이다."

Q: 경남 지역 출신 음악인으로 지역 팬들에게 하고 싶은 말이 있다면?

"부모님 계신 마산엔 일 년에 한두 번 밖에 못 간다. TV에 나갈 일이 별로 없으니 가끔 친구들도 내가 뭐하는지 모르거나 성공하지 못했을 것이란 말들을 한다. 하지만 강연과 공연, 기획 등으로 바쁘게 살아가고 있다. 음악적으로 앞으로 계속 더 성장하고 싶다."

<뭐라꼬 / 술제이&김보선>

와이리 예쁘노 니 땜에 진짜 돌아삐긋다
뭐든지 말만해라 니한테 뭐 돈 아끼긋나
가시나야 확신한다 내 같은 놈 다신 없데이
오늘 날씨도 따시고 기분 억시 좋네이
걱정 말고 고마 내 옆에만 딱 붙어라
달콤한 말은 잘 못해도 내는 항상 니부터 다
챙기주고 싶고 보호해두고 싶다
무뚝뚝하게 대답하는거 내도 싫타
그란데 우짜긋노 닭살 돋고 넘사시럽다
니 좋아하는 서울남자 사실 다 실없다
투박하게 구박해도 니 내 맘 알제
내가 국밥처럼 소박해도 솔찌 니삐 없데이

뭐라꼬 니 내 사랑한다고
달콤한 그 말 더해도
뭐라꼬 보고 싶다고
내 느그 집 앞이다 뭐하노 안앵기고

니 이래 귀여브면 도대체 뭐 우야자는기고

니캉 내캉 손잡고 또 팔짱도 끼고

한강에 소풍가자 돗자린 내가 챙깃다

김밥이나 단디 싸도라 진짜 기분 지긴다

혹시라도 친구들이 내 어떻냐고 안 하드나

뭐 가가가가 아이모 가가가가

물으면 확실하게 대답해라 가가 내다

제대로 알아듣나 내 손 꽉 잡아봐봐

알긋나 항상 난 진심인기라 몰라주면

슬프데이 누가 니 괴롭히면 고마 다 때리 뿌사삔데이

힘들 땐 기대라 포근한 침대 맹키로

내가 다 받아줄게 뭐하노 퍼뜩 안 앵기고

뭐라꼬 니 내 사랑한다고

달콤한 그 말 더해도

뭐라꼬 보고 싶다고

내 느그 집 앞이다 뭐하노 안앵기고

니 진짜 이래 예쁘모 우야자는 기고 (hey)

우야자는 기고 (hey) 우야자는 기고 (hey)

자꾸 보고싶어가 확 돌아삐긋다

내사마 돌아삐긋다 고마마 돌아삐긋다

도도도바라 니 입술 함 도바라
함도 내진짜로 돌아삐겠다

뭐라꼬 니 내 사랑한다고
달콤한 그 말 더해도
뭐라꼬 보고 싶다고
내 느그 집 앞이다 뭐하노 안앵기고

문학·대중문화 속에서는 어떻게?

글로 옮겨도 좋지만 말로 뱉어야 제맛

통영 동피랑마을에는 이 지역 사람들이 쓰는 말을 글로 옮겨 놓은 것이 있다. 이 중 하나를 적어보겠다.

'무십아라! 사진기 매고 오모 다가, 와 넘우집 밴소깐꺼지 디리대고 그라노? 내사 마, 여름내도록 할딱 벗고 살다가 요새는 사진기 무섭아서 껍닥도 몬벗고, 고마 덥어 죽는줄 알았능기라.(무서워라! 사진기 메고 오면 다예요? 왜 남의 집 변소까지 들여다보고 그래요? 나는 여름내 옷을 벗고 살다가 무서워서 옷도 못 벗고 그냥 더워서 죽는 줄 알았다니까요.)'

표준어를 보지 않더라도 경남 사람이라면 웬만큼 이해할 것이다. 그렇다 하더라도 글로 옮겨놓으니 말맛이 떨어지는 건 사실이다. 더

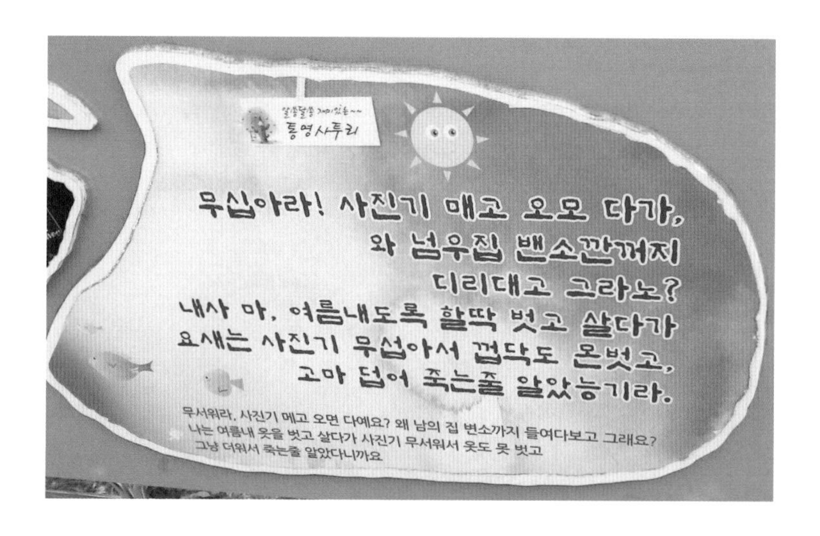

군다나 높낮이가 있는 경남 말은 더더욱 그렇다.

방언 연구가들은 "경남 말을 표준어로, 혹은 표준어를 경남 말로 바꾸는 것은 거의 번역 수준"이라고 말한다. 글 위에 '음 높낮이 구분점'을 1~3개로 찍기는 하지만, 그 느낌은 덜할 수밖에 없다.

그래서 글로 표현하는 문학에서는 경남 방언을 절제해 사용하는 쪽이다. 특히 시에서는 방언 자체로만 오롯이 채우기보다는, 예를 들어 '오빠야'와 같이 부분적으로 시적 감성을 끌어올리는 데 사용하는 식이다.

삼천포에서 어린 시절을 보낸 박재삼 시인. 그가 1961년 엮은 〈추억에서〉에는 '울엄매', '어떠했을꼬'와 같은 표현들이 나온다. 어릴 적 엄마에 대한 기억을 향토적인 정서로 녹여낸 것이다.

송창우(49) 시인은 이렇게 말했다.

"전라도 시인이 쓴 것은 언어적으로 아름다고 유장합니다. 반면 경상도 시인은 아주 고루하면서 드세고, 남성적인 느낌이 강하죠. 청마 유치환의 '파도야 어쩌란 말이냐'와 같은 식입니다. 천상병 시인도 섬세하기보다는 큰틀을 이야기하는 쪽이고요."

소설에서는 현장감을 살리기 위해 더 직접적으로 사용된다.

박경리 소설 〈토지〉의 한 대목이다.

'만일 그렇다믄, 마, 만일 그렇다믄, 마, 만일 아들이라도 놓는다카믄 그거 참, 성님 그거 참 예삿일 아니요, 만석꾼 살림이.'

이에 대해 〈경상도 우리 탯말〉(윤명희·이대희·이성배·심인자·하루비 공저)이라는 책은 이렇게 서술했다.

'욕심 많은 임이네가 귀녀에 대한 부러움과 시샘으로 숨이 넘어갈 것 같아 말이 제대로 나오지 않는 정황이 이 표현 속에 탯말방언과 함께 녹아 있다. 이것이 탯말의 힘이고 소설 읽기의 재미인 것이다.' '박경리는 이처럼 여인들의 심리묘사에 탁월했고 거기에 탯말을 자유자재로 사용함으로써 한층 더 사실적인 표현으로 실감을 더하고 있다.'

그래도 활자 아닌 소리가 그대로 전달되는 영화·TV와 더 어울린다 할 수 있겠다. 하지만 이 안에서는 사실감 전달보다는, 정형화된 이미지로 둔갑하는 경우가 많다.

성별에서 여성은 '오~빠야~'라는 콧소리 섞인 애교, 남성은 무뚝뚝함 혹은 남성다움을 대변한다.

직업에서는 뒷골목 건달, 졸부, 비열한 정치인으로 종종 등장한다. 우리 사회에서 비주류거나, 주류에 편입하려 아등바등하지만 현실은 그렇지 못한 인물로 자주 그려진다.

경남 말은 개그 무대에서 특히 유용하다. 개그맨 양상국(33) 씨는 "힘있는 톤이라 유행어 만들기 좋다"고 한다. 하지만 '사투리=시골'과 같은 불편한 등식은 어쩔 수 없다.

대중가요 속으로도 적극적으로 녹아들고 있다. 특히 높낮이, 강한 발음, 다양한 어휘를 담고 있는 특성은 랩과 좋은 조합이 된다. 술제이(32·본명 김성훈)는 "자기만의 색깔을 내는 데 도움된다"고 했다. 하지만 마치 일본말처럼 들린다하여 방송 불가 판정이 내려지는 일도 있었다. MC메타 '무까끼하이(경상도 말로 무식하게)'라는 곡이 그러한 예다.

개그맨 **양상국** 인터뷰

특유의 톤 포인트 웃음·유행어 팡팡

개그맨 양상국(33) 씨는 지난 2011년 KBS <개그콘서트> '서울메이트'를 통해 본격적인 경상도 말 개그를 선보이며 일약 '스타 개그맨'으로 떠올랐다. 그때 했던 유행어가 '확 마, 궁디를 주 차삐까!'였다. 이후 '네 가지'를 거치며 경상도를 대표하는 개그맨의 이미지를 굳혔다.

그는 경상도 말이 가진 톤(성조)이 개그에 아주 유리해, 그에게는 경상도 말이 '무기'라고 강조했다.

Q: 개그맨으로 데뷔하는 데 사투리가 장애가 되진 않았나?

"사투리를 쓴다고 크게 힘든 점은 없었다. 다만 서울말도 함께 쓸 수 있었

으면 좋았을 것이란 아쉬움은 있다. (개그를 하다 보면 뒤에서) 깔아주면서 웃기는 역할이 있는데 그걸 못한다. 왜냐하면 워낙 (경상도 말) 톤이 세니까 튀어 버린다. 그럴 땐 서울말로 잘 깔아줘야 주인공이 산다. 그런 건 단점이라고 할 수 있다."

Q: 그렇다면 장점은 무엇인가?

"경상도 말은 포인트가 있다. 톤의 힘이 있어서 유행어도 잘 만들 수 있다. 허경환·김원효를 비롯해 저까지 유행어들이 제법 많다. 서울 출신 배우들이 '아이고~ 정남아, 정남아~'라고 하면 그냥 평범한데, 경상도 톤으로 하면 느낌이 다르다. 사실 아무것도 아닌데 많은 사람이 따라한다. 경상도 말은 톤이 있기 때문이다. 그래서 특별히 의도하지 않아도 유행어가 되기도 한다.

'궁디를 주 차뿌까!'도 경상도에서만 쓰는 말이다. 다른 지역에선 무슨 말인지 모른다. 그래서 더 맛이 난다. 경상도 특유의 톤과 어울려 웃음 포인트가 된다. 경상도 출신 개그맨들이 그래서 웃음 포인트에서 잘 치고 나온다."

Q: 예능에도 자주 출연하는데, 개그와는 다를 것 같다. 경상도 억양 때문에 힘든 점은 없나?

"특별히 조심해야 할 건 없다. 그런데 공중파 경우엔 사투리가 방송용어가 아닌 게 있어서 조심스럽긴 하다. 방송용어로 '따 먹는다'는 말이 있는데 방송 사이사이 재치 있게 치고 들어가는 것을 말한다. 경상도 말은 그럴 때 도움이 된다. 역시 톤이 달라 그렇다."

Q: 양상국 씨의 사투리 개그가 경상도 특히, 고향인 김해를 아주 낙후한 시골로 묘사하는 것 아니냐는 지적이 있었다.

"나도 그런 이야기를 들었다. 하지만 개그를 잘 못 이해한 것 같다. 사실 그 개그는 김해를 비롯한 지역 출신들을 다 대변한 것이다. 서울 사람들은 부산이나 대구 정도만 알지 김해나 마산도 모른다. 내가 하고자 했던 건 그런 편견을 깨는 것이었다."

Q: 경상도 말을 앞으로도 개그 소재로 사용할 것인가?

"인터뷰할 때 이런 질문을 많이 받는다. 나는 바꿀 생각이 없다. (경상도 말로 인해) 경상도 대표 개그맨이란 이미지가 붙었으니 당연하다. 그리고 서울말 쓰는 연예인들은 워낙 많다. 나까지 굳이 서울말을 쓸 필요가 없다. 그 경쟁에 들어갈 필요가 없다. 앞으로도 나만의 구수한 사투리를 잘 쓸 생각이다. 사투리는 '나의 무기'이기 때문이다."

통술 다찌 실비

통술·다찌·실비 —

마산통술

"마음이 먹먹해지고 눈시울이 무거워지는 건 내가 나그네이기 때문만은 아니었으리라." -음식칼럼니스트 박찬일-

"소주잔은 끊임없이 돌아가고 객들은 배를 두드린다. 함포고복含哺鼓腹이 따로 없다." -여행블로거 산짱-

통영다찌

"통영엔 말이야 다찌라는 술집이 있는데, 소주만 시키면 갖은 해산물로 입과 위가 잔치를 열지. 나폴리라니, 통영은 말이야 이처럼 찬 겨울에도 포근하지." -소설가 J 씨-

"다찌집은 술만 파는 곳이 아니라 인심까지 파는 곳이다." -술 평론가 허시명-

진주실비

"신기한 경험이었습니다. 독일에 있다 온 아들놈이라 맥주는 안주 없이 먹어도 괜찮은데 하면서도 화려한 안주에 연신 잔을 비웁니다." -블로거 마님44-

통섭의 술상

한 상 위에 펼쳐진 융합의 바다

술은 팔되, 음식을 나눠라

남해군 남해읍 남해전통시장 뒷길의 '남면집'. 40세부터 38년간 여기서 하루 한 말씩 막걸리를 빚어 팔고 있는 김선이 씨는 아직 건강하다. 장이 선 오전 나절부터 문을 연 가게는 북적이진 않으나 손님이 끊이지 않는다. 대부분 장 본 것들을 잠시 내려놓고 막걸리 한 사발로 목을 적시고 서둘러 떠난다.

안주랄 게 없다. 무와 열무김치가 전부다. '탁배기' 한 잔만 내어 주기 미안해 주는 것이니 안줏값도 없다. 이처럼 우리 농경사회의 전통은 술은 사고팔되 음식은 거래하는 것이 아니었다.

길손을 맞아 밥을 먹이는 일은 의무에 가까웠다. 없는 세간에 자기 밥을 내어 주며 '차린 것 없어 죄송하다'고 말하는 장면은 익숙하다.

음식 칼럼니스트 황교익(54) 씨는 이것이 우리 술 문화의 원형에 가깝다고 한다. 술은 팔되 밥(음식)은 나눠 먹는 것. 그 원형을 간직한 곳이 바로 경남의 통술·다찌·실비다.

한양 선비, 바다를 만나다

임진왜란이 발발한 다음해인 1593년, 선조는 경상·전라·충청의 수군절도사를 통합 지휘하는 통제사 직제를 신설하고 본영을 통제영이라 칭한다. 그로부터 10여 년 동안 여수·거제 등지로 옮겨 다니던 통제영은 선조 37년1604 지금의 통영시가지 지역에 자리잡는다. 세병관 등이 세워진 것도 이 시기다. 이로써 300년간 이어질 통영 통제영의 시대가 열린 것이다.

종이품인 삼도수군통제사는 지금으로 치면 차관급이다. 뱃사람을 천하게 보던 조선시대, 척박한 바닷가 작은 고장에 온 한양의 고위 관료.

궁중의 그것에 미치진 못할지라도 99칸 사대부가의 화려한 상차림에 익숙한 그에게 통영은 어떤 상을 내었을까? 한양 양반가의 차림새가 통영의 해산물과 만나는 순간이다. 싱싱하지만 투박한 통영의 상차림은 한양의 상차림을 만나 풍성해진다.

싸게, 간단하게

일본의 전통 선술집 다치노미たちのみ는 '서서 마신다'는 뜻이다. 이는 자경농 사회에서 임노동賃勞動이 일상화한 변화와 관계가 있다. 퇴근길 노동자들이 싸고 간단하게 먹을 수 있는 '다치노미'는 일본 특유의 개인주의적 성향과 맞물려 널리 퍼진다. 큰 공간을 사용할 수 없었기에 간단한 안주와 함께 서서 마셨다. 일본 근대의 풍경이다.

일본의 식민통치 시기와 맞물린 대한제국의 근대화 풍경도 크게 다르지 않았다. 식민지 조선의 노동자와 학생들도 비슷한 선술집 문화를 접하게 된다. 통영의 '다찌'는 바로 이 '다치노미'에서 온 말이다.

항구 노동자들의 선술집이 '술은 팔되 음식을 나눠먹는' 우리 농경사회의 전통과 결합해 '다찌'가 되었다.

한 상 차림

일본에서 '요정'이라 하면 지역의 특징적인 맛을 살린 요릿집을 말한다. 요정은 일본의 기생이라 할 수 있는 '게이샤'와 결합해 대표적인 접대문화로 뿌리내렸다. '다치노미'가 서민의 술상이라면 '요정'은 상류층 술상이다. 우리 기방문화와 비슷한데, 어느 시기 어느 사회에서건 남성 중심 사회의 흔한 풍경이다.

일제강점기부터 1970년대까지 마산의 밤은 '요정'이 밝혔다. 삼성의 창업주인 고 이병철 씨도 자주 이용했던 곳이 마산의 요정이다. 정경유착과 접대의 무대였던 요정은 마산의 쇠퇴와 함께 점차 사라졌다. 그리고 그 자리에 통술이 들어왔다.

흔한 안주로 싸게 즐겼던 마산의 실비문화는 요정과 만나 통술로

갖가지 맛을 즐길 수 있는 통술·다찌·실비

태어났다. 타지에서 손님이 오면 횟집보다 통술로 가 접대를 하는 것도 이런 기억의 산물이다. 농경사회의 전통, 일본의 선술집과 요정, 마산의 바다가 한 통에 담겨 비로소 '통술'이다.

어울림의 문화

이처럼 통술·다찌·실비는 여러 지역의 음식문화와 계층문화가 만난 결과다. 이들이 서로 밀어냄 없이 자연스럽게 어울렸으니 그 차림이 풍성하고 열려 있다. 군산과 전주에 비슷한 형태의 주점이 있다곤 하나 사천·통영·진주·마산 등지에 고루 발달한 경남에 비할 것은 아니다. 바다와 접해 문물교역이 활발했던 영향이다. 이는 경남 사람 특유의 유연하고 호방한 기질과도 관계가 깊다.

'융합'과 '통섭'의 술문화인 통술·다찌·실비는 지금도 변하고 있다. 술꾼들 입소문을 타고 서로의 장점을 흡수하고 있는 것이다. 통영에 '반다찌'가 생기자 마산에 '미니통술'이 생긴 것은 우연만은 아니다.

서울 **김대중**(48·사업가) 씨와 **진주실비**

"처음 만나는 푸짐함"

일 때문에 진주에 온다. 신안동 쪽에 어디 실비집이 제일 괜찮은지 며칠째 여기저기 다니고 있다. 실비집에서는 술값만 받는다고는 하지만, 사실 그 안에 안줏값도 포한된 거라고 봐야 하지 않을까. 하지만 '무료 안주'라고 하니 공짜 심리 때문에 좀 더 싸게 느껴지는 것도 있는 것 같다. 그렇다 하더라도 이 돈에 이렇게 푸짐한 안주를 어떻게 먹겠나? 서울에서는 어림도 없다. 서울 외곽지역에도 흉내 낸 집이 더러 있다. 흔히 말해 '이모집' 같은 곳인데, 안주는 여기 반도 안 된다.

부산에서도 한동안 살았는데 이런 실비집은 보지 못했다. 진주는 지리적 요충지라서 육·해·공 싱싱한 것을 산지에서 바로바로 공수할 수 있기 때문에 이런 문화가 있는 게 아닐까?

서울 **이용호**(42·정당인) 씨와 **마산통술**

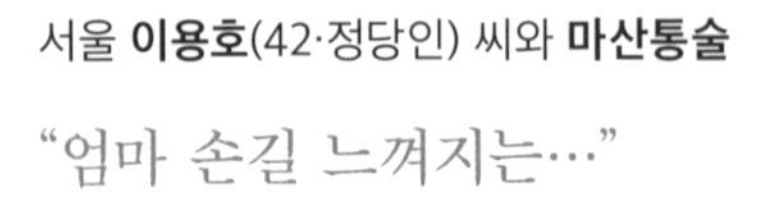

"엄마 손길 느껴지는…"

몇 개월 전 처음 마산 통술을 접한 후 자꾸 생각이 나서 다시 왔다. 풍성한 해산물 상차림을 한 번 경험하고 나니 잊을 수가 없었다. 기대하게 하는 술상이다. 어떤 게 나올지 모르기 때문이다. 아주 섹시한 술상이다.

단점은 없다. 지역색을 바탕으로 한 상차림이라 더 매력적이다. 태어나서 처음 본 해산물도 있다. 무엇보다 금방 생겼다 사라지는 술집들이 아니라 대를 수십 년간 이은 전통이 느껴져 좋다. 마치 엄마가 봐주는 술상 같다. 오랜만에 집에 온 아들에게 내주는 술상 같아 맘이 따뜻해진다. 바라는 점은 별 거 없고, 늘 싱싱하고 푸짐했으면 좋겠다. 재밌는 점은 대부분 손님이 나이든 남자들인데 젊은 사람들도 많이 찾았으면 좋겠다.

여인네 손길이 일군 문화

대부분 여주인장…살림 꾸려나가기 위한 선택

통술·다찌·실비집은 저마다 특징이 있지만, 명확한 공통분모가 있다. 소규모인 곳은 여주인장 혼자, 좀 규모 되는 곳은 홀 담당 '이모'가 별도로 있다. 혼자든 둘이든, 사장이든 일하는 이든, 모두 여인네들이다. 통술·다찌·실비는 남자 아닌 여인네 손길이 담겨 있다는 공통점이 있다.

그 배경에 대해 살펴보면, 우선 쉽게 짐작할 수 있는 것이 '생계'다. 맛칼럼니스트 황교익(54) 씨 말을 들어보자.

"일제강점기 직후까지는 남자 요리사 문화였다. 그러다 한국전쟁 이후 조금씩 여자가 운영하는 식당으로 바뀌어 갔다. 향토 음식문화 역사를 뒤져보면 거의 다 생계를 위한 것이다. 남편이 돈벌이를 못해 여자 혼자 살림을 꾸려나가기 위한 것이다."

꼭 통술·다찌·실비에만 해당하는 것은 아니기에 이것만으로는 명확한 설명이 되지는 않는다. 여기서 생각해 볼 수 있는 것이 요정 문화와의 교차점이다.

특히 마산 통술은 이를 잘 반영하고 있다. 1970년대 마산은 어시장·한일합섬·수출자유지역이 한창 번성하면서 돈이 돌았다. 고급 요정문화도 자연스레 뒤따랐다. 오늘날 마산 코아양과 뒤편은 요정 골목이었다. 지역 유지, 돈 많은 선주, 기업인들이 주로 이곳을 찾았다. 여기서는 이런 말들이 전설처럼 나돌았다.

'아무개가 돈 깔고 앉아, 그러니까 말 그대로 돈방석에서 술을 먹더라.'

'어느 아무개는 선풍기 앞에 돈다발을 대고서 온 방에 지폐가 흩날리게 했다. 술 한잔 먹은 돈 주인이 그냥 가버리면, 남자 종업원이 빗자루로 쓸어 담기 바빴다.'

하지만 1980년대 들어서면서 요정도 쇠퇴기를 맞아 하나둘 사라졌다. 그것을 좀 다른 형태로 대체한 것이 통술이었다.

이승기(76) 마산문화원 영화자료관장은 옛 기억을 떠올렸다.

"1980년대부터 통술집에 본격적으로 드나들었던 것 같다. 통술집마다 단골손님 특징이 있다. 어느 집은 체육인들이, 다른 집은 각 단체 회장님이나 언론인들, 그리고 또 어느 집은 나이 많은 어르신들이 몰리는 식이었다."

그러면서 이야기를 여주인으로 옮겼다.

"통술집을 남자가 하면 다 망하지. 그때는 여사장들을 마담이라 했는데, 음식도 음식이지만 마담 얼굴 보러 많이들 갔다. 혼자서 운영하며 음식만 정성스레 하는 당찬 여주인도 있지만, 술도 한 잔씩 따라주는 마담이 별도로 있는 곳도 있었고…. 지금도 남아있는 한

통술집은 당시 여주인이 아주 미인이었지. 그 여사장 얼굴 본다고 하루도 거르지 않고 혼자 찾는 손님이 있을 정도였다. 나도 '당신이 여주인공인 영화 한편 만들자'고 농도 던지고 그랬다. 가게 관두면서 못 봤지. 한참 세월 지나서 산에서 우연히 만났는데, 그 이야길 잊지 않고 하더라고. 허허허."

진주 실비도 이와 비슷한 분위기를 안고 있다. 실비집이 모여 있는 신안동에서 만난 김 모(48) 씨는 이런 기억을 전했다.

"한 20년 전에는 테이블마다 여자들이 있었다. 술도 한잔 따라주고 말동무도 해주고 그랬다. 그래서 일마치고 혼자 가서 먹기에 좋았다. 이제 그런 건 없어졌지만, 가게 테이블마다 칸막이 된 곳이 더러 있잖은가. 옛날 그런 구조가 남아 있는 것이다."

술 내놓는 장사가 수월할 리 없다. 특히 여인네들은 더더욱 감당하기 쉽지 않았을 것이다.

통영에서 다찌집을 하는 여주인은 "뭐 그리 좋은 거라고"라면서 이름 밝히기를 꺼렸다. 그래도 그리 힘들게 하는 손님은 많이 없는 듯하다.

"배 채우러 온 사람들이 많기에 여기서 주사 부리는 사람은 별로 없다. 그리고 여기는 무조건 1차다. 술 한잔 먹고 여기로 2차 오는 사람은 없다는 것이다. 술자리라는 게 원래 그렇잖은가. 2차 넘어가면 그때부터 골치 아프거든."

이 여주인은 39살에 다찌집을 시작해 지금 63살이 되었다. 젊을 때 수산물 가공 일을 하다 친구 가게 일을 도와주면서 아예 자기 가게를 차렸다.

"이 일 하면서 골병 다 들었다. 옛날에는 매상 올리려고 못 먹는 술을 한 잔씩 다 받아먹었다. 이제 술은 일절 안 하고 주방만 본다. 같이 일하는 이모 한 명 있어야지, 혼자서는 힘들어서 못한다. 이제 나이도 있고 몸도 안 좋아서 얼마나 더 할지 모른다."

통술·다찌·실비집 여사장들은 저마다 "갈수록 장사 재미가 예전만 못하다"고 말한다.

박찬일(51) 요리연구가가 어느 글에서 '이 시대 최후의 주모들'이라고 한 표현이 와 닿는다.

각 지역 '통섭의 술상' 어떤 특징 있을까

'통섭의 술상'은 마산통술·통영다찌·진주(사천·고성)실비가 대표적이지만, 이것만은 아니다. 경남 외 지역으로 넓혀 보면 전주막걸리·군산실비도 같은 범주에 속한다. 이러한 것들은 저마다 어떠한 특징이 있는지 '통섭의 술상' 순례길에 올랐다.

군산 '진정한 서민 술상'

먼저 '군산실비'다. 군산 신영동 쪽에 실비집 몇 개가 몰려 있지만 활기는 그리 없다. 5~6년 전 새만금 방조제 개발로 항구가 축소되면서 그 일꾼들이 줄었기 때문이라 한다.

현지인이 자신 있게 추천해준 가게 문을 열었다. 오후 3시밖에 안 돼 장사를 할까 싶었지만, 이미 한 테이블 차지하고 있는 손님이 있다. 술 아닌 배 채우기 위해 찾은 부부였다.

벽면 메뉴판에는 맥주 기본 3병 1만 원, 소주 기본 2병 1만 원, 생막걸리 기본 3병 1만 2000원이라 되어 있다. 술값만 매기는 방식이다. '이 가격에 안주가 나와 봐야 얼마나 나오겠나' 싶었다. 하지만 호래기·생굴에서 시작해 새우·가오리무침·조개탕·선짓국·번데기·감·밤·완두콩·고구마·옥수수·양배추 등 14~15가지 안주가 상을 가득 메웠다.

잠시 후 중년 여자 4명, 남자 1명이 우르르 들어왔다. 남자는 음식이 깔리기도 전 "오늘 내가 계산한다"며 만 원짜리 한 장을 호기롭

군산 실비집 상차림

게 꺼냈다. 군산실비는 적은 돈으로 큰 인심을 베풀 수 있는, 진정한 '서민의 술상'이라 할 만하다.

전주 '정형화된 술상'

전주는 인근 김제평야 등 곡창지대를 끼고 있어, 오래전부터 음식 인심이 후하고 술 문화가 발달했다고 한다. '전주막걸리 문화'는 2007년께 전주시에서 관광상품화하면서 전국적으로 알려졌다고 한다.

전주막걸리 밀집 골목은 7~8군데 된다. 이 가운데 원조라 할 수 있는 삼천동 골목에는 15~16개가 몰려 있다.

여기 가격은 막걸리 1주전자(혹은 소주 2병 혹은 맥주 2병) 2만 원, 추가 막걸리 1주전자(혹은 소주 2병 혹은 맥주 2병) 1만 5000원 가량 된다.

고등어조림·꽁치구이·두부김치·파전·새우·굴·밤·귤·데친 오징어·호박·김치찌개·번데기·잡채·양념게장·편육·나물무침 등 20여 가지가 나온다. 술을 추가하면 과메기·계란찜 같은 것도 맛볼 수 있다. 또한 간장게장 정식이 별도 메뉴로 있다. 이 때문에 식사하기 위한 가족을 비롯해 대학생·노인·직장인·아주머니·부부 등 다양한 계층이 조화를 이루는 분위기다.

전주 막걸리집 상차림

전주막걸리 골목은 관광상품화되면서 간판·메뉴판이 모두 통일돼 있다. 안주는 푸짐하지만 '정형화된 술상' 느낌도 강하다.

진주 '실속' 통영 '관광객' 마산 '대접'

'진주실비'는 과거 평거동·중앙동·도동 쪽에 몰려있다가 논밭이던 신안동 주택가 쪽으로 들어왔다. 여기 셈하는 방식은 안줏값 없이 맥주 1병 5000~6000원, 소주 1병 1만 원이다. 과메기·낙지·석화·호래기 등 바다에서 나는 것도 깔리지만, 마산통술·통영다찌에 비하면 육고기 비중이 높은 편이다. 주인장은 주로 진주중앙시장에서 장을 보는데, 예약 손님이 많을 때는 50만 원어치 장을 봐야 넉넉히 내놓을 수 있다고 한다. 진주실비는 안주를 먹는 만큼 다음 메뉴

진주 실비집 상차림

통영 다찌집 상차림

가 추가로 나온다. 말 그대로 주인·손님 모두에게 '실속의 술상'이다.

'통영다찌'는 가격·차림이 비교적 많이 변화했다고 할 수 있다. 애초 술값만 셈하다, 좀 지나서는 한 상 가격으로 바뀌었다. 그러다 지금은 1인당 3만 원(소주 3병 혹은 맥주 5병 포함)을 받는 식이다. 대전~통영 간 고속도로가 들어선 이후 외지인 발길이 더욱 늘었다. 그러다 보니 오늘날 다찌집을 찾는 이도 관광객이 대부분이다. 이들은 술보다는 안주 먹는 데 더 집중한다고 한다. 술이 많이 나가야 수지타산이 맞는 주인장 처지에서는 애가 탈 수밖에 없다. 그래서 좀 비싸다 싶은 가격에 1인당 셈하는 방식으로 바꿨다고 한다. 관광객들은 까탈도 많이 부린다. 이런 상차림이라는 게 그날 재료에 따라 달라지기 마련이다. 그런데 인터넷 블로그를 보고서는 그것과 다르다

마산 통술집 상차림

며 투덜거린다 한다. 그래서 통영다찌집은 되도록 그들 눈높이에 맞추기 위해 보기 좋은 안주를 내놓거나, 현지인보다 외지인 손님한테 하나라도 더 챙겨주려는 노력을 아끼지 않는다. '관광객을 위한 술상'으로 많이 이동한 것이다.

'마산통술'은 가히 해산물 성찬이라 할 만하다. 4인 기준 기본 5만 원에 맥주 4000원, 소주 5000원을 받는 식이다. 통영다찌 못지않게 가격 부담이 있다. 통술집에서 만난 70대 할아버지는 "내 또래는 호주머니 사정이 안 돼 큰마음 먹어야 한 번 올 수 있지"라고 말한다. 요즘은 타지에서 지인이 찾아왔을 때 자신 있게 데려갈 수 있는 '대접의 술상'으로 많이 이용하는 분위기다.

마산 출신 맛칼럼니스트 **황교익** 씨가 말하다

코스요리처럼 즐기게 하자

TV·책·블로그를 통해 자주 만날 수 있는 맛 칼럼니스트 황교익(54) 씨. 그는 자신의 블로그에서 '마산 통술'에 대한 애정을 숨기지 않았다.

'통술집 외관이 그다지 정갈해 보이지 않아 외지인이 발을 들여놓기가 쉽지 않을 듯하다. 그러나 마산의 참맛을 알려면 통술집에 앉아 억센 경상도 사투리를 들으며 단맛 나는 해산물을 먹어보라고 꼭 권하고 싶다.'

스스로 통술에 대한 정서적 공감대를 형성하고 있는 듯하다. 그는 마산 통술, 통영 다찌, 진주·사천 실비가 낯설지 않은 사람이다. 서울 생활을 한지 오래됐지만 고향이 마산이다.

그는 이러한 술문화가 이 지역만의 것은 아니라고 했다.

"1940년대 한국영화에서 그런 장면을 봤다. 선술집인데 사람들이 술잔을 들고 있고, 그 뒤로 음식이 쫙 깔려 있었다. 지금의 실비 개념과 다르지 않은 것이다. 내가 서울서 대학 다닐 때 '순천집'이라는 곳에 자주 갔는데, 거기도 술만 시키면 아주머니가 명태조림·국·김치 같은 것을 이래저래 내주셨다. 지금도 허름한 부둣가에 가면 실비 개념의 안주가 나온다. 일본에도 동네 술집 중에 이런 문화가 있다."

그럼에도 유독 마산·통영·진주·사천·고성 등 경남에서 더 체계화되어 이어지는 것은 어떻게 받아들여야 할까?

"음식은 돈 받고 파는 것이 아니라는 관념이 1980년대까지 있었다. 그래서 술값만 받고 안주는 그냥 내놓는 것이 이런 문화의 시작일 수 있다는 것이다. 그리고 마산·통영 같은 곳에서 이런 옛 관념이 유독 강하게 자리했다고 유추해 볼 수 있겠다."

통술·다찌·실비를 '전통 음식문화'라고 할 수 있을까? 그는 우선 '전통'이라는 말에 대해 달가워하지 않았다.

"우리나라 음식연구가들은 전통을 고착해 놓았다. 그 시간적 지점인 조선시대에 했으니 지금 그렇게 해야 전통 문화생활을 한다는 식이다. 그 외 음식에 대해서는 국적 불명의 경박한 음식이라는 거다."

그러고 나서 이렇게 덧붙였다.

"통술·다찌·실비 그 자체를 두고 전통이라 하는 것은 안 맞는 것 같다. 그걸 즐기는 마산·통영·진주·사천 사람들에 대한 전통이라고 하는 게 더 맞을 것 같다."

그는 통술·다찌·실비에 대해 한 가지 큰 아쉬움을 드러냈다. 눈은 즐겁게 하지만 입은 즐겁게 하지 못한다는 것이다.

"사실 그리 맛있게 즐길 수 있는 문화는 아니다. 싱싱한 재료를 쓰는데도 왜 그럴까? 음식 내놓는 순서에 체계가 없기 때문이다."

그는 메뉴 순서를 재구성해 '맛 강약'을 조절해야 한다고 했다.

"단계별 코스를 만드는 거다. 코스요리에서 기본은 같은 조리법 음식은 동시에 내놓지 않는 것이다. 그런데 지금 통술집에서는 조림과 무침을 같이 주고 그러잖은가. 예를 들어 이렇게 해보는 것이다. 처음에는 가볍게 먹을 수 있는 것, 그다음으로 신맛 나는 초간장에 찍어 먹을 수 있는 오징어·꼴뚜기·낙지 같은 것을 내놓는 거다. 그러면 입맛이 살아난다. 그리고 회·해삼·멍게·미더덕을 깔고, 이어서 조림·구이를 내는 거다. 또 앞에 것을 중복해서 다른 종류 회나 큰 생선구이를, 마지막으로 탕을 내놓는 식이다. 이런 순서로 하면 입이 훨씬 흥미진진해진다."

그는 또 한 가지 문제점을 말했다. 이는 비단 통술·다찌·실비에만 해당하는 이야기는 아니다.

"외지 사람들이 경상도 음식점에 가면 깜짝 놀란다. '정말 장사 안 하려고 저러나'라고 생각할 정도다. 워낙 불친절하기 때문이다. 성질대로 하고, 손님 앞에서 자기들끼리 싸우고 그런다. 경상도 사람들 기질이 원래 그렇다며 용인할 수 있는 시대는 지났다. 서비스업에 종사하는 사람들인데 바꿀 건 바꿔야 한다."

그러면서 통술·다찌·실비 문화도 계속 변화할 것을 주문했다.

"몇십 년 된 것이라고 해서 고착화되면 안 된다. 계속 변화해야 하고 또 자연스레 변할 것이다. 통술 같은 경우 가격이 부담스러운 건 사실이다.

그렇다고 수지 타산이 안 맞으니 가격을 내리라 하긴 어렵다. 대신 거기서 변형된 스타일 음식점이 들어설 것이고, 그에 따라 기존 것들도 자연스레 조금씩 변화할 것이다."

그는 경상도 한정식에 대해 이렇게 표현한 적이 있다. 통술·다찌·실비 술상에 대입해도 그리 어색하지 않을 것 같다.

'경상도 한정식은 언뜻 보면 마음을 잘 읽을 수 없을 정도로 무뚝뚝하다. 손가는 대로 아무렇게나 쓱쓱 문질러놓은 그림 같다. 그러나 한 입 두 입 먹다 보면 정 같은 게 느껴진다. 살가운 사랑은 없지만 긴 세월 같이 살아 정이 깊어진 아내라고 할까 싶다. 그러니 경상도 한정식을 즐길 때면 그 음식 하나하나에 집중을 하지 않게 된다. 전체적인 느낌 같은 게 먼저이다. 남북으로 나누자면, 경남은 호방하고 자연스러운 데 비해 경북은 겸손하고 단아하다.'

반다찌와 미니통술

가벼우면서도 풍성하다

아무래도 술상이란 게 주머니 사정에 따라 달라진다.

마산영화자료관 이승기 관장 기억에 통술은 각 가게마다 가는 손님이 달랐다. 노동자·예술인·관료 등이 주로 찾는 가게가 다 달랐다는 말이다. 저마다 음주문화 차이 때문일 수도 있으나, 이는 주머니 사정과 관계가 있다. 노동자보다 예술인이, 예술인보다 관료들 술상이 더 풍성했으리란 가정은 쉽게 할 수 있다.

그는 또한 최근 통술집에 가면 젊은 사람이 더 많다고도 한다. 아무래도 예전에 비해 비싼 가격이니 한창 벌이가 좋은 40~50대가 이용할 수밖에 없는 조건인 것이다.

통영서 만난 다찌집 주인도 이와 비슷한 말을 했다. 다찌 또한 가게마다 드나드는 손님이 다르다는 것인데, 1인 3만 원인 이 집 주요 고객은 중견공무원들이라고 한다. 뱃사람들이 가는 다찌집은 따로 있다고 한다. 하지만 이마저도 부담스러운 게 서민들 살림살이다. 가격이 싸다한들 두 사람이서 소주 몇 병 나눠 마시면 5만 원은 훌쩍 넘어 버린다.

그래서 생겨난 것이 '반다찌'다. '온다찌'의 절반 이하 가격으로 다찌 분위기를 살린 술상인데, 통영항 주변을 돌아다니다 보면 곳곳서 만날 수 있다. 상차림은 군산 실비집과 비슷하다. 다찌에 비할 바는 안 되지만 '밥보다 술'인 주당들에겐 이만한 것이 없다.

통영항 주변의 반다찌

'통술계'에도 비슷한 바람이 불고 있다. 바로 '미니통술'이다. 옛 마산 교방동과 장군동 등지에 드문드문 들어선 미니통술은 이곳 주당들 보배다. 기본 1만 5000원인데 2만 원 한 상을 주문하면 꽃게찜부터 생선구이까지 기대하지 않았던 호사를 누릴 수 있다. 술은 한 병에 4000원이다. 주변에 흔한 실비집과 비교할 수 없는 수준이다. 이 가게 맞은편 미니통술은 일식집과 비슷한 코스로 특성화했다. 튀김과 오븐에 구운 생선구이 등이 있어 젊은 여성들이 찾아도 좋을 만한 술상이다.

창원시 마산합포구 산호동 상공회의소 옆에 자리한 어느 횟집도 미니통술로 분류할 수 있다. 1인 1만 원이면 다양하고 풍성한 상차림에 생선회까지 먹을 수 있는데 아이들과 함께 가도 후회하지 않을 수준이다.

이처럼 '반다찌'나 '미니통술'이 늘어나는 것은 서민들 처지에서 다찌·통술은 비싸기 때문이기에, 서글픈 풍경이라 할 수도 있다. 하지만 퇴근길 노동자들 피로와 배고픔을 동시에 만족해줬던 것이 통술과 다찌였다는 점에서, 어쩌면 본래 모습을 찾아가고 있는 것일 수도 있다.

비슷한 술문화 부산에는 왜 없을까?

피란민 품고 감내해야 했던 팍팍한 시간…

통술이든 다찌든 실비든, 경남 안에서는 마산·진주·고성·통영·

사천·고성 등 바다를 낀 곳과 그 인근 곳곳에 분포하고 있다. 이런 술상을 돋보이게 하는 건 역시 풍부한 해산물이겠다. 그렇다면 우리나라 제일 항구도시인 부산으로 눈 돌려보자.

부산 구도심에도 실비집이 있기는 하다. 하지만 밀집 골목이 형성돼 있지 않으며 진주·사천·고성 실비에 비해 풍성함에서도 떨어진다.

여기서 의문점 하나가 있다. 그 어느 곳보다 바다 먹을거리 많고, 화끈하기로 유명한 부산에는 이런 문화가 왜 형성하지 못한 걸까?

부산을 상징하는 말 가운데 하나가 '우리가 남이가'다. 1992년 초원복집 사건 때 이 말이 등장하면서 폐쇄적이고 부정적인 느낌으로 변질되긴 했다. 하지만 애초에는 여기 사람들의 끈끈한 연대성을 나타냈다. 그것은 곧 6·25전쟁과 피란민으로 연결된다.

부산은 60여 년 전 전란 때 수많은 피란민을 품었다. 겪어보지 않았지만, 그때 부산 모습은 상상으로 대략 그릴 수 있을 것이다.

휴전 이후 고향 혹은 새 삶터를 찾아 떠난 이도 있지만, 부산을 제2고향 삼아 정착한 이도 많았을 것이다. 그러한 정착민, 또한 그들을 보듬은 부산사람들…. 이 속에서 끈끈한 동질감이 형성됐을 것이다.

하지만 자기 입 하나 풀칠하기 쉽지 않은 시간은 꽤 있었을 것이다. 그러니 통술·다찌·실비와 같이 풍족하고 넉넉한 인심이 담긴 술상문화를 기대하기 어려웠던 건 아닐까?

그렇다고 부산 사람들 그릇이 작다거나 인심이 메말랐다는 건 아니다. 파전·토스트 등 길거리서 파는 먹거리와 식당에 가보면 부산 사람들 손이 정말 크다는 걸 알 수 있으니 말이다.

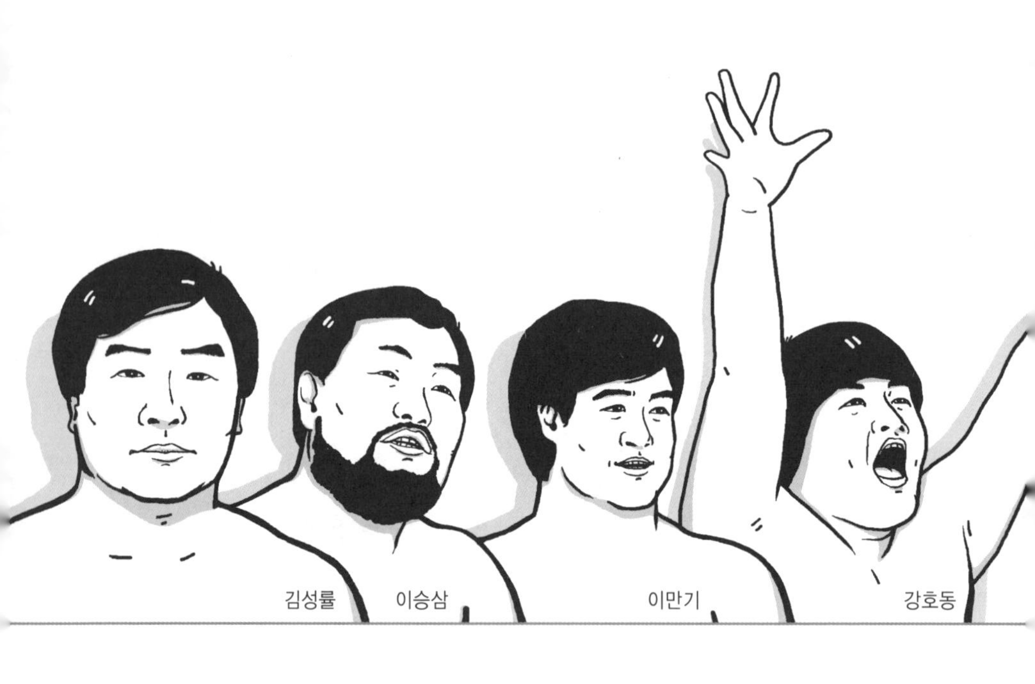
김성률
이승삼
이만기
강호동

마산 씨름

마산 씨름

—

"너거 만기 씨름하는 거 봤나?
전봇대만한 상대를 들배지기로 공가 자빠뜨리는 거 함 보믄
미친다 아이가! 털보 승삼이 뒤집기는 예술이제!
그거 기억나나? 82년돈가…
대통령기 전국장사씨름대회 결승전에서
그 덩치 큰 봉걸이를 360도 뒤집기로 모래판에 꽂아삐더라 아이가!
그기 씨름의 맛인기라. 마산 씨름인기라!"

'씨름 고장의 후예' 마산중학교 선수들 하루

'제2 이만기' 꿈 이루려면 16시간도 모자라다

마산중학교 씨름부 아이들은 1970~1990년대 모래판을 주름잡았던 '마산의 호걸' 김성률·이만기·이승삼·강호동 경기를 직접 보지 못했다. 그럼에도 "우리 선배님들과 같은 선수가 되고 싶어요"라는 말을 입에 달고 있다. 그 속에는 '마산 씨름'에 대한 단단한 자부심이 배어 있다. 마산 씨름 명성을 잇기 위한 아이들 땀방울은 지금도 계속되고 있다.

오전 5시 40분. 마산중학교 씨름부 아이들은 힘든 몸을 일으키며 또 하루를 시작한다. 합숙소를 나오면 깜깜한 어둠과 겨울 추위를 맞이한다. 운동장으로 이동해서는 몸풀기 체조를 한 후, 구보를 시작한다. 한두 바퀴 이어지면서 입고 있던 점퍼를 운동장에 내팽개치는 아이가 늘어난다.

어둠 속에서 한 남자가 오더니 "우리 아이 약 좀 전해 달라"고 한 후 이내 사라진다. 1학년 (박)준원이 아버지다.

아이들은 마지막 스무 바퀴째는 전속력으로 달린다. 헐떡이는 숨소리가 어둠 속 운동장을 가득 메운다. 가장 덩치 좋은 3학년 (김)민균이는 특히 힘들어한다.

씨름부 아이들은 매일 새벽 운동으로 하루를 시작한다.

잠시 숨을 고른 후 쪼그려뛰기를 시작한다. 왔다 갔다를 두 번 반복한다.

다음으로 하루 중 가장 힘든 시간이 기다리고 있다. 한 사람이 다리를 잡아주면 팔심만으로 걷는 '일명 게걸음'이다. "더 안 가고 뭐 하나!", "다 와서 왜 쉬어!"라는 심우현 감독 불호령이 계속된다.

그 사이 조금씩 동이 트기 시작한다. 이어 목말 태운 채 뛰기, 팔굽혀펴기, 턱걸이, 고무줄 당기기가 이어진다.

오전 7시 40분. 합숙소로 돌아와 아침 준비를 직접 한다. 밥만 하고 반찬은 부모들이 싸준 것으로 해결한다. 급식인 점심 빼고 아침·저녁은 당번을 정해 이렇게 직접 차려 먹는다.

이후 씻고 잠깐 휴식을 취한 후 8시 30분부터 오전 수업을 받는다. 지금은 시험 기간이다. 시험을 끝낸 아이들이 합숙소로 하나둘 들어온다.

평소 잘 웃는 2학년 (강)태욱이는 더더욱 싱글벙글한 얼굴이다.
"체육에서 몇 개 안 틀린 것 같아요."

낮 12시 30분이 되자 학교 급식소로 향한다. 다른 학생들은 줄을 길게 서 있지만, 씨름부 학생은 그러지 않아도 되는 것은 작은 특권이다. 오후 수업 없는 시험기간이라 간단히 먹을 수 있는 햄버거가 나왔다. 다른 학생들과 달리 평소와 다름없이 오후 훈련을 해야 하는 씨름부 아이들 처지에서는 부족해 보인다. 그래도 아이들은 불평없이 맛있게 먹는다.

점심을 먹은 다음 오후 3시까지는 휴식시간이다. 아이들은 합숙소에서 시간을 보낸다. 낮에는 보일러를 켜지 않아 거실 바닥이 차다. 옹기종기 모여 TV를 보거나 휴대전화를 만지작거린다.

아이들이 씨름을 시작한 이유는 저마다 다르다. 성격이 서글서글한 3학년 (김)희태는 스카우트된 경우다.

"함안에서 씨름대회가 있었는데, 학교 선생님이 한번 나가보라고 해서 나갔다가 1등을 했어요. 현장에서 본 마산교방초등학교 씨름부 감독님 권유로 시작하게 됐죠."

2학년 (김)승준이는 또 이렇다.

"초등학교 5학년 때 친구가 씨름부에 가보자 해서 따라갔다가 시작했어요. 그 친구는 관두고 저만 하고 있는 거죠. 재미는 있는데, 좀 힘들기는 해요."

유일한 1학년 (박)준원이는 씨름하는 또래에 비해 덩치가 작다. 형들은 "때 되면 쑥 큰다"며 힘을 준다.

아이들 중에는 휴학해서 1년 더 다니는 경우도 있다. 더 좋은 성적을 내어 원하는 학교에 진학하기 위해서다. 대학생들이 취업을 위해 휴학하는 것과 다르지 않다. 그만큼 이 아이들은 어릴 때부터 씨름에 모든 걸 거는 셈이다.

오후 2시 30분. 아이들은 훈련을 위해 마산용마고로 향한다. 이때는 초·중·고 할 것 없이 지역에 있는 학교 선수들이 뒤섞여 훈련한다. 경쟁자이기도 한 마산용마고와 창원경상고도 이때는 동반자가 된다.

오후 3시가 되자 지도자 없이도 아이들은 알아서 훈련 준비를 한다. 체조, 원을 돌며 달리기, 단거리 뜀박질 훈련이 이어진다. 이어 체격에 맞춰 2명씩 짝을 이뤄 실전훈련을 한다. 마산중·마산용마고·경상고 감독들은 자기 선수 구분 없이 조언한다. 마산 씨름의 기술·비법이 한곳에 모여 집단으로 학생들에게 전수되는 모습이다.

2시간 훈련을 마친 마산중 아이들은 다시 합숙소로 돌아와 오후 5시 30분에 저녁을 먹는다. 잠시 휴식을 취한 후 마지막으로 오후 7시부터 1시간 30분 동안 근육훈련을 한다. 씻고 합숙소로 돌아와 잘 준비를 한다. 밤 10시, 16시간의 일과가 마무리되고 합숙소 불이 꺼진다.

이런 하루하루가 금요일까지 계속된다. 수요일 오후에는 축구를 하는 것이 좀 다른 일정이다. 3학년은 금요일까지, 1·2학년은 토요일 오전까지 합숙소 생활을 하고 주말에는 집에서 시간을 보낸다.

가족 품에 있다 다시 합숙소로 와야 할 때는 마음이 꽤 심란하다. 그래도 아이들은 이미 모래판 위 매력을 알고 있다. 더군다나 마산에서 씨름하고 있다는 것은 든든한 힘이 된다. 아이들은 이만기·강호동 경기 모습을 동영상으로 보며 각자 꿈을 키우고 있다.

3학년 희태는 이렇게 말했다.

"상대방을 쓰러뜨렸을 때 짜릿한 쾌감을 느끼죠. 씨름하는 사람들은 승부욕이 장난 아닙니다. 다른 종목보다 더 강해야 하는 것 같아요. 마산에는 이만기·강호동 같은 선배님이 있다는 자부심이 크죠. 저는 기술에서는 이만기, 들배지기에서는 강호동 선배님 같은 선수가 되고 싶습니다."

초·중·고 선수들이 모두 뒤섞여 훈련을 한다.

마산중 씨름부 **심우현** 감독

"마산은 초교~실업 시스템 체계화"

2004년부터 마산중학교에서 씨름부를 책임 지고 있는 심우현(30) 감독은 사생활이 없다. 하루 중 대부분 시간을 씨름부 학생들과 보내기 때문이다.

한때 잘나가던 선수였던 심 감독은 소속팀 해체로 은퇴를 결정할 수밖에 없었다. 당시만 하더라도 지금만큼 실업팀이 없었기 때문이다.

"요즘 초등학교 부모들은 씨름하는 것을 말립니다. '그게 미래가 있겠냐'는 의문이 있기 때문이죠. 하지만 학생이 중학교만 가더라도 그때부턴 적극 지원합니다. 씨름판을 알면 그렇게 판단할 수밖에 없습니다. 야구나 축구 같은 인기종목의 경우 상위 2%만이 직업선수로 먹고살 만합니다. 굉장히 치열하죠. 하지만 씨름은 상위 30%만 되더라도 생활이 가능합니다. 그만큼 예전에 비해 실업팀이 늘었기 때문입니다."

마산중학교는 심 감독 모교다. 십대부터 생활한 곳이니 이제 여긴 집이나 다름없다. 그래서 편할 것 같지만 그에게도 고민은 많다.

"제가 훈련했던 방식으로 후배들을 가르칠 순 없습니다. 과거엔 강압이 통했지만 지금은 그래선 안 되기 때문입니다. 바뀐 환경 때문에 고민이 많습니다. 어떻게든 좋은 결과를 내야 선수들에게도 좋으니까요."

심 감독은 마산씨름 훈련의 가장 큰 장점은 초등학교부터 실업팀까지 잘 갖춰진 체계라고 한다. 마산중-용마고-경남대-창원시로 이어지는 시스템이 있어 목표가 확실하기 때문이다.

"훈련하는 데 있어서도 아주 도움이 됩니다. 보시면 알겠지만 초등학생과 중학생, 고등학생들이 섞여 운동합니다. 어린 선수들이 선배들을 보며 자연스럽게 성장합니다."

훈련장에 함께한 마산용마고 지도자들도 중학생·고등학생 가리지 않고 세심하게 지도했다. 마산 씨름으로 함께 어울린 가족과 같은 분위기다.

마산씨름에는 특별한 뭔가가 있다

섬세함에 근성 더하니 '으라차차' 천하장사 탄생

'마산 씨름'은 1960~90년대 모래판을 평정했다. 그 계보는 김성률-이승삼-이만기-강호동으로 연결된다. 마산 씨름이 오랜 기간 명성을 이어가고 있는 까닭은 뭘까? 걸출한 실력을 지닌 몇몇 선수가 어느 날 갑자기 나왔기 때문일까? 그것만으로는 설명되지 않는 특별한 뭔가가 있을 것이다.

TV 첫 생중계 때 김성율 우승 '마산 각인'

삼국시대 이전부터 즐겼던 것으로 전해지는 우리나라 씨름은 명절 때 힘 좀 쓰는 이들이 모여 각축을 벌였다고 한다. 지역별 대회이던 것이 전국 규모로 열린 것은 1912년이다. 그리고 1927년 조선씨름협회가 만들어지면서 지금과 같은 왼씨름 방식으로 통일됐다. 이북·경상도 지역은 이전부터 왼씨름을 하고 있었다.

이 때문에 1940년대까지 함흥·함주·평양 등 이북 선수들이 각종

대회를 휩쓸었다. 남북이 갈리면서 1950년대부터는 경상도가 두각을 나타냈는데, 그중 으뜸은 마산이었다. 1956년 마산상고현 마산용마고, 1958년 해인대학현 경남대학교 씨름부가 창단되며 1960년대 초부터 전국 최강을 자랑했다.

마산 씨름을 이야기할 때 이만기·강호동을 퍼뜩 떠올린다. 하지만 그 앞세대인 '학산' 김성률1948~2004 장사를 빼놓을 수 없다. 1960년대 마산 씨름은 잠시 침체기에 빠지기도 했다. 이전까지 씨름계를 휩쓸던 모희규2001년 작고 같은 장사가 마산을 떠나고, 경남씨름협회를 품에 안은 진주가 기세를 떨쳤다. 이때 김성률 장사가 등장했다.

마산 토박이인 김성률 장사는 마산상고 2학년 때 정식으로 씨름길에 들어섰다고 한다. 늦게 시작했지만, 어릴 때부터 유도·축구를 해서 몸은 단련돼 있었으며, 머리도 좋아 하나를 가르치면 두세 개를 알아들었다고 한다. 고등부를 평정한 김성률은 이후 1969년 열린 전국대회 3개를 모두 휩쓸 정도로 적수가 없었다.

김성률, 그리고 마산 씨름이 국민에게 확실히 각인된 건 1972년 '제1회 KBS배 전국장사씨름대회'였다. 이전까지 야외 모래판에서 진행되던 것이 서울장충실내체육관으로 옮겨 열렸고, TV 생중계도 최초로 했다. 이 대회에서 마산 김성률 장사가 우승, 정근종 장사가 3위를 차지했으니 국민들 머리에 '씨름 고장 마산'이 제대로 각인된 것은 물론이겠다.

김성률 장사는 1970년대 중반까지 전성기를 구가했지만 딱 한 번 체면을 구겼다. 고등학교 2학년 홍현욱에게 충격적인 패배를 당한 것이다. 이를 계기로 현역 은퇴가 앞당겨지기도 했다고 한다.

하지만 그에겐 경남대학교 제자 이만기(53)가 있었다. 1983년 첫 천하장사대회에서 이만기가 꽃가마에 올랐는데, 결승에서 홍현욱을 무너뜨린 것이다.

하지만 이만기는 훗날 후배 강호동에게 쓰라린 패배를 당하며 '김성률 후예' 타이틀을 넘겨주기도 했다. 1980년대 '뒤집기의 달인'으로 불렸던 이승삼(56)은 현역 시절 주로 한라급에서 뛰었기에 천하장사에는 한 번도 오르지 못했다. 그 한을 몇년 전 창원시청 제자였던 정경진이 풀어주기도 했다.

장정·험한 산세·왼씨름…

씨름 고장 마산…. 이렇게 자리하기까지 배경을 좀 더 들춰보도록 하자.

임영주(64) 마산문화원장은 이렇게 해석했다.

"1904년 큰 해일 피해를 입고 난 이후 마산에서 성신대제가 매해 열렸다. 제를 지내고 나서 씨름대회를 연 기록이 많다. 이뿐만 아니라 마산은 그 이전부터 씨름을 유난히 많이 했다. 마산은 고려부터 조선에 이르기까지 조창이었다. 곡식을 배에 실어나르려면 힘쓸 장정이 필요했을 것이다. 그래서 씨름을 장려해 힘센 사람을 발굴한 것은 아닐까 하는 생각을 해 볼 수 있겠다."

이때는 생활 씨름이었다. 지금과 같은 기술보다는 기골 장대한 것이 우선이었다. 이에 씨름인들은 "들판 많은 곳보다는 험한 산세 사람들이 그러한 체격에 좀 더 가까웠을 것이다. 이북·강원도·경상도 같은 지역"이라고 한다.

실제 씨름은 산과 떨어질 수 없다. 현역에서 은퇴한 선수들은 "산은 쳐다보기도 싫다"고 곧잘 말한다. 씨름인들은 잔걸음으로 산을 타야 한다. 빠른 발을 위해서다. 씨름은 큰발 아닌 잔발이 필요한 종목이다. 현재 마산씨름 전용체육관도 무학산 입구인 서원곡에 자리하고 있다.

과거에는 왼씨름·오른씨름·띠씨름·바씨름 등 지역별 다양한 방식이 있었다. 1927년 지금과 같은 왼씨름으로 통일돼 전국대회가 열렸는데, 경상도에서는 이미 여기에 익숙해 있으니 안착하기 좀 더 유리했을 것이다.

마산 씨름 맛은 기술에 있다

씨름인들이 한결같이 하는 말이 있다. '마산 씨름은 기술 씨름', '기술에서만큼은 최고'.

김성률 장사는 힘뿐 아니라 발기술이 아주 좋았다고 한다. 여기에 상대방 심리까지 이용했다고 한다. 동시대에 뛰었던 권영식은 몸은 작았지만 다양한 기술로 거구들을 눕혔다고 한다. 씨름의 기본은 들배지기라 할 수 있는데, 천평실은 이 기술에서 최고였다고 한다.

이러한 기술은 각 개인에 머물지 않았다. 지금도 그러하지만, 1960~70년대에는 연대훈련이 특히 끈끈했다고 한다. 학년·학교 구분 없이 지역 씨름인이 모두 한곳에 모여 이 사람도 잡아보고 저 사람도 잡아봤다고 한다. 그 속에서 서로 기술을 배우고 가르쳤다고 한다.

씨름인 출신 배희욱(60) 경남도체육회 사무처장은 "다리가 강한 황경수 선배가 '희욱아, 다리 한번 넣어봐라'고 한다. 그렇게 최고 선수한테 다리 넣어보면 대한민국 사람한테 다 해본 것이나 다름없는 것"이라고 했다.

이러한 훈련문화 속에서 기술이 자연스레 전수됐고, 이만기·강호동의 배지기·들배지기도 그렇게 해서 나온 것이라고 한다.

기술은 끊임없는 반복이다. 자신의 몸에 가장 맞는 것을 찾는 작업이다. 한번 몸에 익으면 시간이 지나도 쉽게 사라지지 않는다고 한다. 마산 출신 선수들 가운데는 은퇴 후 다시 모래판에 서거나, 노장으로 오랫동안 활약하는 경우가 많은데, 힘은 좀 달리더라도 기술이 남아있기에 가능한 것이다.

어중이떠중이한테 질 수 없다는 자존심

마산은 기술씨름으로 '우승 맛'을 한껏 보았다. 그것은 곧 자존심으로 이어졌다. '우승 맛'을 본 이들은 정신력이 나태해지기보다는, 정상을 지키기 위한 쪽으로 향했다. 훈련하지 않으면 불안감이 컸기에 남이 시키지 않아도 알아서 하는 분위기였다고 한다. '어중이떠중이'에게 질 수 없다는 자존심이었다.

여기에 마산 특유의 근성도 더해졌다. 경남대학교 모제욱(42) 감독은 현역시절 '잡초'로 불렸다. 다른 선수 같으면 이미 쓰러졌을 법한데, 그는 끝까지 버티고 있었다는 것이다. 경기에서 지면 자기 분을 못 이겨 눈물을 흘릴 정도로 승부욕이 강했다. 학생들을 가르치는 지금 이런 걸 느낀다고 한다.

"씨름은 순둥이보다 강한 아이들이 좀 더 나은 것 같다. 마산에서 씨름하는 사람들이 기질 면에서 누구한테도 안 뒤진다. 다른 지역에서 온 아이들은 여기보다 확실히 근성 같은 게 부족하다. 그래서 후천적으로 많이 만들어주려고 노력한다."

이러한 세월 속에서 초-중-고-대학 시스템이 안정적으로 자리 잡았다. 이만기 장사 같은 경우 프로에 뛰어든 이후 활짝 꽃피운 경우다. 이는 마산무학초-마산중-마산상고-경남대에서 기본기를 충실히 닦았기 때문이라는 게 씨름인들의 공통된 생각이다.

손상주 전 한라장사

"산세 험한 곳에 기골 장대한 장사 많아"

1950년대 이전까지는 장날이나 명절 때 '소 따러 간다'고 해서 전국 호걸들이 모여 군웅할거를 겨루는 식이었다. 그때는 이북과 경상도로 양분되었다. 기술보다는 타고난 몸이 크게 작용했을 것이다. 그래서 산세 이야기를 한다. 즉 지형 험하고 오르락내리락하는 산 있는 곳에는 기골 장대한 사람이 많았을 것이라는 거다. 그 속에서 아무래도 경상도 쪽이 좀 더 빨리 체계화되지 않았나 싶다. 그 이후에는 마산과 대구로 양분되었다.

마산은 손·다리를 쓰는 잔기술에 밝고, 대구는 들배지기 같은 큰 씨름을 하는 차이가 있다. 현역 시절 금강·한라급 8강부터 결승까지 내리 마산·진주 선수들과 붙은 적이 많았다. 그쪽 선수들이 나보다 실력은 좀 뒤지더라도 승부에 대한 집착만은 대단했던 걸로 기억한다. 2014년 창원시청 소속으로 천하장사에 오른 정경진도 대구에서 씨름한 친구다. 마산 쪽에서 선수생활 하면서 예전보다 근성이 더 좋아진 것 같더라.

모제욱 경남대 씨름부 감독

"마산 씨름 특허는 스승·선배 기술 대물림"

전통을 절대 무시 못 한다. 선배님들 기, 보이지 않는 자존심 같은 거다. '내가 마산에서 씨름하는데 이 정도는 해야지'라는 것이 무의식 속에 있다. 옛날 다른 지역에서는 우승 한번 하면 카퍼레이드 하고 난리였다. 그런데 나는 우승하고 마산에 오면 명함도 못 내밀었다. 워낙 꽃가마 타본 사람이 많기 때문이다. 칭찬보다는 못한 부분에 대한 핀잔부터 들었다.
요즘 외지 고등학생들이 기술을 배우러 마산에 많이 온다. 마산이 기술에서는 그 어디에도 뒤지지 않는다. 우리와 붙으면 장기전 기술에 대해 특히 겁을 낸다. 다른 데서는 몰라서 못 가르치고 못 배우는 게 많다. 우리는 어릴 때부터 다양한 기술이 몸에 익어 있다. 기술을 한번 제대로 배워놓으면 그것을 또 자신만의 것으로 변형할 수 있다.
나는 끌어치기 등 여러 기술을 이승삼 선생님한테 배웠다. 이 선생님은 또 황경수·김성률 선생님한테 물려받았다. 그렇게 이어지는 것이다.

'씨름인 출신' **배희욱** 경남도체육회 사무처장

"씨름 기본인 들배지기 또한 마산이 최고"

김성률 선배는 상대 심리를 이용하는 기술을 창안했다. 팔을 맞대면 상대방 호흡이 느껴진다. 호흡을 들이쉴 때는 잘 못 움직인다. 그러한 호흡과 심리를 이용해 기술을 거는 것이다.
마산은 씨름의 기본인 들배지기만큼은 정말 최고였다. 김성률 선배와 동시대에 뛰던 천평실 선배가 들배지기를 기차게 했다. 그 기술을 익힌 것이 이만기·강호동이다. 이런 식으로 선배들이 익힌 기술이 후배들에게 자연스레 전수되는 것이다. 예전 상대방 선수들이 마산상고와 만나면 '아이고'라는 탄식부터 했다. 그 명성만으로 이미 상대방 기를 눌러버리는 것이다.
김성률 선배는 샅바 싸움을 일절 안 했다. 잡고 싶은 대로 잡으라는 거다. 그만큼 실력과 자신감이 있었던 거다. 그런 영향을 받았기에 후배들도 승부 근성은 강하지만 샅바 싸움은 잘 안 하는 편이다.

마산 출신으로 현역 최고령 선수인 **박종일**

"어릴 적 몸으로 익힌 기술씨름, 장수 비결"

마산 출신(용마고-경남대)으로 현재 경기도 광주시청 소속인 박종일(41) 선수는 현역 최고령이다.

2005년 금강장사(당시 기장군청 소속)였으며 지난 2010년엔 설날장사씨름대회 금강·태백 통합장사전에서 준우승을 차지했다. 언론에선 이를 기적에 가까운 일이라 평했다. 당시 그의 나이 35세는 씨름 선수로 환갑을 넘긴 나이였기 때문이다.

그는 아직도 가장 '뜨거운 현역'이다. 경기도 광주의 합숙소 근처 카페에서 그를 만났다. 사진에서 본 모습보다 살이 많이 빠져 있었지만 단단해 보였다. 그는 여태 현역으로 활동할 수 있었던 가장 큰 이유를 흔히 '장기전'이라 불리는 마산의 기술 씨름 덕이라 했다.

Q: 현역 최고령이다. 사연이 궁금하다.

"부산 기장, 경기도 용인을 거쳐 태안으로 갔었다. 당시엔 지도자를 병행하는 조건이었다. 하지만 잘 안 됐다. 마산에서 훈련받던 방식으로 지도했는데 선수들이 소화하지 못했다. 그러던 중 광주시청 감독님이 불러주셨다. 본격적인 현역생활을 위해 다시 몸을 만들어야 했다. 독하게 했다. 100kg 나가던 몸을 80kg대로 만들었다."

Q: 그 과정이 쉽지 않았을 것이다.

"(몸을 만드는 일이) 처음엔 힘들었다. 하지만 그보다 힘들었던 건 마음이다. 대회를 나가면 후배들이 심판이다. 본부석에도 후배들이 있고 심지어 해설위원도 후배다. 그래서 처음엔 다 벗고 씨름팬츠만 입은 채 모래판에 오르는 것이 부끄러웠다. 본의 아니게 후배들이 욕하는 소리도 들었다. '저 선배는 나이 먹고 왜 저러나?' 하는 말을 화장실이나 식당에서 듣기도 했다. 그럴 때마다 아내 응원이 도움이 됐다. 아파도 쉬지 않았다. 좋아하던 술도 거의 끊었다. 여기 감독님이 '너만큼 독한 놈 못 봤다'고까지 하신다. 하하!"

Q: 여전히 좋은 성적을 내고 있다. 원동력은 무엇인가?

"마산에서 익힌 기술을 몸이 기억하고 있다. 그래서 처음부터 체력만 올리면 가능하다고 자신했다. 그게 마산씨름의 강점이다. 김성률, 황경수, 이만기 선배님들의 들배지기 기술로부터 이승삼 감독님의 '장기전' 기술을 배웠기에 가능한 일이다. 특히, 이승삼 감독님을 존경한다. 나는 대학에 입학하기까지 눈에 띄는 선수는 아니었다. 그러나 이 감독님께 배우면서 성장했다. 태도도 중요하다. 어린 시절 김성률 장군님이 '여기 이 마산의 씨름장 안에서 일등을 하지 못하면 어디서도 일등을 하지 못 한다'고 하신 말씀을 기억하고 있다. 마산에서 씨름을 하려면 독해질 수밖에 없었다. 여기서 이기는 것이 가장 힘들기 때문이다. 지금도 구토가 나올 정도로 훈련한다."

Q: 어려서부터 몸에 익었다는 마산의 기술씨름에 대해 좀 더 듣고 싶다.

"마산 출신들은 운동복이 아닌 평상복을 입으면 씨름선수인 줄 몰라보는 이들이 많았다. '저런 덩치로 무슨 씨름을 하나'라고들 한다. 그럼에도 최고의 씨름인 이유는 바로 기술이 다르기 때문이다. '장기전'이라 부르는 기술이 그것이다. 타 지역에선 이걸 시간을 끌기 위한 '지저분한 씨름'

이라 깎아 내리고 있지만 모르고 하는 소리다. 장기전에서의 시간은 기술을 걸기 위한 시간이다. 우리는 일단 (샅바에서)손을 빼기만 하면 이길 확률이 70~80%다. 공격을 위한 장기전이기 때문에 각자 자기 몸에 맞는 기술을 개발한다. 그러니 상대 선수는 골치가 아플 수밖에 없다."

Q: 그렇다면 자신만의 독특한 기술이 있나?

"내 씨름 특징은 '쉽게 하지 말자'로 정리할 수 있다. 기술을 거는 데 있어 편안함을 알기 시작하면 씨름 선수로 끝이라고 생각한다. '끌어치기'라고 있다. 이는 '뒤집기' 기술을 거는 척하다 들어가는 기술인데, 나는 그걸 권장하지 않는다. 씨름은 어렵게 해야 한다. 다만 자기 체형에 맞는 기술을 끊임없이 연구해야 한다. 겉핥기식으로 해선 절대 이길 수 없다."

Q: 그런 태도도 마산씨름의 전통이라고 볼 수 있을까?

"기술로 답을 찾기 위해선 게을러선 절대 안 된다. 힘으로 하는 씨름은 힘 떨어지면 끝이다. 때문에 선수 생명도 짧아지는 것이다. 김성률 장군님은 50이 넘어서도 직접 샅바를 매고 씨름을 잡아 주셨다. 이승삼 감독님도 마찬가지다. (타 지역엔) 그런 분들이 없다. 그만큼 마산은 선수 생명이 길다."

Q: 마산을 떠나 선수생활을 계속하는 이유가 있는가?

"포장마차 하는 분도 '장사' 한 번은 해봤다는 곳이 마산이다. 장사 10번은 해야 마산에서 인정받는다는 말도 있다. 그만큼 씨름이 강한 곳이니 내가 있을 자리는 없었다. 운동을 하기 위해선 떠날 수밖에 없었다. 운동 그만두라는 말도 많이 들었다. 몸도 안 아픈 곳이 없다. 하지만 나이 먹어도 얼마든지 할 수 있다는 것을 지금 보여주고 있다. 그래서 지금은 하루하루가 행복하다. 후배들을 이겨야겠다고 생각하지 않는다. 다만 쉽게 지고 싶지는 않다. 씨름을 직업으로 삼는 사람으로 끝까지 최선을 다하고 싶다."

마산 씨름의 미래

"제2 투자 이끌어 거듭나야"

"씨름이 침체기인데 어떻게 하면 나아질까?"

이런 질문에 대다수 씨름인들은 이해할 수 없다는 반응이다. 알려진 것과 다르다고 주장한다. 한 씨름인은 이렇게 말했다.

"2012년 프로야구 포스트 시즌 중 동시간대에 장사씨름대회가 열렸다. 당시 프로야구는 SBS에서 중계하고 씨름은 KBS에서 했는데, 씨름 시청률이 프로야구 시청률보다 높았다. 명절 씨름대회는 평균 시청률이 6~7%까지 나온다. 프로배구나 프로농구에 비하면 월등한 수치다. 프로씨름이 위축되긴 했지만 절대 침체기 아니다."

모제욱 경남대 감독도 "전성기라고 했던 과거 80년대보다 씨름 환경은 더 나아졌다. 실업팀이 많아졌기 때문이다. 타 종목에 비해 처우도 괜찮고, 갈 수 있는 팀도 많아졌다."

갈 수 있는 팀이 많아졌다는 것만으로 과거보다 환경이 좋아진 것은 명백하다. 박종일 선수가 현역을 유지할 수 있었던 이유도 실업팀이 꾸준히 늘었기 때문이다.

하지만 "마산 씨름이 침체기인데 어떻게 하면 나아질까"라고 묻는다면 대부분 표정이 복잡해진다. 자신 있게 '아니'라고 할 수 없는 분위기다. 그렇다고 침체기를 인정하기도 애매하다. 이유는 씨름판이 평준화했기 때문이다. 지역 간 평준화가 상대적으로 마산 씨름의 '하락'을 불러온 것이다. 그래서 지금 마산 씨름은 과제를 안고 있다. 한 체육인 말이다.

"마산 씨름이 강했기 때문에 시설이 노후화했다. 무슨 말이냐면 신생팀 경우 좋은 인프라를 갖출 수밖에 없다. 하지만 마산은 과거 전성기 당시의 투자 이후 오랜 시간이 흘렀다. 노후화한 시설을 재정비하는 것이 중요하다."

배희욱 경남도체육회 사무처장은 지역 기업이 적극성을 보일 것을 주문한다.

"과거 하이트맥주가 김성률 교수에게 실업팀 창단을 제안한 적이 있다. 지역의 중견 기업들이 씨름단을 창단해 마산 씨름을 살려야 한다."

익명의 씨름계 한 관계자는 쓴 소리도 마다하지 않았다.

"이만기·강호동 같은 스타들이 예능에서 자기 밥벌이를 위해 씨름을 이용하려고만 한다. 차범근, 박찬호를 봐라. 유소년부터 키운다."

마산 씨름, '제2 전성기'가 아니라 '제2 투자'를 통해 '창원(2010년 통합) 씨름'으로 거듭나야 할 시점이다.

씨름이 과거보다 시들한 이유

외환위기·지나친 지역이기주의에 팬 등 돌려

씨름 전성기였던 1980~90년대 스타들은 저마다 별명이 있다.

이만기는 '모래판의 황제', 이승삼은 '뒤집기의 달인', 이봉걸은 '인간 기중기', 이준희는 '모래판의 신사', 손상주는 '오뚝이', 모제욱은 '잡초', 백승일은 '소년장사'로 불렸다.

개개인 특징을 좋은 쪽으로 담고 있다. 그런데 예외인 선수가 있다. 바로 장지영이다. 그에게 따라붙는 말은 '샅바 싸움'이다.

장지영은 1984년 제3대 천하장사에 올랐다. 하지만 그는 박수 대신 비난을 받아야만 했다. 1984년 3월 9일 자 동아일보 기사 한 단락을 보자.

'모래밭의 신사라 불리는 이준희와의 준결승에서도 한사코 샅바를 내주지 않으려고 왼쪽 어깨를 빼는 등 천하장사로서 걸맞지 않은 추태를 보였다.'

당시 팬들 비난은 상상 이상이었다. 그런데 TV 편파 해설이 이를 부추긴 측면도 있다고 한다. 당시 준결승 상대인 이준희는 경북 의성에서 씨름을 했는데, 해설위원이 같은 경북 사람이었다고 한다. 이에 좀 과하게 장지영을 몰아세웠다는 것이다.

장지영은 이후 별다른 성적을 내지 못한 채 쓸쓸히 모래판을 떠났다. 은퇴 이후에도 '샅바 싸움' 꼬리표를 떼지 못했다고 한다. 한 씨름인은 "사업을 했지만 그 부정적인 이미지 때문에 제대로 할 수 없었다고 하더라"고 전했다.

장지영은 훗날 해설위원으로 데뷔하면서 "내 특기가 들배지기였는데 상대도 이를 알고 철저히 대비했던 것 같았다. 이기기 위해서는 샅바 싸움을 할 수밖에 없었고 그 정도는 있을 수 있는 것으로 생각한다. TV 해설을 꼭 해 보고 싶었다. 1984년 당시 편파적인 해설에 거의 매장되다시피했기 때문"이라고 밝힌 바 있다. 당시 장지영이 샅바 싸움을 과하게 하긴 했지만, '팔이 안으로 굽는' 편파 해설이 지울 수 없는 멍에에 한몫했다는 것은 안타까운 일이다.

한때 잘나가던 씨름계가 휘청한 데에는 IMF외환위기가 크게 작용했다. 하지만 지역·계파별로 나뉜 내분도 큰 악영향을 줬다. 최근까지도 '특정 지역 사람들이 씨름계를 좌지우지하려 한다'는 말이 들렸다. 내 고장 씨름에 대한 '자부심'은 좋지만, 지나치면 '독'이 된다는 것 또한 당연한 것이겠다.

예향통영

예향 통영

—

사랑을 잃고 통영을 얻다.

시인 백석본명 백기행·1912~1996은 통영을 세 번 찾았다.

흠모했던 여인 난박경련을 만나기 위해서였다.

하지만 그는 한 번도 난을 만나지 못했다.

그 사이 백석의 친구는 난과 결혼한다.

사랑을 잃고 우정에 배신당한 백석이 다시 통영을 찾았다.

그의 통영행을 가상으로 구성했다.

청년 백석과 예향 통영을 걸어봤다.

백석이 되어 통영을 걷다

여기선 모두 시인이 된다, 그가 그랬듯

남쪽 바닷가 어떤 낡은 항구의 처녀 하나를 나는 좋아하였습니다. 머리가 까맣고 눈이 크고 코가 높고 목이 패고 키가 호리낭창하였습니다. 그가 열 살이 못되어 젊디젊은 그 아버지는 가슴을 앓아 죽고 그는 아름다운 젊은 홀어머니와 둘이 동지섣달에도 눈이 오지 않는 따뜻한 이 낡은 항구의 크나큰 기와집에서 그늘진 풀같이 살아왔습니다.

-백석의 산문 중에서-

서울 강남고속버스터미널 통영행 심야버스 12시 30분. 3만 5600원. 사랑을 잃고 나는 떠난다. 12월의 밤공기가 차다. 종일 종종거리게 한 눈발의 기세는 줄었으나 가장자리가 날이 선 눈 조각은 살 구멍으로 파고든다. 온기가 남은 통영의 바람이 날 안아주겠지. 떠나버린 사랑과 친구의 배신과 마무리하지 못한 원고들을 승차권과 구겨 외투 깊숙이 쑤셔 넣고 잠을 청한다. '난'을 처음 본 그날의 그림이 눈만 감으면 어제일인 양 펼쳐진다. 심란한 꿈을 타고 통영으로 간다. 통영… 사랑했던, 사랑하는 '난'의 고향.

녯날엔 통제사 있었다는 낡은 항구의 처녀들에겐
아직 녯날이 가지 않은 천희라는 이름이 많다.
미역오리 같이 말라서 굴껍질처럼 말없이 죽는다는
이 천희의 하나를 나는 어느 오랜 객주집의
생선가시가 있는 마루방에서 만났다.
저문 유월의 바닷가에선 조개도 울을 저녁
소라발등이 불그레한 마당에 김냄새 나는 비가 나렸다.
-백석 〈통영!〉-

새벽 4시 30분, 아직 밤이다. 통영고속버스터미널은 여느 도시의 그것과 다르지 않다. 따뜻한 바람이 진한 바다 냄새를 한 상 내 줄 것으로 기대했던 내가 어리석었다. 좁은 땅, 여기도 웬만큼 겨울인데 왜 굳이 떠나왔는가. 이 어둠이 거울이 되어 미숙하고 초라한 나를 보여준다. 어둠만큼 선명하게.

한 번 몰아친 후회는 물러설 줄 모르고 내 부박한 심상의 언덕을 때린다. '난'의 집은 찾아 어디 쓸 건가? '난'을 가로챈 친구를 원망해 무엇 하는가? 어차피 사람 마음이 하는 일이다. 누굴 원망할 일이 아니다.

아… 그러나 그리움 또한 내 마음의 일이니….

춥고 흔들리는 첫 차를 타고 통영 시내로 간다. '난'이야 어찌됐건 바다는 만나야 할 일이 아닌가.

바닷가에 왓드니
바다와 같이 당신이 생각만 나는구려

바다와 같이 당신을 사랑하고만 싶구려
구붓하고 모래톱을 오르면
당신이 앞선 것만 같구려
당신이 뒤선 것만 같구려(후략)
-백석 〈바다〉-

아, 이것이었구나. 내가 '난'에게서 본 것은!
'난'은 이 새벽 바다를 닮았었구나.

아낙과 사내들의 소리는 거친 듯하나 실은 바다의 음률에 맞췄다. 저기 남망산은 밤새 깎은 태양을 생전 처음 올리는 양 두 손을 모았다. 그리고 이 모든 것을 품은 강구안 바다는 호수처럼 고였다 급류처럼 휘돌아 나간다. 모두 '난'의 눈에서 본 것들이다.

그토록 온화한 '난'의 눈을 보며 정념에 귓불이 빨개졌던 나는 그것이 나의 천박함인 것으로 알았다. 하지만 그건 '난'의 눈 속에 든 것이었다. 통영에서 '난'을 만났다.

> 바람 맛도 짭짤한 물맛도 짭짤한
> 전복에 해삼에 도미 가재미의 생선이 좋고
> 파래에 아개미에 호루기의 젓갈이 좋고
> 새벽녘의 거리엔 쾅쾅 북이 울고
> 밤새껏 바다에서 뿡뿡 배가 울고
> 자다가도 일어나 바다로 가고 싶은 곳
> -백석 〈통영2〉-

미륵산에서 바라본 통영바다

아침 시장에 들러 따뜻한 국물을 마신다. 무와 생선으로만 맛을 낸 맑은 국물은 고기까지 함께 마실 수 있다. 부드럽고 따뜻한 이것을 여기선 '물메기'라 부른다. 두둑하게 배를 채운 병사가 된 기분으로 시장을 가로질러 세병관에 오른다. 300년 가까이 경상·전라·충청의 수군을 지휘했던 통제영의 본영이다. 세병관 민흘림기둥에 기대 바다를 본다. 언젠가 보았던 전혁림의 그 통영 앞바다가 그대로 여기 있다. 신기한 일이다. 거친 붓질과 화려한 원색이 만든 추상을 현실이 흉내 낸 것 같다. 건너편 동피랑을 오르니 손을 맞잡은 연인들이 그림을 보고 사진을 찍고 웃는다. 그림 속으로 들어와 그림을 보고 있다.

통영장 낫대들었다.

갓 한 닢 쓰고 건시 한 접 사고 홍공단 댕기 한 감 끊고 술 한 병 받어 들고

화륜선 만저보러 선창 갔다.

오다 가수내 들어가는 주막 앞에

문둥이 품바타령 듣다가

열이레 달이 올라서

나룻배 타고 판데목 지나간다. 간다.

-백석 〈통영-남행시초2〉-

멸치, 베를린의 윤이상이 지인으로부터 선물 받고 눈물을 흘렸다는 통영멸치. 강구안 뒷골목에서 고추장에 찍어 술잔을 비운다. 경계인 윤이상에게 조국은 흙 한 줌만 허락했다. 그러고 보니 사랑이

백석이 여인을 기다렸다는 충렬사 돌계단

백석 시에 표현돼 있는 충렬사 앞 우물가

다 뭔가. 누구는 나라를 잃고도 살아간다. 아니다. 사랑이 전부다! 취기가 오른다. '난'아…!

그렇건만 나는 하이얀 자리 우에서 마른 팔뚝의
샛파란 핏대를 바라보며 나는 가난한 아버지를 가진 것과
내가 오래 그려오던 처녀가 시집을 간 것과
그렇게도 살틀하든 동무가 나를 버린 일을 생각한다
또 내가 아는 그 몸이 성하고 돈도 있는 사람들이
즐거이 술을 먹으려 다닐 것과
내 손에는 신간서新刊書 하나도 없는 것과
그리고 그 '아서라 세상사世上事'라도 들을
유성기도 없는 것을 생각한다
-백석 〈내가 생각하는 것은〉-

다음날 아침, 나는 한 소설가의 무덤 앞에 서 있다. 취기로 온전한 정신은 아니지만 찬찬히 생각한다. 나는 통영에 왜 왔을까? '난'을 만나러 왔지만 '난'이 통영에 없다는 건 이미 알고 있었다. 질투와 상실감으로 떠난 길이지만 이젠 그것도 분명하지 않다. 하지만 오늘 아침 한 가지 분명해진 것은 있다. 나를 통영으로 안내한 '난'에게 감사한다.

잔잔해진 눈으로 뒤돌아 보는 청춘은 너무나 짧고 아름다웠다.
젊은 날엔 왜 그것이 보이지 않았을까?
-박경리 〈산다는 것〉-

무속신앙, 통제영 문화, 그리고 바다가 내준 풍요와 감성

예향藝鄕…. '예술가를 많이 배출하고 예술 즐기는 사람이 많은 고을' 정도로 이해하면 되겠다.

소설가 박경리, 극작가 유치진, 시인 유치환·김춘수, 시조시인 김상옥, 작곡가 윤이상, 화가 전혁림, …. 통영에서 태어난 예술인이다. 화가 이중섭, 시인 백석 같은 이도 통영의 숨결을 작품에 담기도 했다. '인구 대비 유명 예술인이 세계에서 가장 많은 도시'라는 말에 대해 굳이 기준·통계를 따질 필요도 없는 분위기다.

시인 유치환

소설가 박경리

화가 전혁림의 그림

여기 사람들은 '예향 통영은 필연적인 것'이라고 말한다.

바다 낀 고장이 그렇듯 이곳 역시 일찍부터 무속이 흥했다. 집단으로 풍어제를 지내기도 하고, 노모 홀로 바다에 나가 아들 목숨을 빌었다. 무속은 곧 음악·춤·글이 섞인 종합예술이나 마찬가지다. 이러한 것이 '남해안별신굿'과 같은 자산으로 이어졌다.

전혁림 미술관

복원된 통제영. 삼도수군이 모인 통제영에는 전국 내노라하는 장인들의 공방이 있었다.

서민들의 자생적 끼를 저변에 깔고 있던 통영은 400여 년 전 '삼도수군통제영'을 맞이하면서 문화예술용광로가 된다. 삼도수군통제영은 오늘날 해군사령부 격이다. 이곳은 단지 군사적 의미에 머물지 않는다.

서유승(63) 통영예총 회장은 이렇게 설명했다.

"통제영 안에는 공방이 있었다. 많게는 16개까지 있었고, 보통 12공방이라고 한다. 전국 각지에서 내로라하는 장인들이 몰려들었다. 이들은 병영품을 만들고, 남는 것은 백성들에게 팔았다. 임금님께 진상품을 만들어 올리기도 했다."

특히 통제영에서는 매년 봄·가을 '군점'이라는 행사가 열렸다. 경상·전라·충청 삼도수군이 모두 모여 군사·군물 같은 것을 총점검하는 의식이었다.

유용문(53) 동피랑협동조합 사무장은 이렇게 말했다.

"삼도수군통제영은 경상도·충청도·전라도를 관할했다. 따라서 통영은 삼도 문화가 뒤섞인 곳이다. 매년 두 번 문화가 업데이트된 셈입니다. 그리고 한양과 끊임없이 교류했다."

이 나라를 지킨다는 그 기개는 오늘날 이 지역 사람들의 유별난 기질과 닿아있기도 하다.

통제영 시대가 끝나고 나서도 세대가 이어지면서 그 손길이 굳어졌다고 볼 수 있다. 하지만 단지 이것에 머물지 않는다.

일제강점기 때 통영은 대표적인 수산업도시로 성장했다. 경남·부산에서 생산되는 수산물 반 이상은 통영 몫이었다. 사람·물건·돈이 활발히 돈 것이다.

최정규(65) 시인은 에둘러 이렇게 설명했다.

"어릴 때부터 이탈리아 피렌체·나폴리에 가보고 싶었다. 르네상스를 꽃피운 곳은 도대체 어떠한 곳일까 궁금했기 때문이다. 막상 가보니 느낀 것은 결국 인적·물적 교류 중심지였다는 것이다. 신흥 자본이 형성되면서 이전 왕족들만 쥐고 있던 문화예술이 부를 쌓은 이들에게 옮겨간 것이다. 통영도 이와 다르지 않다고 생각한다."

일본 사람들이 드나들면서 문화도 함께 유입되었다. 경제적 여유 속에서 일본으로 유학 가는 이도 많았다. 다만 집안 어른들은 자식들에게 일제 앞잡이가 되지 않겠다는 확약을 받았다고 한다. 그러다 보니 비교적 자유로운 예술분야 쪽으로 유학을 많이 떠났다고 한다.

1905년 설립된 충무교회는 단지 종교적인 공간만은 아니었다고 한다. 누군가는 '문화예술인들이 문화적 세례를 받은 곳'이라고 표현하기도 했다.

이러한 분위기 속에서 그 끼가 꿈틀대기 시작했다. 1920년대에 청년단 악대가 자체적으로 만들어졌고, 통영인들이 중심인 한글 시조 동인지가 나왔다. 1930년대에는 서양악기를 파는 유명한 악기점도 들어섰고, 삼광영화회사가 〈화륜〉을 제작하기도 했다.

6·25 때는 전쟁통을 피해 예술인들 또한 통영으로 찾아들었다. 통영에서 여유 있는 어른들은 그림이라도 한 점 사주며 예술가들 뒤를 받쳐주는 풍토가 있었다고 한다.

이러한 축적된 시간 속에서 통영의 문화자산은 단단히 영글었다. 그렇다 하더라도 여기 자연이 내준 풍광을 빼놓으면 섭섭할 노릇이다.

정지용은 〈남해오월점철〉이라는 기행문에서 '통영과 한산도 일대의 풍경 자연미를 나는 문필로 묘사할 능력이 없다'고 적었다. 윤이상도 '나의 음악적 재료는 통영 밤바다에 들리는 파도소리'라고 했다.

서유승 통영예총 회장은 "통영은 물빛·하늘빛이 다르고, 그 소리도 다르다. 우리는 이것을 통영의 기운이라 생각한다"고 했다.

서민들 무속 신앙, 400년 전 통제영 문화. 그리고 바다라는 자연이 내준 경제적 풍요와 감성은 이곳 사람들 몸과 마음에 자유를 안겼다. 여기 사람들은 "그러한 시간이 쌓이면서 곧 피에 녹아들었다. 이제는 날 때부터 예술적 끼와 감성을 타고난다"고 말한다. 그것을 '통영의 예술 유전자'라고 압축해 말한다.

서유승 통예예총 회장이 말하다

"통영 사람들 누구든 끼가 있다"

나는 '예향'이라는 말보다 '문화예술의 본향'이라고 표현하고 싶다.

통영 예술은 특정분야가 아닌, 문학·음악·미술·공예와 같이 다방면에 걸쳐 있다. 전국을 봐도 이런 땅이 없다. 목포도 바다를 끼고 근대 문화를 빨리 받아들였지만 문화예술에서 우리 만큼 다양하지는 않다.

통영 예술의 침체기? 지금도 나쁘다고는 생각하지 않는다. 이 지역 예술이 예전에는 일부 계층 위주로 행해진 측면이 있는데, 지금은 전 주민이 누리는 분위기다.

연극협회에서 마을주민과 함께 마음을 맞춰 무대에 올리고, 여러 학교에서는 아이들이 뮤지컬 공연을 하기도 한다. 홍상수 감독의 영화 <하하하>에도 이 지역 연극인·주민들이 출연했다. 언제든지 누구를 시켜도 할 수 있는 끼가 있다는 것이다.

영화 <하하하> 촬영지인 통영 나폴리모텔

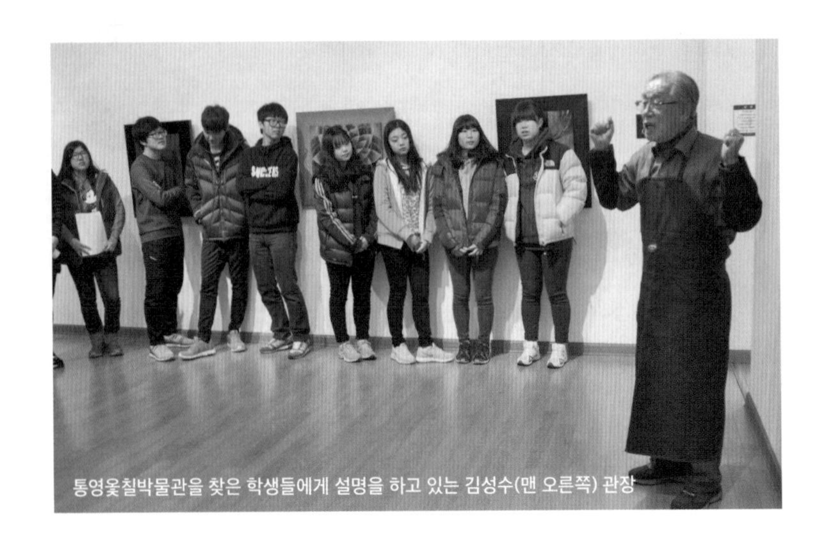
통영옻칠박물관을 찾은 학생들에게 설명을 하고 있는 김성수(맨 오른쪽) 관장

여기서는 분야는 달라도 예술인들 간 교류가 잘 된다. 특히 인구가 14만 명밖에 안 되니까, 어느 집 숟가락이 몇 개인지 다 안다. 언제든지 서로 전화해서 술 한잔 하는 분위기다.

가장 몸에 좋은 먹거리는 자신이 태어난 땅 10~20리 안에서 난 것이라 하잖은가. 통영뿐만 아니라 사람들 대부분 언젠가는 고향으로 돌아가고 싶은 마음이 있을 게다. 문제는 그것을 실현하느냐 여부일 텐데…. 타지 나가 있는 예술인 대부분이 '나중에 고향에서 뭘 할 것이다'라고 말하지만, 쉽지는 않다.

그런 면에서 김성수(81) 옻칠미술관장 같은 어른은 대단한 것이다. 옻칠 쪽에서 세계적으로 이름난 분이다. 대도시에서 호사를 누릴 수도 있지만, 고향 통영에서 옻칠을 부흥해야겠다는 마음으로 오신 거다. 자비로 미술관을 만들어 후진 양성에 열을 올리고 계신다. 이런 어른이 있어 통영이 다른 지역과 분명히 다르다는 얘기를 하는 것이다.

통영 예술인들이 타지에 나갔다가 쉽게 무너지는 경우는 거의 없다. 통영 사람들 기질이 질긴 것도 있지만, '통영 예술인'이라는 그 자부심이 곧 버팀목이다.
나는 태어나서 지금까지 한평생 통영에만 있었는데, 부딪히는 것도 많지만, 그래도 누군가는 남아서 고향에서 할 일을 찾는 것이 중요하다고 생각한다. 여기는 예술 관련 대학이 없다 보니 젊은이들이 밖으로 나갈 수밖에 없다. 청년 작가들이 활력소가 되어야 하는데, 여건이 열악하니 아쉽다. 예술도 교육이 중요하다. 특히 통영만의 특색을 살릴 수 있는 교육이 필요하다.

유용문 동피랑협동조합 사무장이 말하다

"예향 제2 전성기는 미래 몫으로 남았다"

현재도 '예향'이라는 말을 듣는 것은 고무적인 일이다. 하지만 이면을 들여다보면 예전의 이름난 예술인들의 허명으로 버티고 있는 건 아닌가 하는 생각도 든다.
'예향'이라고 한다면 지역에서 활동할 수 있는 토대가 다른 지역보다는 그래도 나아야 하는데 그렇지 못하다는 거다.
겉으로는 기존 자산으로 음악제·문학제 같은 것을 열지만, 그 온기가 지역 예술인들에게 전해지는 것은 아니다.
이 지역만의 문제는 아니지만 통영 예술 또한 갈수록 고령화되고 있다. 30~40대 허리가 없다. 모임에 가면 50대가 막내급이라 신발 정리를 하고 있다. 젊은 사람들이 없으니 새로운 것보다는 이전 것을 답습하는 것

밖에 없다.

젊은 친구들에게 '지역에서 함께 손잡고 해보자'는 말을 하기 어렵다. '비전이 있어야 하는데, 숟가락만 입에 넣고 있을 수는 없잖아요'라고 한다. 서울 같은 곳은 그나마 수요가 있으니 기대를 안고 나가는 거다.

예술만 해서는 생활이 안 된다. 화가들은 주말에 강구안 문화마당에 나가 캐리커처를 그려준다. 그나마 이런 부업거리라도 있는 분야는 다행이다. 글 쓰는 사람들은 마땅히 그럴 만한 것도 없으니 말이다.

예전에는 통영에서 활동하는 작가라고 하면 부러움과 시샘을 동시에 받았다. 요즘은 '한물가지 않았느냐'는 이야기를 종종 듣는다. 그러면 우리는 자존심에 족보 이야기를 하면서 싸우기도 하고 그런다. '예향'에 걸맞은 현실이 아닌 건 사실이다. 행정에서도 하드웨어는 되지만 그 외 것에서는 답을 못 찾는다.

통영 예술은 해방 직후가 최고 부흥기였다고 봐야한다. 제2 전성기는 앞으로 몫으로 남아 있는 것이다.

문화예술 분야 학생들을 지원하는 인재육성기금이 있는데, 그것에 좀 기대를 걸어본다. 대학이 없으니 이 친구들도 스무 살 이후에 타지로 나갈 수밖에 없다. 한 번 나갔다가 다시 돌아오는 건 어렵다고 봐야지. 꼭 통영으로 돌아와 활동해야 한다는 강박관념에 사로잡힐 필요는 없다고 본다. 10년, 20년 후 어디서든 성과를 낸다면 그 또한 '예향 통영'을 이어나가는 힘이 되는 것이다.

그럼에도 통영에 있는 예술인들은 힘들지만 고군분투하고 있다. 1년에 어떻게든 글을 몇 편씩 쓰고, 또 전시회를 여는 선배들을 보면 존경스럽다. 이건 아마도 통영 예술인이라는 자존심 때문에 가능하다고 생각한다. 이것은 곧 선배님들이 물려준 가장 값진 유산이기도 하다.

이용민 통영국제음악당 예술기획본부장이 말하다

“과거 박제화 아닌 제2 윤이상 만들어야”

윤이상 선생은 생의 절반을 한국에서, 나머지를 유럽에서 사셨다. 정치적인 관점을 배제하면 그는 경계인이었다. 경계인으로 윤이상이 성공한 이유는 유럽의 어떤 것이 아니라 통영이 있었기에 가능했다. 통영의 풍광과 굿소리, 뱃사람들의 소리가 그의 자양분이었다. 유럽에 있으면서도 그는 항상 그 소리를 그리워했다. 곧잘 그는 “귀국하면 젊은 시절 어설프게 알았던 남도음악을 제대로 배워 세계적인 음악으로 만드는 게 꿈”이라고 말하곤 했다.

작곡가 윤이상

매년 통영에서는 통영국제음악제가 열린다.

어린 윤이상에게 많은 영향을 줬던 통영의 음악들은 아마 일상적인 것들이었을 것이다. 바다의 삶이 그렇듯 자연재해에 취약할 수밖에 없었을 것이고 바다에 나가면 생사를 기약할 수 없는 상황에서 '남도음악'이 나왔을 것이다. 일종의 주술적 의미다.

통영국제음악제가 표방하는 것은 단순히 윤이상 기념사업과 같은 과거의 박제화가 아니다. 그래선 안 된다. 그 정신을 기리되 제2, 제3의 음악가가 나올 수 있도록 하는 것이 더 중요하다. 윤이상의 삶도 마찬가지였다.

마치 암스트롱이 달에 처음 간 것처럼 그는 아시아에선 클래식 음악의 상징과 같은 존재였다. 그래서 그의 의미는 통영에 묶여 있으면 안 된다. 그가 아시아의 상징이 되어 젊은 음악학도들을 이끌어야 한다. 그런 정신이 통영국제음악제의 바탕이다.

그래서 내용에 충실할 수밖에 없다. 지난 2002년 처음 이 축제는 4000만 원 지원을 받아 장소를 빌려 시작했다. 하지만 이젠 음악당을 갖춘 아시아에서 대표적인 클래식 음악제가 됐다. 여기 음악당은 군더더기가 없다. 음악만을 위해 지어졌기 때문이다. 다른 곳에 가면 연주자 대기실이 대부분 지하에 있다. 하지만 여긴 가장 전망 좋은 곳에 있다. 윤이상이 보았던 그 통영바다를 볼 수 있도록 했다. 고급스럽진 않지만 음악가와 청중이 모두 만족할 수 있는 곳이다.

국제적으로도 정체성이 확실한 축제로 인정받고 있다. 우리는 현대음악만 고집한다. 인기 많은 공연이 왜 없겠는가? 베토벤 9번이나 특히 연말이면 꼭 호두까기 인형을 하곤 한다. 그런 걸 하면 표가 잘 팔린다. 하지만 그런 히트곡들만 하면 다음 음악, 다음 세대의 음악은 누가 작업하나? 그걸 우리가 하고 있다. 그게 윤이상의 정신이다.

2003년 모 일간지 기자는 '3불가론'을 내세워 통영국제음악제가 실패할 것이라 예고했다. 수도권과 멀고, (정치적으로) 민감한 윤이상이 걸렸고, 대중과 먼 현대음악이라는 이유였다. 하지만 4년 후 그는 그 기사를 스스로 정정했다.

숙제도 많다. 케이블카나 동피랑 덕분에 관광객들이 몰려들고 있지만 이를 통영의 문화예술과 연계하지는 못하는 것 같다. 관계자들이 풀어야 할 숙제다. 통영국제음악당은 이 지역 미래세대에 큰 관심을 두고 있다. 그들이 향후 몇 십 년간 음악을 즐길 관객이기 때문이다.

대통령의 고향

전두환

1931년 01월 18일 합천 율곡면 내천리 출생
1951년 대구공업고등학교 졸업
1955년 육군사관학교 소위 임관
1963년 중앙정보부 인사과장
1977년 육군 소장
1979년 국군 보안사령관
1979년 계엄사령부 합동수사본부장
1979년 12월 신군부 반란 주도
1980년 05월 광주민주화항쟁
1980년 08월 육군 대장 예편
1980년 09월 제11대 대통령 취임
1980년 12월 김대중 사형 확정
1981년 02월 제12대 대통령 취임
1981년 03월 제11대 국회의원 총선거
1983년 10월 미얀마 아웅산 묘소 폭발사건(서석준 부총리 등 17명 사망
1985년 02월 제12대 국회의원 총선거
1986년 05월 '5 · 3인천시위' 발생하며 직선제 개헌 요구
1987년 06월 '6 · 10 민주항쟁' 전개
1987년 06월 노태우 민정당 대표위원, 직선제 개헌 수용
1987년 12월 제13대 대통령선거 노태우 당선
1988년 02월 퇴임 후 국가원로자문회의 의장 취임
1988년 12월 강원도 백담사 유배
1989년 12월 국회 5공특위, 5 · 18특위 청문회 출석
1995년 12월 내란죄 및 반란죄 수괴 혐의로 구속
1997년 04월 무기징역 확정
1997년 12월 특별사면
현재 추징금 1100억여 원 미납

김영삼

1927년 12월 20일 거제 장목면 외포리 대계마을 출생
1947년 경남고등학교 졸업
1951년 서울대학교 문리대 철학 학사
1954년 05월 제3대 국회의원 총선거 최연소 당선(이후 9선)
1970년 09월 40대 기수론 제창, 신민당 대통령후보 출마
1974년 08월 만 45세에 신민당 총재로 선출
1979년 10월 국회의원직 제명
1979년 10월 부·마민주항쟁
1979년 10월 박정희 대통령 피격
1980년 05월 신군부에 의해 불법 가택연금(3년간)
1983년 05월 단식투쟁(23일간)
1985년 02월 제12대 국회의원 총선거 신한민주당 돌풍
1987년 05월 통일민주당 창당
1987년 12월 제13대 대통령선거 낙선
1988년 04월 제13대 국회의원 총선거에서 제2 야당 머물러
1990년 01월 민정·민주·공화 3당 합당
1992년 05월 민자당 대통령 후보 선출
1992년 12월 제14대 대통령선거 당선
1993년 02월 제14대 대통령 취임
1993년 08월 금융실명제 실시
1994년 07월 김일성 주석 사망
1995년 11월 노태우 전 대통령 뇌물수수 혐의로 구속
1995년 12월 전두환 전 대통령 12·12 및 5·18 관련 구속
1996년 04월 제15대 국회의원 총선거
1997년 11월 IMF구제금융 공식요청
1997년 12월 제15대 대통령 선거 김대중 후보 당선
1998년 02월 퇴임

노무현

1946년 09월 01일 김해 진영 봉하마을 출생
1966년 부산상고 졸업
1975년 사법시험 합격
1981년 10월 부림사건 변론
1987년 02월 고 박종철 군 추모대회서 연행
1988년 04월 13대 국회의원 당선
1988년 12월 국회 5공특위서 청문회 스타 등극
1990년 06월 3당 합당 반대 후 꼬마 민주당 창당
1992년 03월 제14대 국회의원 총선거 부산서 낙선
1995년 06월 제1회 지방선거 부산시장 도전 좌절
1996년 04월 제15대 국회의원 총선거 서울 종로서 낙선
1997년 11월 새정치국민회의 입당
1998년 07월 서울 종로 국회의원 보궐선거 당선
2000년 04월 제16대 국회의원 총선거 부산서 낙선
2000년 06월 대한민국 최초 정치인 팬클럽 '노사모' 창립
2000년 08월 해양수산부 장관 취임
2002년 04월 새천년민주당 대통령 후보 선출
2002년 12월 제16대 대통령선거 당선
2003년 02월 제16대 대통령 취임
2004년 03월 대통령 탄핵 소추(~5월 14일)
2007년 10월 제2차 남북정상회담 개최 (~10월 4일)
2007년 12월 제17대 대통령선거 이명박 후보 당선
2008년 02월 퇴임 후 봉하마을 귀향
2009년 04월 검찰 출두
2009년 05월 23일 서거

대통령의 고향

경남에서 대통령이 많이 나왔다고 해서 좋은 일은 아니다.
한 명은 독재자였고 또 한 명은 그 독재자와 손을 잡은 사람이었으며
나머지 한 명은 스스로 생을 마감했다.
그럼에도 이런 기록을 남기는 이유는
어쩔 수 없이 경남은 대통령들의 고향이기 때문이다.
유력한 차기 대통령 후보군에도 경남 출신 인사들이 즐비하다.
경남은 어차피 이 현대사 굴곡에서 벗어날 수 없다.
나도, 우리도, 당신도….

전두환 합천· 김영삼 거제·노무현 김해

지금 고향 사람들은 '무덤덤' 혹은 '애틋함'

이승만 '황해도 평산', 윤보선 '충남 아산', 박정희 '경북 구미', 최규하 '강원도 원주', 전두환 '경남 합천', 노태우 '대구', 김영삼 '경남 거제', 김대중 '전남 신안', 노무현 '경남 김해', 이명박 '경북 포항', 박근혜 '대구'.

현재까지 대한민국 대통령에 이름 올린 사람은 모두 11명. 이 가운데 경남에서 태어난 이는 전두환·김영삼·노무현이다.

전두환(85)은 합천군 율곡면 내천리에서 태어났다. 8살 때 합천을 떠난 이후 삶의 터전은 주로 대구였다. 일찍 고향을 떠났기에 훗날 고향에 대한 애정은 크지 않았던 듯하다.

전두환 생가

전두환은 아버지 영향으로 보스 기질을 키웠다.
지난 1995년 서울 연희동 자택 앞에서
핵심 측근들을 이끌고 골목 성명을 발표하고 있다. ©연합뉴스

지금 합천 사람들은 "박정희는 구미를 만들고 김영삼은 정치적 고향 부산에 삼성자동차를 선물해 줬는데, 전두환은 아무것도 해 준 게 없다"며 서운함을 나타낸다. 그가 태어난 곳에 생가가 있지만 찾아가는 길에서 표지판을 보기는 어렵다.

마을 주민들도 전두환 이야기에 대해서는 크게 반기는 분위기는 아닌 듯하다. 합천읍내에는 그의 아호를 딴 '일해공원' 표지석이 여전히 있지만 '새천년생명의 숲 공원'이라고 칭하는 이도 많다.

김영삼1927~2015은 거제 장목면 외포리 대계大鷄마을에서 태어났다. 그가 자주 언급한 '닭 목을 비틀어도 새벽은 온다'는 말은 고향마을 이름과 자연스럽게 어우러진다. 그는 결혼 후 신혼살림을 생가에 차리고 국회의원 배지도 고향에서 처음 달았다.

김영삼 생가

김영삼에게 아버지 고 김홍조 씨는 든든한 후원자이기도 했다.
생전 마산 회성동 아버지를 찾아 큰절을 올리고 있다. ©연합뉴스

부친·모친 묘소는 생가 바로 앞 낮은 산에 자리하고 있다. 그러니 그에 대한 고향 사람들 애정은 변함없다. 대통령에 당선됐을 때는 거제 대계마을과 자택이 있던 서울 상도동, 그리고 부친이 살던 마산 회성동, 세 곳에서 잔치가 열렸다고 한다. 현재 거제 생가와 함께 있는 김영삼 기록전시관에는 다른 관광지를 지나다 발걸음 하는 이가 여전히 많다.

노무현 생가

노무현의 감성 정치는 어머니와 일찍 세상을 떠난 형 영향이 컸다.
2003년 TV 프로그램에 출연해 과거를 회상하다 눈물을 보이고 있다. ©연합뉴스

노무현1946~2009은 대통령 퇴임 후 고향 김해 진영읍 봉하마을에 정착했으니, 지역 사람들 마음도 다를 듯하다. 하지만 김해는 지리적·문화적으로 부산 생활권과 가깝다. 그래서 진영읍과 달리 김해 시가지 쪽 사람들은 노무현에 대한 애틋함이 많지 않은 분위기다. 봉하마을을 찾는 사람들은 외지에서 일부러 발걸음 하는 이들이다. 새해라서, 그가 문득 생각나서, 정치 현실이 답답해서, 그렇게 찾는다.

나고 자라는 과정에서 세 명 가운데 전두환·김영삼은 아버지, 노무현은 어머니 영향을 많이 받았다는 분석이 있다.

전두환 아버지는 일제강점기 일본 순사와 부딪칠 정도로 배짱이 있었다고 한다. 전두환의 보스 기질은 그러한 아버지 영향이 컸을 것이라는 것이다.

김영삼 아버지는 멸치 어장을 크게 했는데 정치를 이른 나이에 시작할 수 있었던 것도 든든한 경제적 후원자가 있었기 때문이었다. 또한 할아버지와 함께 배를 타고 망망대해에 자주 나가면서 두둑한 배짱을 키웠다고 한다.

노무현은 그가 쓴 책에 내성적인 아버지보다는, 집안 살림을 야물게 이끌고 언변도 좋은 어머니 이야기를 많이 담고 있다. 또한 형을 잃은 애통함이 성장 과정에서 큰 영향을 미쳤던 듯하다. 그러한 지난 시간이 대중들에게 감성적으로 접근하게 된 바탕이었던 것으로 보인다.

경상도서 대통령 많이 나온 이유

유권자 수에서 유리하게 작용

일명 PK부산·경남에 속하는 경남 출신 대통령은 전두환·김영삼·노무현이다. 그리고 TK대구·경북에 속하는 대통령은 박정희·노태우·이명박·박근혜다. 지금까지 대통령 11명 가운데 7명이 경상도 출신이다. 왜 유독 경상도에서 대통령이 많이 배출된 걸까?

천운이나 정치적 상황 같은 것을 온전히 배제하고 단순 데이터로만 접근해 본다면 유권자 수에서 유리한 측면이 있다.

지난 2012년 제18대 대선을 기준으로 유권자 수를 살펴보면 이렇다.

전체 선거 인구 4050만 7842명 가운데 경남(260만 8874명)·부산(291만 1700명)은 552만 574명이다. 지역 정서에서 좀 차이가 있기는 하지만 울산(88만 6061명)까지 포함하면 640만 6635명이다.

대구(199만 746명)·경북(218만 5987명)은 417만 6733명이다.

전남 신안 출신 김대중을 배출한 전라도는 413만 1195명(광주 111만 7781명·전남 153만 12명·전북 148만 3402명)이다.

충남 아산 출신 윤보선이 있기는 하지만 직선제에서는 한 번도 대통령을 배출한 적이 없는 충청도는 401만 8904명(대전 118만 2321명·충남 160만 1751명·충북 123만 4832명)이다.

즉 전체 유권자 수 대비로 보면 경남·부산 13.62%(울산까지 포함하면 15.81%), 대구·경북은 10.31%, 전라도는 10.19%, 충청도는 9.92%다.

물론 서울·경기·인천 등 수도권 유권자 비율이 월등하기는 하지만, 선거 때 경상·전라·충청도에서 각각 '우리 사람' 정서로 뭉친다는 것은 부인할 수 없는 사실이다. 특히 '양김'으로 갈라진 1987년 제13대 대선 때부터 지역주의가 고착화하면서 투표에 그대로 반영됐다.

이런 정치 지형에서 유권자가 많은 경상도 출신이 득을 보고 있는 셈이다.

1992년 제14대 대선 때 김영삼은 지역 기반인 부산·경남에서

70%대 초반 득표를 기록했고, 김대중은 광주·전남·전북에서 90% 이상 독식했다. 그럼에도 유권자 수에서 차이가 나기에 양 지역 전체 득표수에서는 김영삼이 더 앞섰고, 여기에 대구·경북 표까지 쓸어 담으며 8% 이상 차로 비교적 여유 있게 당선됐다.

김대중은 다음 대선에서 충청도와 손잡으며 대권을 거머쥘 수 있었다.

그런데 노무현이 당선된 2002년 제16대 대선은 좀 달랐다. 인물은 경상도지만 소속 새천년민주당은 호남색이었다.

전라도에서 당 색깔에 맞는 독식 혜택은 그대로 받으면서, 지역주의 타파를 외치며 정치적 입지를 다졌던 부산과 고향 경남에서 20% 후반대 득표율로 선전하며 당선될 수 있었다.

한 가지 덧붙이면, 전두환 때부터 한번 걸러 경남에서 대통령이 배출됐다. 전두환 경남-노태우 대구·경북-김영삼 경남-김대중 전라-노무현 경남-이명박 대구·경북…. 이 법칙(?)에 따르면 지난 대선에서는 거제 출신 문재인 차례였지만 현실화되지는 않았다.

경남 정치 지형 바꿔놓은 YS

1990년 3당 합당 이후 '묻지마' 투표

'야도 마산' 등 경남은 야권 성향이 강한 지역이었지만 철저히 보수화되었다. 김영삼이 주도한 1990년 3당 합당 이후부터다.

민주정의당·통일민주당·신민주공화당이 뭉쳐 탄생한 민자당은 이후 신한국당·한나라당, 지금의 새누리당으로 연결되는데, 경남 사람들은 이 계보 정당에 '묻지마' 투표 성향을 이어가고 있다.

이 속에서 저항의 꿈틀거림이 없지는 않았다. 2004년 제17대 총선 창원 을에서 권영길(민주노동당)이 이주영(한나라당)을, 2008년 제18대 총선 사천에서 강기갑(민주노동당)이 이방호(한나라당)를 누르고 당선되었다. 2010년 제5회 지방선거 도지사에 야권 성향 김두관이 당선된 점은 혁명에 가까운 의미로 다가왔다.

노무현은 '지역주의 타파'를 정치 업으로 생각했지만, 정작 경남에서는 따라가는 분위기가 아니었다. 노무현 탄핵 정국 속에서 치러진 2004년 제17대 총선에서 열린우리당은 경남에서 유일하게 두 석을 얻었는데, 고향인 김해 두 선거구뿐이었다. 김영삼은 3당 합당에 대해 '호랑이 굴에 들어가 호랑이를 잡았다'고 할 수 있을지 모르겠으나, 경남 정치 지형을 비아냥 대상으로 만들어 놓은 장본인임은 분명하다.

세 사람 인연 혹은 악연

동시대 격변기 속에 물고 물린 교차점

경남에서 태어나 대통령에 오른 전두환·김영삼·노무현. 동시대 격변기를 함께하다 보니 물고 물리는 교차점도 많았다. 그들의 인연 혹은 악연은 이렇다.

전두환과 김영삼

12·12쿠데타에 성공한 전두환은 1980년 5월 17일 계엄 정국을 조성했다. 이때 전두환에게 큰 눈엣가시는 김영삼이었던 것은 물론이다. 김영삼은 두 차례 걸쳐 2년여 간 가택연금을 당했다. 1983년 5월 18일 23일간 단식에 들어갔는데, 전두환을 대신해 회유하러 온 권익현 민정당 사무총장에게 "나를 해외로 보낼 방법이 있다. 시체로 만들어 부치면 된다"며 버텼다고 한다.

3당 합당에 대해 스스로 말을 빌리자면 '호랑이를 잡으러 호랑이 굴에 들어간' 김영삼은 대권을 쥐고 나서는 하나회 해체 등 군부 청산에 나섰다. 1995년에는 박계동 의원의 '비자금 폭로'를 시작으로 12·12, 5·18 관련 재수사가 이어졌고, 국민들은 죄수복 입은 전직 대통령 모습을 보게 됐다. 전두환은 자신들을 부정하는 김영삼을 향해 평소 스타일대로 '우리와 손잡은 당신은 뭐냐'는 식으로 받아쳤다. 'TK 홀대론'에 젖어있던 대구·경북은 이러한 전두환에 동조하는 정서를 보이기도 했다. 하지만 '5·18 특별법 제정'을 외치며 거리에 나선 대학생들을 향해 '수고한다'며 음료수를 건네는 아주머니 손길 또한 많았다.

김영삼은 무기징역이 확정된 전두환을 1997년 대선 직후 특별사면했다. 그때 추징금은 아직도 꼬리표로 남아 있다.

김영삼과 노무현

잘 알려진 대로 노무현은 통일민주당 총재이던 김영삼 권유로 정계에 입문, 1988년 13대 국회의원에 당선됐다. 김영삼은 노무현을 상도동 자택으로 수시로 불러 이야기 나누는 등 정신적·물질적 지원을 아끼지 않은 후원자였다. 하지만 1990년 노무현은 김영삼을 향해 울분의 목소리를 쏟아내야만 했다. 3당 합당에 대한 당내 의결 당시 노무현은 "이의 있다. 반대 토론을 해야 한다"고 외쳤지만 소용없었다. 이후 노무현은 김영삼이 그토록 싫어하던 김대중과 함께했다.

그렇게 소원했던 둘 관계를 푸는 특효약은 역시 선거였다. 노무현은 2002년 대선을 앞두고 13년 만에 김영삼을 찾았다. 이 자리에서 노무현은 'YS 시계'로 지난 시간을 허물어트렸다.

"총재께서 1989년 일본에서 사다 주신 시계다. 총재님 비난하고 다닐 때는 농 안에 뒀는데, 총재님 생각나면 차고 다녔다."

하지만 김영삼은 이후 노무현 탄핵 정국 때 '그럴만했다'는 반응을 보였다.

전두환과 노무현

1981년 10월에 있었던 '부림사건'은 전두환 정권의 대표적인 민주화운동 탄압이었다. 영화 〈변호인〉을 통해 잘 알려졌듯, 노무현은 이 사건 변론을 맡으면서 이후 인권변호사·재야운동가 이미지를 굳혔고, 김영삼에게 스카우트까지 됐다.

그리고 1988년 12월 청문회에 출석한 전두환을 향해 명패를 집어 던지는 노무현 모습은 많은 국민에게 강렬히 다가갔다. 이 모습은 이후 보수언론에서 '다혈질 정치인'으로 거론하기 좋은 소재가 되기도 했다.

전두환-김영삼

1980년 5월

전두환은 신군부 비상계엄령 선포
김영삼 가택연금 고초

1995년 12월

김영삼 정부 전두환 구속
1997년 12월 대선 직후 특별사면

김영삼-노무현

1988년 4월

김영삼 권유로 노무현 정계 입문 후
통일민주당 국회의원 당선

1990년 1월

3당 합당 때 결별
이후 노무현은 김대중과 함께 야당 생활

전두환-노무현

1981년 10월

전두환 정권의 민주화운동 탄압인
부림사건을 노무현이 변론

1988년 12월

전두환 청문회 출두
노무현은 명패 던지며 청문회 스타 등극

전두환과 김영삼과 노무현

1992년 3월 24일 제14대 총선. 세 사람은 묘한 지점에서 만나게 된다. 이들을 묶는 매개는 허삼수(80)다. 허화평·허문도와 함께 '삼허'로 불리며 전두환 최측근이었던 허삼수는 5공화국 초반 권부에서 밀려났다. 그리고 노태우 정권 때 재기를 노렸다. 전두환으로서는 이랬든 저랬든 12·12쿠데타와 5공 정권 초석을 다진 부하가 정치권 중심에 있다면 괜찮은 보험이 될 노릇이었다.

허삼수는 앞서 1988년 제13대 총선 때 부산 동구에 출마했다가 낙선했다. 당선자는 노무현이었다.

4년 후 리턴매치가 벌어진 것이다. 이때는 상황이 달라도 많이 달랐다. 노무현은 김대중이 이끌던 민주당 후보로 재선을 노렸다. 하지만 김영삼은 그대로 둘 수 없었다. 3당 합당 당위성을 인정받기 위해 정치적 고향인 부산에서 압승해야만 했다. 가장 신경 쓰이는 지역구 가운데 한 곳이 허삼수-노무현이 맞붙은 곳이었다.

김영삼은 지원유세를 위해 부산을 찾았다. 4년 전 통일민주당 총재 시절 노무현 당선을 위해서는 이렇게 말했던 터였다.

"허삼수는 반란의 총잡이다. 국회가 아닌 감옥으로 보내야 한다."

하지만 민자당 총재로 허삼수를 당선시켜야 할 때는 이렇게 말했다.

"허삼수는 충직한 군인이다. 뽑아주시면 중히 쓰겠다. 나를 대통령으로 만들어주시기 위해서라도 허삼수를 뽑아 달라."

노무현은 득표율 32.25%에 그치며 63.55%의 허삼수에게 완패했다. 하지만 노무현은 이때부터 지역주의 타파에 대한 갈망을 느꼈고, 그것은 곧 훗날 대권 밑거름으로 작용했다.

최필진(부산가톨릭대 겸임교수) 인상학 연구가의

'관상으로 본 대통령'

눈 맑고 귀 좋으면 크게 될 상

관상을 미신으로 믿고 있는데 잘못 알고 있는 것이다. 관상은 요즘의 의미로 보자면 '빅데이터'를 분석한 결과라고 보면 된다. 그래서 인상학이라고 부르는 것이 옳다. 얼굴뿐만 아니라 그 사람의 행동과 언어, 눈빛과 피부색까지 모두 봐야 한다. 그래서 과학이라는 이야기다. 심리학도 따지고 보면 처음엔 미신과 같은 것이었다. 그러나 오랜 시간 쌓은 데이터를 정리하고 분석하면서 지금은 사회과학이 됐다. 인상학도 마찬가지다. 점을 보는 행위가 아니라 한 개인의 총체적인 상을 분석하는 것이다. 그런 의미에서 대통령의 얼굴이란 것도 분명히 있다. 김대중 전 대통령의 경우 거북이 상이다. 물가에서 장수하는 이런 상은 도서국의 제왕이 될 상이다. 박근혜 대통령도 여자이지만 사자상이다. 맹수의 제왕이니 사람을 거느리는 것이다. 여자지만 혼자 살 수 있는 이유도 이 때문이다. 특히 코에서 입으로 내린 주름법령이 아주 좋다. 남을 호령하는 상이다. 반면 문재인 전 대표는 그게 없다. 부드럽지만 유약하다. 또한 대통령이 된 분들은 공통적으로 귀가 아주 좋다. 귀는 벼슬을 뜻한다.

노무현

이마의 주름을 천·지·인이라고 해 삼문이라고 한다. 그는 가장 아래 '인문'이 아주 좋다. 굵고 끊어짐이 없다. 나이가 어려 이런 주름이 생기면 안 좋을 수 있으나 40대가 넘어가 생긴다면 정말 좋은 것이다. 이마를

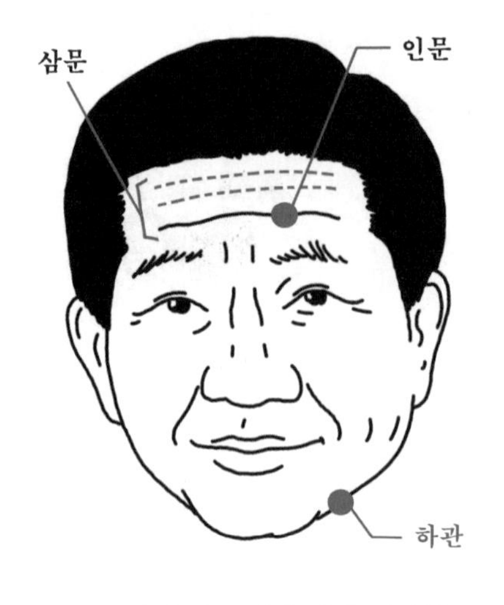

봐선 부모 운은 없다. 40세 이전 운은 없다는 말이다. 그러나 귀의 모습이 크고 명확해서 벼슬운이 좋다. 또한 눈썹과 법령이 좋다. 이는 인기를 많이 얻는다는 말이다. 아쉬운 점은 하관이 약하다는 점이다. 이런 분은 나이가 들면 주택운도 없고 소박하게 살 수밖에 없다. 인상학으로 분석했을 때 마지막이 안 좋았던 건 하관의 탓으로 추측할 수 있다.

김영삼

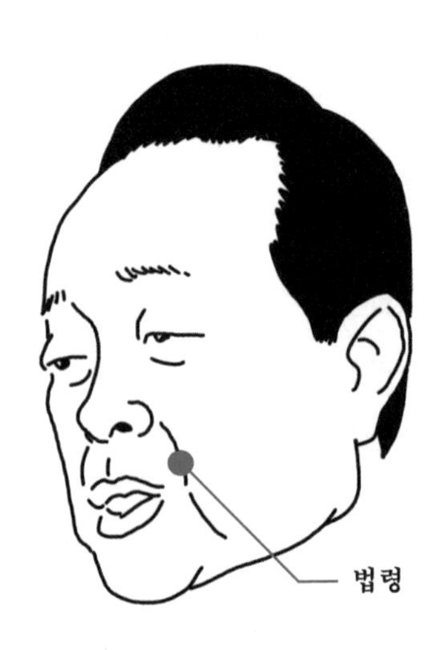

법령이 아주 좋은 편에 속한다. 코끝에서 입으로 내려와 다시 내려간다. 귀도 좋아 벼슬운과 인기가 높을 상이다. 하지만 안타까운 점은 코다. 콧구멍이 빠끔하게 드러나 있다. 이는 살림살이와 관계가 있다. 알뜰하게 살림을 챙기는 상은 아니란 말이다. 외환위기와 관계가 없다고 말할 수 없다. 대통령의 모습에서 경제적인 곤궁함이 올 수밖에 없는 상황이다. 만 원 지폐에 있는 세종대왕의 코가 가장 이상적이다. 하지만 초년운은 세 명의 전직 대통령 중에 가장 좋은 상이다.

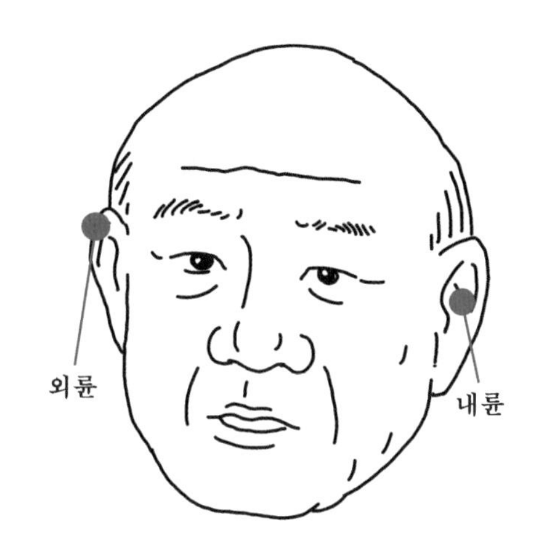

전두환

솔직히 전직 대통령 중 가장 좋은 상이다. 노 전 대통령에게 있던 인문도 아주 선명하고 귀의 외륜이 눈썹 위로 올라가 있다. 법령도 좋다. 코를 보면 재력까지 갖춘 사람이다. 나이가 들어 더 청청한 눈썹들을 보면 늘 주변에 사람을 거느릴 상이다. 특히 하관은 아주 좋다. 나이가 들어도 빈약해지지 않았다. 이 역시 따르는 사람이 많을 상이다. 박정희 전 대통령은 하관이 약했다. 그래서 하극상이 일어났다고 분석할 수 있다. 그리고 정치적 평가를 떠나 기본적 기질이 변화를 추구하는 스타일이다. 노무현 전 대통령과는 반대다. 오히려 노 전 대통령의 상은 보수적 가치를 지키는 상이었다.

윤재일(창원대 평생교육원 강사) 풍수전문가의

'풍수로 본 대통령'

하나같이 명당 기운, 날 때부터 대통령?

풍수란 결국 좋은 선택을 가능하게 하는 원리다. 기운이 좋은 땅에서 긍정적인 에너지를 많이 받은 사람은 자연스럽게 긍정적인 선택을 한다. 그래서 풍수가 중요하다는 이야기다.
마치 풍수가 모든 것을 해결해 주는 것인 양 말하는 사람을 믿어선 안 된다. 자연과 인간의 조화를 설명하는 한 방식이 바로 풍수이기 때문이다.
굳이 과학적으로 증명하지 않더라도 우리는 생활 속에서 이미 풍수에 맞춰 산다. 과택이 과거 '거주' 목적에서 '투자' 목적을 거쳐 지금은 '힐링'으로 바뀌었다. 전망 좋은 집이 '힐링'이고 '명당'이다.

노무현

풍수에서 옥대사玉帶砂는 혈을 감싸는 허리띠 모양의 산을 말한다. 임금의 허리띠다. 노 전 대통령 생가 앞산은 그런 면에서 아주 좋다. 넉넉하게 마을을 둘러싸고 있다. 마을 앞으로 물이 굽이굽이 감싸 도는 것도 좋다. 뒷산을 본다면 좌청룡 우백호가 잘 뻗어 있다. 다만 한 가지 아쉬운 점은 좌청룡의 맥이 끝으로 갈수록 약간 빈약해졌다. 우백호는 여성, 좌청룡은 남성을 상징하는데 불행한 말년과 관계가 있을 수도 있다. 그러나 전체적으로 큰 지도자가 나올 형세다. 특히 생가 앞마당은 아주 좋다. 퇴임 후 지은 집보다 생가 터가 훨씬 좋다.

대계마을 김영삼 생가 앞에는 바다가 펼쳐진다.

김영삼

바다에 인접한 김영삼 전 대통령 생가도 좋다. 망망대해는 안 좋지만 바닷물이 드나들며 음양이 조화를 이루니 아주 좋다. 그 마을이 대계마을이다. 보통 봉황이 좋다지만 닭은 벼슬을 뜻한다. 또한 봉황은 흙이고 닭은 암반이다. 용이 출발할 때 암반을 차고 오르니 아주 좋다.

전두환

생가 터는 안 좋은 자리가 하나도 없었다. 조상묫 자리도 좋다. 태어날 때 왜소하게 태어나면 노력에도 한계가 있다. 그래서 조상 묘가 중요하다. 위에 묘가 있는데 기운이 집터까지 내려 들어온다. 거기 바위가 하나 있는데 그곳이 혈처다. 기가 모이는 좋은 곳이란 말이다.

경남에서 만나는 이순신

경남에서 만나는 이순신

대한민국 심장이라 불리는 서울 광화문.
이순신1545~1598 동상이 위풍당당히 서 있다.
어느 때부터인가 그는 신적인 인물로 받들렸다.
하지만 그도 인간이었을 따름이다. 오히려 누구보다
굴곡 많은 인생을 보냈다. 단지 좌절하지 않고,
또 피하지 않고 헤쳐나갔을 뿐이다.
살아생전 인생의 꽃을 피우고 진 경남의 바다.
이곳을 따라가다 보면 있는 그대로의 이순신을 만날 수 있다.

경남 곳곳의 이순신 흔적

마흔, 그의 절정기가 남쪽 바다에서 꽃폈다

'한려수도'는 통영 한산도에서부터 고성~사천~남해~여수에 이르는 남해 연안 물길이다. 그리고 이순신 흔적이기도 하다.

통영은 이순신을 떼놓고 이야기할 수 없는 고장이다. 이름부터 그 숨결이 담겨 있다. 이전 지명인 충무는 '충무공忠武公'에서, 현재 통영은 이순신이 최초 삼도수군통제사로 있었던 '통제영統制營'에서 따왔다.

통영 강구안에 가면 이순신에 푹 빠진 남자 박정욱(58) 문화해설사를 만날 수 있다. 그는 '인간 이순신'에 대한 이야기를 들려준다.

"이순신이 태어난 곳이 지금 서울 인현동 쪽이다. 원균·류성룡이 함께 사는 곳이었다니 좀 사는 동네였을 것이다. 하지만 할아버지가 기묘사화己卯士禍·1519에 연루되면서 아버지는 벼슬길에 오르지 못했으니 형편도 어려웠을 것이다. 그러니 잘살던 동네에서 버티기 힘들어 외갓집 있는 충남 아산으로 간 거지. 어린 마음에 상처가 얼마나 컸겠나. 이후 21살에 결혼해 처가살이하고, 23살에 무예를 배우기 시작한다. 이미 성장기 지난 나이라 뻣뻣한 몸이었으니 쉽지 않았을 것이다. 시험을 치다 말에서 떨어진 것도 그런 부분이 있었지 않았을까. 4수 끝에 무과 시험에 합격한다. 그때 나이가 이미 32살이다.

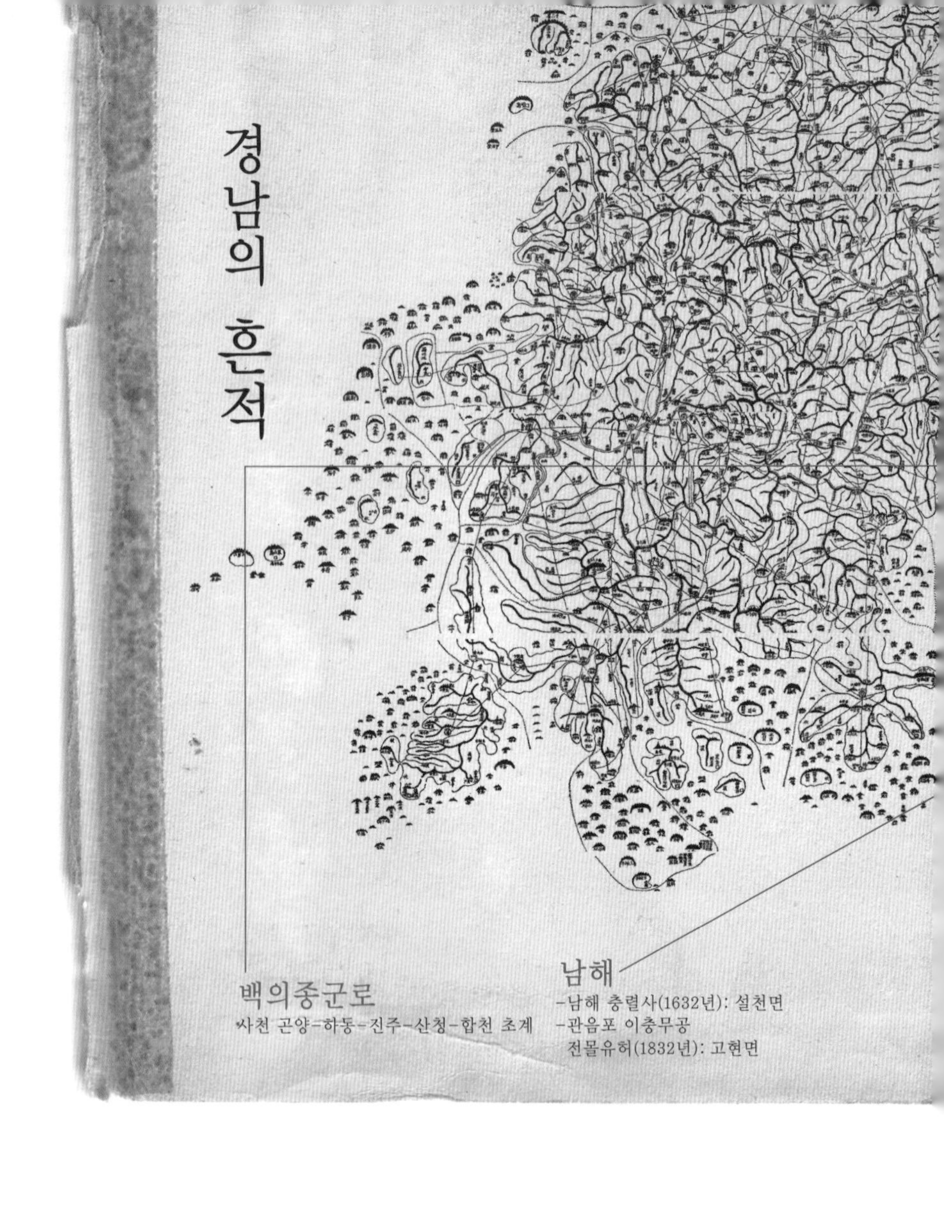

지금도 이르지 않은 이 나이에 말단 공무원 생활을 시작한 거다. 그것도 합격 후 10개월 후에나 함경도 변방에 발령받는다. 10~20대에 마음고생을 하다 30대 들어서야 늦은 기회를 얻게 된다."

이러한 시간을 보낸 이순신은 40대 후반에 인생의 절정기를 보낸다. 3년 7개월1593~1597간 삼도수군통제사로 있던 통영 한산도에서다.

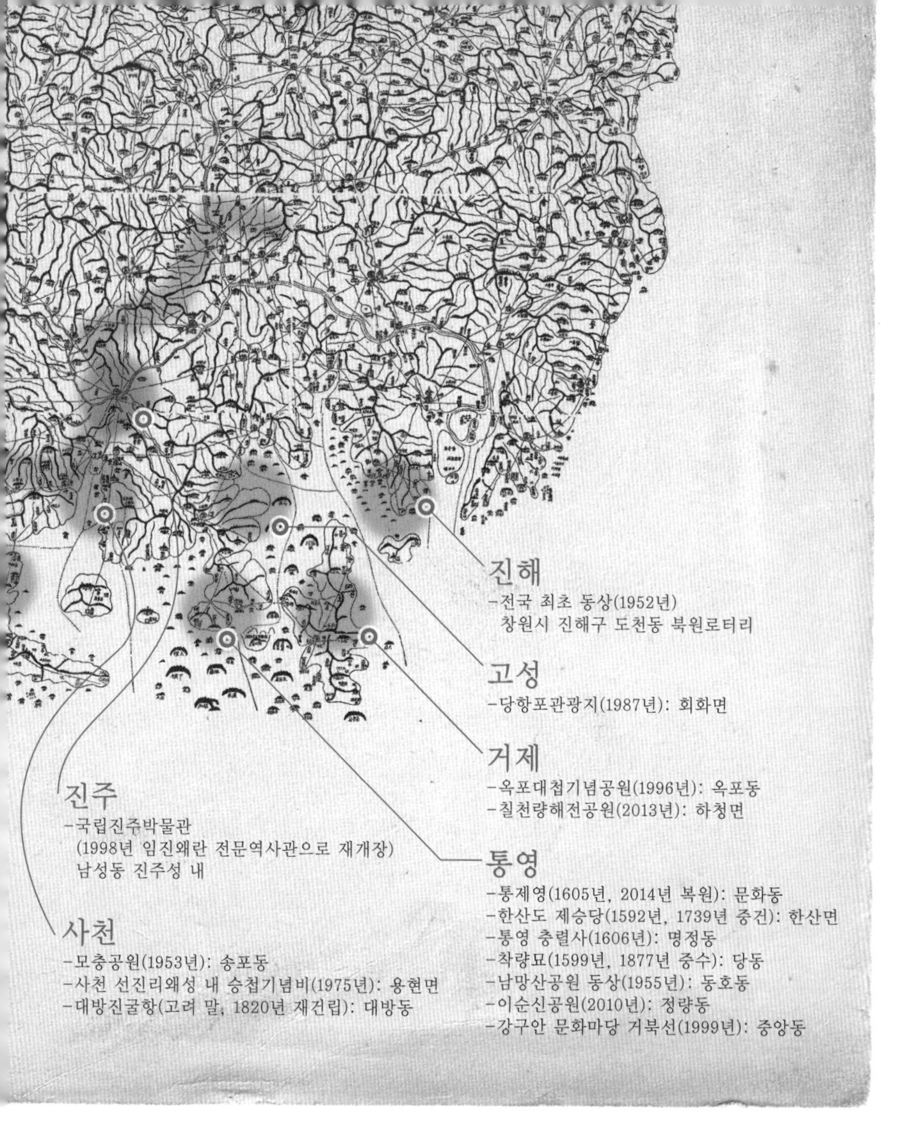

군사를 직접 뽑고 훈련했으며, 이에 필요한 돈·식량도 스스로 해결했다. 백성들은 안전한 이순신 품으로 모여들었다. 그가 꿈꾸던 '수국'이 이곳 한산도에서 펼쳐졌다.

오늘날 통영항에서 뱃길로 25분이면 한산도에 도착한다. 작전지휘소 격인 '제승당'보다 '수루'에 사람들이 더 몰린다. 달 밝은 밤 아닐지라도 한산도가閑山島歌를 읊으며 400년 전 인간 이순신을 느끼기 위함일 것이다.

'한산섬 달 밝은 밤에 수루에 혼자 앉아 / 큰 칼 옆에 차고 깊은 시름 하는 차에 / 어디서 일성 호가는 남의 애를 끊나니'

이순신 장군이 눈 감은 직후에도 통영 사람들은 마음을 잊지 않았다. 1599년 백성들이 직접 나서 그를 기리는 작은 초가집을 만들었다. 이곳은 300여 년 지난 1877년에야 사당으로 모양새를 갖췄다. 오늘날 통영 당동에 자리한 '착량묘鑿梁廟'다. 지금 착량묘 바로 아래에는 동양 최초 '해저터널1932년'이 자리하고 있는데, 이 또한 이순신과 엮인다. 한산대첩1592년 당시 목숨 잃은 왜적 시체가 한산 앞바다에 말도 못했다고 한다. 썰물 때 땅이 드러나면 그들이 묻힌 땅을 걸어 다닐 수 있었다고 한다. 일제강점기 일본인들은 자신들 조상이 묻힌 곳에 조선인들 발길이 오가는 것을 두고 볼 수 없어 해저터널을 만들었다고 한다.

통영 명정동으로 발걸음을 옮기면 사당인 '충렬사'가 있고, 강구안에는 거북선이 늘 정박해 있으며, 정량동에는 아예 이름까지 딴 '이순신 공원'이 있다. 이러한 여러 흔적에 어떤 이들은 '또 다른 통영 매력이 감춰지는 면이 있다'며 아쉬워하기도 한다.

이웃 고성에는 '당항포 관광지'가 있다. 이제는 고성공룡세계엑스포 주행사장이 퍼뜩 떠올려진다. 그래도 당항포해전이 먼저겠다. 이순신이 전라좌수사 시절인 1592년 왜선 26척, 삼도수군통제사이던 1594년 왜선 31척을 당항포에서 격파했다. 현재 이곳에는 사당·전승

기념관이 있다. 위패·영정을 모신 '송충사'에서는 당항포가 한눈에 들어온다. 눈을 시리게 만드는 이 맑은 바다를 핏빛으로 물들여야했을 이순신 모습이 그려진다.

사천은 이순신보다 거북선과 더 엮여 있다. 사천해전1592년은 '이순신이 거북선을 앞세운 최초 전투'라는 데 의미를 두고 있다. 사천 대방동에는 고려시대 만들어진 대방진굴항이 있다. 바깥에서 안쪽이 보이지 않는 독특한 구조다. 이순신이 거북선을 이곳에 숨겨두고, 배에 어패류가 달라붙지 않도록 민물로 채웠다는 이야기가 전해진다. 지금 규모에서 그 거대한 거북선이 이 항으로 들어올 수 있었을지 의아한데, 1820년 지금과 같은 형태로 바뀌었다고 한다.

사천 용현면에는 임진왜란 당시 일본이 쌓은 '선진리왜성'이 있는데, 여기에 '이충무공 사천해전 승첩기념비'가 자리하고 있다.

거제에는 이순신 첫 승전지 의미를 담은 '옥포대첩1592년 기념공원'이 있다. 거제시 하청면에 있는 '칠천량해전1597년 공원'은 임진왜란·정

1592년 옥포대첩이 펼쳐졌던 거제 옥포 앞바다

유재란 때 유일한 패배 기록을 담고 있다. 아픈 역사를 담은 곳이기도 하지만, 원균이 조선 수군을 이끌다 패한 것이기에, 새삼 이순신 빈자리가 얼마나 컸는지를 느낄 수 있기도 하다.

이제 이순신이 눈 감은 곳으로 시선을 향해야겠다. 남해 고현면에 있는 '관음포 이충무공 전몰유허戰歿遺墟'는 또 다른 이름이 '이락사李落祠'다. 이곳에는 '대성운해大星隕海·큰 별이 바다에 잠겼다'라는 박정희 전 대통령 친필 현판이 있다. 이곳 '첨망대'에서는 이순신이 떠난 노량바다를 내려다볼 수 있다. 이순신이 순국한 노량바다를 두고 남해와 옆동네 하동은 신경전을 펼치기도 한다.

남해 설천면에는 이순신을 기리는 사당 '남해 충렬사'가 있는데, 통영에 있는 곳과 구분하기 위해 충렬사 앞에 '남해'를 덧붙였다고 한다.

바다 아닌 곳에서는 백의종군로가 하동·산청·합천 등에 걸쳐 있으니, 가히 경남에서는 어디를 가도 이순신 만나는 것이 어렵지 않다.

셀 수 없이 많은 동상

통영에서는 소박한 이순신을 만날 수 있다

오늘날 이순신은 말없이 전국 곳곳에 서 있다. 동상으로 말이다. 이순신 동상은 그 정확한 숫자를 파악하기 어려울 정도로 많다. 경남에서 학교를 제외하고 이순신 동상이 있는 대표적인 곳은 창원 진해 북원로터리, 통영 남망산공원과 이순신공원, 사천 노산공원·대방진굴항·모충공원 등이다.

이 가운데 진해 이순신 동상은 1952년 4월 13일 건립된 것으로 전국 최초로 만들어졌다는 의미가 있다. 당시 제막식에는 이승만 당시 대통령이 참석하기까지 했다.

하지만 통영 사람들은 이에 대해 좀 시큰둥하다. 그러면서 이 지역 남망산공원에 자리한 동상에 큰 의미를 부여한다. 이 동상은 1955년 세워졌는데, 주민들 성금으로 자발적으로 만들어졌다는 데 의미가 있다. 그래서 통영 사람 누군가는 "시작은 일찍 했는데 돈 모으느라 늦게 완성한 것"이라고 말한다.

이러한 의미를 떠나 통영 남망산공원에 있는 이순신 동상은 아주 소박하게 다가온다. 다른 곳의 이순신 동상은 기골장대하고 뿜어 나오는 기가 예사롭지 않다. 그런데 이 동상은 어깨도 넓지 않고 실물 크기에서 그리 벗어나지 않는다.

통영 남망산공원 이순신 동상

진해 북원로터리 이순신동상

아마도 주민들 주머닛돈으로 만들다 보니 재정이 넉넉할 리 없었을 것이다. 그래서 오히려 인간적인 이순신을 만날 수 있게 된 건 아닐까? 한편으로는 예상 밖의 섬세함이 녹아 있다. 다른 동상은 대개 정면을 응시하고 있는데, 이 동상은 왼발을 살짝 들고 상체와 시선을 약간 왼쪽으로 향해 있다. 이를 두고 통영 문화해설사 박정욱 씨는 이렇게 해석했다. "사람들은 한산도를 바라본다고 생각하는데, 정면으로 바라보고 있으면 그게 맞지만 살짝 왼쪽으로 비켜 쳐다보고 있잖은가. 그 방향은 일본이라고 봐야겠지…."

이순신을 사모한 일본 제독

경남 바다 곳곳에 흔적 남겨

송진포 러일전쟁 기념비석

이순신을 사모한 일본 해군 제독 '도고 헤이하치로1848~1934'. 도고 헤이하치로는 그 옛날 자기 나라에 칼을 들이댄 이순신을 스승이라 여겼다. 도고 헤이하치로는 오늘날, 이순신이 누볐던 바다에 흔적을 남기고 있다.

거제 사등면 취도라는 작은 섬에는 러일전쟁 당시 도고 헤이하치로 업적을 기린 포탑기념비가 자리하고 있다. 거제 장목면 송진포에도 한때 승전기념비가 있었는데, 해방 이후 주민들이 다이너마이트까지

동원해 무너뜨렸다고 한다. 쓰러진 비석은 한동안 파출소 입구 디딤돌로 쓰이다 거제시청 수장고로 옮겨졌다.

창원시 진해구청 수장고에도 도고 헤이하치로 친필 비석이 보관해 있다. 진해 어느 절에 세웠던 것인데 이후 천리교 경남교구에서 보관하다 기증했다. 그런데 2008년에는 경남도가 거제시청에 있는 승전비, 진해구청에 있는 친필 비석을 복원한다는 계획을 세웠다가 반발 여론에 취소했다. 이 계획은 당시 경남도의 '이순신 프로젝트 사업' 가운데 하나였다.

시대에 따라 재해석된 이순신

영웅·군인·인간·리더…

일찍이 이순신은 노량에서 스러졌다. 1598년의 일이다. 실체는 사라졌지만, 그의 명名은 길었다. 당대는 물론 임진왜란 후 조선시대 내내 많은 이들이 이순신을 추앙했다. 이순신과 같이 싸운 명나라 장수 진린은 "이순신은 천지를 주무르는 경천위지經天緯地의 재주와 나라를 바로 잡은 보천욕일補天浴日의 공로가 있는 사람"이라고 썼다. 한때 이순신을 죽이려고 했던 임금 선조도 "사랑홉다 그대여, 공로는 사직에 있고 빛나는 충성 절개 죽어도 영화롭다, 인생 한 세상에 한번 죽음 못 면하네, 죽을 데서 죽은 이로 그대 같은 이 드물도다"라고 추모했다. 숙종은 충남 아산에 현충사를 지으며 제문에다 "절개를 지키려 죽음을 무릅썼다는 말은 예부터 있었으나, 제 몸 죽여 나라를 살린 것은 이 사람에게서 처음 본다"고 했다. 하지만 봉건시대 이순신은 여전히 신하의 위치에 있을 뿐이었다.

이후 조선 말에서 일제강점기를 지나며 이순신은 민족의 영웅으로 떠올랐다. 이후 군사 정권 시절에는 압도하는 카리스마를 지닌 군인으로 거듭났다. 2000년대 초 김훈의 〈칼의 노래〉는 그를 고뇌하는 인간으로 묘사했다. 그리고 2014년 개봉한 영화 〈명량〉으로 이순신은 시대가 요구하는 리더로 주목받는다.

일제강점기 '영웅'

일제강점기, 우리 민족의 '영웅'
-신채호 <이순신전>

조선 말기에서 일제강점기는 우리 민족의 암흑기였다. 억눌린 민족에게는 영웅이 필요하다. 당대 지식인들이 주목한 건 이순신이다. 임진왜란 때 용맹과 지략으로 일본을 무찌른 조선 민족의 영웅. 단재 신채호는 지난 1908년 5~8월 대한매일신보에 〈이순신전〉을 연재하며 이렇게 쓴다.

'돌이켜보아, 일본과 대적함에 있어 우리 민족의 명예를 대표할 만한 위인을 꼽는다면 고대에는 두 분, 고구려 광개토왕과 신라 태종왕이 있고, 근세에는 김방경·정지·이순신의 세 분으로 무릇 다섯 분에 그친다. 그러면서도 그 시대가 가깝고 그 유적이 손상되지 않아 후세 사람의 모범되기가 가장 좋은 이는 오직 이순신이다.'

단재는 명량해전을 통해 민족의 영웅으로 이순신을 옹립했다. 마치 영화를 보는 것 같은 묘사를 보자.

'그러더니 갑자기 태산이 무너지는 듯한 소리가 크게 일면서 적선 30여 척이 조각조각 깨어지고, 조선 3도 수군통제사라고 크게 쓴 깃발을 펄럭이며 우리 배들이 날랜 용처럼 도로 나오니, 이것이 하늘인가 귀신인가, 어떻게 믿을손가. 관전하던 일체의 사람들이 손으로 이마를 치면서 조선 만세를 크게 외쳐 불렀다.'

일제강점기, 이순신 가문 종가 가세가 기울면서 이순신의 묘소가 포함된 땅이 은행에 저당 잡힌다. 이것이 경매로 일본인의 손에 넘어갈 위기라는 사실이 언론에 보도되자, 전국 각지에서 성금이 모여들었다. 이를 계기로 '이충무공유적보존회'가 만들어진다. 동아일보 1931년 5월 25일 자 사설을 보자.

'침체된듯한 민족적 의기가 듣기에 괴롭고 죄송스러운 묘소 문제로 말미암아 울연히 한길로 모임을 볼 때, 이만한 발전은 진즉 예기하였던 바이거니와 이제 만장일치로 보존기관이 창립되었다는 소식을 접함에 우리는 새삼스러히 우리의 의무의 일단을 펼칠 수 있다는 감개와 아울러 숙원을 성취한듯한 감격마저 느끼게 된다.'

같은 해 춘원 이광수는 동아일보에 역사소설 〈이순신〉과 '충무공 유적순례'란 제목으로 답사기를 연재한다. 이순신은 왕에게 충성한 것이 아니라 조국과 민족에게 충성한 것이란 해석이 자리를 굳힌 게 이 즈음이다.

박정희 정권 '군인'

한국전쟁을 지나면서 군인으로서 이순신의 모습이 두드러지기 시작한다. 특히 군사정권은 적극적으로 '군인' 이순신을 이용했다. 박정희(전 대통령)가 대표적이다. 현충사 성역화 작업이 이뤄지고, 4월 28일을 충무공탄신일로 지정한 것도 박정희 정권 때다. 그는 이순신을 '압도적인 카리스마로 일본군을 무찌른 장군'으로 설정하고 이를 자신의 후광으로 삼았다. 지난 1968년 4월 서울 광화문 네거리에 세운 이순신 동상은 박정희가 생각한 이순신의 이미지가 무엇인지 잘 보여준다. 동상은 조각가 김세중1928~1986의 작품이다. 그는 종교조각으로 이름난 이였다.

군사정권 당위성 세워줄 '군인'
-박정희와 동상

"당시 박정희 대통령이 '일제 때에 변형

된 조선왕조의 도로 중심축을 복원하기에는 돈이 너무 많이 들지만 그 대신 세종로 네거리에 일본이 가장 무서워할 인물의 동상을 세우라'고 지시한 데서 비롯되었다고 한다."

재단법인 김세중기념사업회가 만든 광화문 충무공이순신장군상 홈페이지(www.choongmoogong.org)에 나온 글이다. 실제 여느 동상과 달리 광화문 동상은 웅장하고 위협적인 자세를 하고 있다. 치켜 올라간 눈매도 실재했던 인물이라기보다는 신화나 판타지 영화에 나오는 수호신에 가깝다. '카리스마'에 집중한 탓일까, 광화문 동상은 그동안 끊임없이 역사적인 고증이 부족하다는 지적을 받았다.

박정희는 왜 이순신에 그토록 열정을 보인 것일까. CBS 노컷뉴스 변상욱 대기자는 이렇게 적었다.

'이순신 장군은 군사를 이끄는 장수이지만 이미 무능한 왕보다 우월한 능력과 인품을 가진 인물로 공인돼 버렸고, 계급과 신분을 초월해 민족의 지도자가 된 존재였다. 이는 군부의 장성이던 박정희 대통령이 쿠데타로 정부를 전복하고 국가 최고실력자가 되어 민족근대화를 이끄는 것과 비슷한 서사구조를 갖는다.' (노컷뉴스, 2014년 8월 13일 보도)

이 도식은 여전히 이어지고 있다. 2014년 10월 26일 서울 동작구 동작동 국립현충원에서 열린 '박정희 전 대통령 35주기 추도식', 당시 현장에 있던 한겨레 기자는 다음과 같이 썼다.

'이승윤 전 경제부총리는 박 전 대통령을 이순신 장군에, 5·16 군사쿠데타를 명량대첩에 비유하기도 했다.' (한겨레, 2014년 10월 26일 보도)

2000년대 '인간'

2000년대 초 김훈의 소설 〈칼의 노래〉가 느닷없이 이순신 열풍을 불러일으킨다. 김훈은 극도로 간결한 문장과 담담한 서술로 독자를 매료시켰다. 하지만 이 소설의 핵심은 이순신을 영웅이 아닌 고뇌하는 '인간'으로 그려낸 데 있다.

고뇌·갈등하는 '인간'
-김훈 <칼의 노래>

문학평론가 권영민 서울대 명예교수는 〈한국현대문학대사전〉(2004)에서 이렇게 쓴다.

'충군애국의 성웅으로 떠받들려져온 충무공에 익숙해진 눈에 〈칼의 노래〉의 이순신은 낯설게 다가올 법하다. 그는 봉건적 이념의 순결한 구현자라기보다는 자기 정체성을 둘러싼 고뇌와 갈등에 복무하는 실존의 인간으로 그려진다. 그의 고뇌는 무인武人으로서 자신에게 가해지는 충군애국에의 요구에 순순히 응할 수 없다는 데서 온다.'

소설에서 이순신은 지독하게 외로워 보인다. 그래서일까 유달리 '종일 혼자 앉아 있었다'는 문장이 많다. 김훈은 소설 곳곳에 이순신의 고뇌를 심어 놓았다.

'나는 내 무인 된 운명을 깊이 시름하였다. 한 자루의 칼과 더불어 나는 포위되어 있었고 세상의 덫에 걸려 있었지만, 이 세상의 칼로 이 세상의 보이지 않는 덫을 칠 수는 없었다. 한산 통제영에서 그리고 그 후의 여러 포구와 수영에서 나는 자주 식은땀을 흘렸고, 때때로 가엾고 안쓰러워서 칼을 버리고 싶었다.'

김훈은 이순신을 통해 인간과 삶에 대한 고뇌 없이 그저 부서져 가는 지금 세상을 그리고 싶었는지도 모른다. 이순신이 다시 삼도수군통제사에 임명되는 장면을 그는 이렇게 묘사한다.

'내 끝나지 않은 운명에 대한 전율로 나는 몸을 떨었다. 나는 다시 충청, 전라, 경상의 삼도수군통제사였다. 나는 통제할 수군이 없는 수군통제사였다. 내가 임금을 용서하거나 임금을 긍정할 수 있을지는 나 자신에게도 불분명했다. 그러나 나의 무武는 임금이 손댈 수 없는 곳에 건설되어야 마땅할 것이었다. (중략) 나는 다만 임금의 칼에 죽기는 싫었다. 나는 임금의 칼에 죽는 죽음의 무의미를 감당해 낼 수 없었다.'

이 소설은 지난 2004년 국회에서 탄핵소추안이 가결되면서 권한이 정지된 노무현 대통령이 홀로 열심히 읽었다고 알려지면서 더욱 유명해진다.

오늘날 '리더'

비겁함 보이지 않는 '리더'
-세월호와 <명량>

2014년 4월 16일 세월호가 가라앉았다. 선장은 승객을 두고 도망쳤다. 같은 해 7월 30일 영화 〈명량〉이 개봉됐다. 영화에서 부하들이 겁을 먹고 도망칠 때 이순신이 탄 대장선만은 선두에서 홀로 적과 맞선다. 대장선은 끝내 살아남아 전투를 승리로 이끈다. 가라앉은 세월호와 살아남은 대장선이 교차하며 사람들의 마음을 울렸다. 이순신이 시대가 요구하는 '선장'으로 태어나는 순간이다.

영화 〈명량〉은 기본적으로 김훈의 소설 〈칼의 노래〉를 잇는다. 적어도 이순신에 대한 부분은 그렇다. 영화의 핵심 메시지는 이순신이 아들 회와 대화하는 장면에 들어 있다.

'아버님은 왜 싸우시는 겁니까?/ 의리다. /저토록 몰염치한 임금한테 말입니까?/ 무릇 장수 된 자의 의리는 충을 좇아야 하고 충은 백성을 향해야 한다./ 임금이 아니고 말입니까?/ 백성이 있어야 나라가 있고 나라가 있어야 임금이 있는 법이지.'

하지만, 군막까지 불태우며 두려워하는 군사들을 독려하는 장면에서 〈칼의 노래〉와 맥을 달리한다.

'나는 바다에서 죽고자 이곳을 불태운다. 더 이상 살 곳도 불태울 곳

도 없다. 목숨에 기대지 마라. 살고자 하면 필히 죽을 것이고 죽고자 하면 살 것이다. 병법에 이르기를 한 사람이 길목을 지키면 1000명도 능히 두렵게 할 수 있다고 했다. 바로 지금 우리가 처한 형국이 아니더냐!'

영화에서 이순신은 난투 속에서도 홀로 우뚝 서 있다. 아들과의 대화는 계속된다.

'아버님 대체 이 강한 두려움들을 어찌 이용하시겠단 말입니까?/ 두려움은 필시 적과 아군을 구별치 않고 나타날 수가 있다. 저들도 지난 6년 동안 줄곧 나에게 당해온 두려움이 남아 있기 때문이다./ 그뿐이옵니까? 그게 두려움을 이용하는 것입니까? / 만일 그 두려움을 용기로 바꿀 수만 있다면 말이다. 그 용기는 백 배 천 배 큰 용기로 배가되어 나타날 것이다./ 하나 아버님 극한 두려움에 빠진 저들을 어떻게 그런 용기로 바꿀 수 있단 말입니까?/죽어야겠지, 내가.'

영화에서 이순신은 가장 많이 부서지고, 그래서 가장 초라해진 전선 위에 가장 홀로 우뚝 선 사람이다. 그래서 외롭고, 고단하다. 그리고 그것이 바로 이 답답한 시대를 견디는 사람들이 요구하는 리더다.

"어머니, 바른 정신으로 산다는 건 무엇입니까…"

고개를 숙인 순신은 한동안 움직임이 없다. 그가 곰곰이 바라보는 건, 조그만 시비다.

'그대는 사랑의 기억도 없을 것이다/ 긴 낮 긴 밤을/ 멀미같이 시간을 앓았을 것이다'

검은 대리석에 고요하게 새겨져 있는 이 시에는 '사마천'이라는 제목이 붙었다. 문득 왁자한 소리에 순신이 고개를 든다. 단체 관람객들이 박경리 선생 묘소를 향해 우르르 몰려가고 있다.

순신이 통영 박경리기념관을 찾은 건 조금은 충동적인 일이다. 얼마 전 마산지방해양항만청 소속 통영해양수산사무소장으로 발령을 받았다. 한동안은 업무 파악을 하느라 바깥 구경을 못했다. 오늘 출근길에 우연히 도로에서 박경리기념관 안내판을 보고 문득 한 번 가봐야지 싶었다. 점심을 먹고 조용히 나선 길이다. 평일이지만 단체 관람객이 와 있었다. 그들을 피해 기념관 뒤뜰로 나섰다가 사마천 시비를 만난 거였다.

순신은 사람들과 거리를 두고 가만히 박경리 선생 묘소로 향한다. 겨울이지만 얼굴에 닿은 햇볕이 제법 따뜻하다.

순신은 계단을 오르며 방안에 우뚝하니 앉아 있는 사마천을 생각한다. 그가 마주했을 그 고독을 상상해 본다. '외로운 사람'이라고 가만히 속삭여 본다. 사마천의 얼굴은 먼 추억처럼 흐릿하다. 그래서 순신은 사마천처럼 우뚝하고 외롭게 앉아 있는 자신을 그려본다. 어딘가 잘 어울린다는 느낌이 든다.

묘소가 있는 공원에 이르니 햇살이 더욱 풍성하다. 박경리 공원이라고 적혀 있다. 묘소로 가는 길은 지그재그로 오르막이다. 입구 근처 급수대에 또 다른 시가 새겨져 있다.

'잔잔해진 눈으로 뒤돌아보는 청춘은 너무나 짧고 아름다웠다. 젊은 날에는 왜 그것이 보이지 않았을까.'

박경리 선생이 쓴 '산다는 것'이란 시다. 급수대 옆에 서서 스마트폰으로 전문을 검색해 읽는다.

'팔십이 가까워지고 어느 날부터/ 아침마다 나는/ 혈압약을 꼬박꼬박 먹게 되었다/ 어쩐지 민망하고 부끄러웠다

허리를 다쳐서 입원했을 때/ 발견이 된 고혈압인데/ 모르고 지냈으면/ 그럭저럭 세월이 갔을까

눈도 한쪽은 백내장이라 수술했고/ 다른 한쪽은/ 치유가 안 된다는 황반 뭐라는 병/ 초점이 맞지 않아서/ 곧잘 비틀거린다/ 하지만 억울한 것 하나도 없다/ 남보다 더 살았으니 당연하지

속박과 가난의 세월/ 그렇게도 많은 눈물 흘렸건만/ 청춘은 너무나 짧고 아름다웠다/ 잔잔해진 눈으로 뒤돌아보는/ 청춘은 너무나 짧고 아름다웠다'

‘팔십이 가까워지고’란 부분에서 순신은 어머니를 떠올린다.

“무슨 일을 하든, 바른 정신으로만 하면 된다, 순신아, 바른 정신으로 살아!”

체육특기생으로 입학한 대학, 어깨를 다쳐 운동을 그만두고 하릴없이 시간만 보내고 있을 때, 공무원 시험을 권한 건 어머니였다. 어릴 적 ‘머리도 좋은 녀석이 만날 운동만 하고 다닌다’고 나무라던 어머니였다.

때늦은 공부는 쉽지 않았다. 이십대 후반에 시작해 서른을 넘겨서야 겨우 합격할 수 있었다.

해양수산부로 발령이 났다. 당시는 해양수산부가 발족한 초기라 분위기가 어수선했다. 순신의 일 처리는 항상 야무지고 잘 정돈됐

다. 복잡한 일도 순신의 손을 거치면 말끔해졌다. 승진에 눈먼 상사들은 그의 이런 성과를 아무렇지 않게 가로챘다. 순신은 상부에 이런 사실을 보고했다. 순진한 판단이었다. 상사와 상부는 돈독하게 연결돼 있었다. 상부는 순신을 지방해양항만청으로 발령냈다. 동해로, 울산으로, 여수로, 목포로, 마산으로 순신이 본청으로 돌아올 때마다 상부는 그를 다시 지역으로 돌려보냈다.

궁형 같은 세월이었다. 지방항만청 직원들도 상부에서 버림받은 그를 은근히 피하는 눈치였다. 말없이 품어주는 바다만이 그의 유일한 위안이었다.

"바른 정신으로 살아!" 바다를 보며 그는 어머니의 당부를 되새기곤 했다. 그리고 묵묵하게 업무를 처리했다. 순신의 일 처리는 여전

통영-한산도 제승당 앞바다

히 야무지고 잘 정돈됐다.

어머니의 부음을 접한 것은 세월호 참사가 터진 직후였다. 목포 지방해양항만청에 근무하던 순신은 바로 진도 팽목항으로 투입됐다. 팽목항에서 공무원이란 이름은 죄인이란 말과 동의어였다. 슬픔과 분노가 짙은 안개처럼 팽목항을 감싼 날이면 세월호 유가족들은 유달리 공무원들에게 욕설을 해댔다. 그것이 개인을 향한 것이 아니라는 것을 분명히 알았지만, 순신은 유달리 그 말들이 아팠다. 업무

처리 중 불합리를 보고도, 그것이 상부와 연결됐다 싶으면 무시하고 넘긴 일, 무엇보다 점차 그런 일에 익숙해져가는 자신을 발견하고 소스라쳤던 나날들이 떠올랐다.

어머니는 순신이 팽목항에 있다는 소식을 듣고, 순신이 세월호에 탔다가 변을 당한 것으로 오해했다. 놀란 어머니는 팔십 노구를 이끌고 정신없이 팽목항으로 향했다. 사고 초기였고 그래서 팽목항으로 오는 길은 쉽지가 않았다. 어머니의 몸은 충격과 피로를 견디지 못했고, 길 위에서 눈을 감으셨다.

박경리 선생의 묘소는 생각보다 아담한 모양새다. 순신은 묘소 앞에 서서 가만히 묵념한다. 그러면서 설 전에 부모님 묘소를 한 번 찾아봬야겠다고 생각한다.

묵념을 끝내고 뒤를 돌아서니 경치가 탁 트였다. 저 멀리 바다 건너서 보이는 섬이 한산도일 것이다. 순신 자신과 이름이 같은 한 사내를 생각한다. 그 옛날 한산도에서 우뚝 솟아 외로웠던 장수다.

육지에서 진도 팽목항으로 가려면 쌍둥이 다리를 건너야 한다. 그 다리 아래 물길을 울돌목이라 부른다. 다른 이름은 명량이다. 외로운 장수의 이름을 빛낸 전투가 벌어진 곳이다. 한산도를 바라보며 '무릇 장수 된 자의 의리는 충을 좇아야 하고 충은 백성을 향해야 한다'는 장수의 말을 떠올린다.

"바른 정신으로 살아!" 돌아가신 어머니의 목소리가 다시 들린다. 하지만 어머니, 이 혼란의 시대에 바른 정신으로 산다는 것이 무엇인가요? 백성을 향하는 그 충이란 대체 어떤 것인가요? 대답처럼 한 줄기 바람이 그의 뺨을 어루만지고 지나간다. 사마천처럼 우뚝하고 외롭게, 순신은 한참을 한산도를 향해 서 있다.

마산아구찜

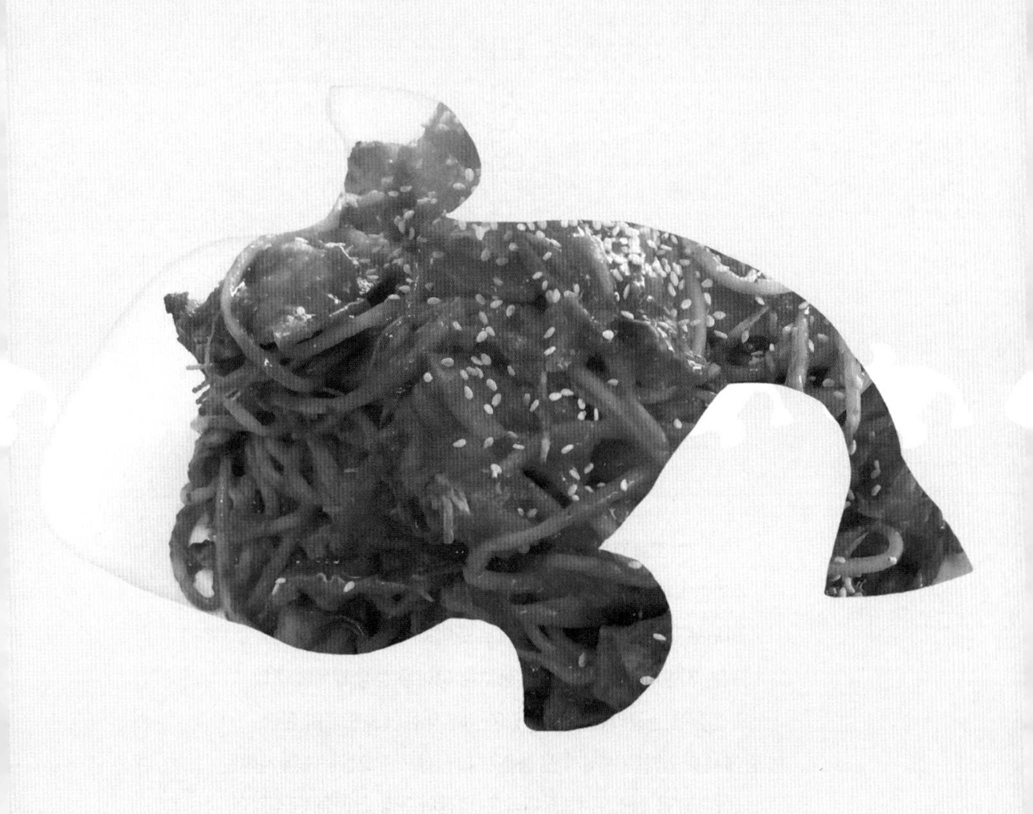

마산아구찜

—

구수한 된장 양념, 아삭한 콩나물,
꼬들꼬들한 고기에 깃든 깊은 바다의 맛.
추악한 외모의 아귀가 사람들의 입맛을 사로잡은 지 오래다.
아귀는 탕으로도 먹고, 수육으로도 먹고, 찜으로도 먹는다.
아귀는 지방이 적고 단백질이 풍부해 아이들 성장·발육에 좋다.
또 껍질에는 콜라겐 성분이 있어 피부 미용에도 도움이 된다.
이 중에서 아귀찜은 반세기 전 창원시 마산합포구 오동동에서 시작된
'마산아구찜'을 원조로 친다. 지금은 '마산아구찜' 간판을 단 식당이
전국 곳곳에 있으니 그 맛을 보기 어렵지 않다.

서울·제주도에서 '마산아구찜'을 만나다

방방곡곡 뿌리내린 비결 '현지화'

서울, 1972년 낙원동에 등장

서울 종로에는 '낙원동 아귀찜 거리'가 형성돼 있다. 악기점으로 유명한 낙원상가 바로 옆 좁디좁은 골목에 모두 10여개 아귀찜집이 있다. 하나같이 가게 이름에 '마산'을 달고 있다. 재미있는 것은 '마산'을 쓰지 않는 유일한 곳이 서울에서 처음 가게를 시작했다는 사실이다.

마산에서 아귀찜을 팔기 시작한 것이 1960년대 중반인데, 이 가게는 1972년 문 열었다. 이 집이 탄생한 배경에 '마산'이 직접적으로 등장하지는 않는다. 주인 전낙봉(88) 씨는 "우리도 처음에는 아귀탕만 하다가 아는 사람이 찜도 해보라고 해서 시작했지"라고 했다.

하지만 이 낯선 음식이 서울 사람들 입에 달라붙기까지는 적지 않은 시간이 필요했다. 우연히도 이 집 식당에 일 나오는 아줌마가 마산 사람이었다. '마산아구찜'을 모를 리 없던 주인 전 씨는 아줌마를 일부러 고향 집에 자주 보냈다고 한다. 돌아올 때 '마산아구찜'을 가져오도록 하기 위해서였다. 그렇게 제법 맛이 안정되었다. 그로부터 20년가량 지난 1990년대 들어 이 집 주변에 아귀찜집이 하나둘 들어서면서 '낙원동 아귀찜 거리'가 형성됐다.

얼마 지나지 않아 이 집만 남고 모두 문 닫은 시절이 있었다. 전씨 가게는 애초부터 워낙 싼 가격에 내놓았다고 한다. 다른 집에서 이에 맞추려 하니 가랑이가 찢어질 지경이었던가 보다. 결국 두 손 들고 모두 문을 닫았다. 그래도 여전히 미련을 둔 사람들이 없지는 않았다. '원조집'과 승부를 겨루기 위해서는 뭔가가 필요했는데, 그것이 곧 간판에 '마산아구찜'을 다는 것이었다고 한다. 그것이 오늘날까지 이어지고 있다.

서울에는 낙원동뿐만이 아니라 신사동에도 아귀찜집들이 밀집해 있다. 1990년대 초부터 형성되기 시작했다고 한다. 이 또한 낙원동과 연관이 있다. '원조집' 텃세(?)에 두 손 든 가게들이 눈 돌린 곳이 다름 아닌 신사동이었다. 이곳은 퓨전음식으로 차별화에 나서고 있는 모양새다.

1972년 문을 연 '낙원아구찜'. 서울식 아구찜을 처음 시작한 원조집이다.

서울에서는 모두 생아귀로 찜을 만든다.

서울에서는 모두 생아귀를 내놓는다. 마산과 같은 건아귀를 아예 시도하지 않은 건 아니다. 낙원동 어느 식당 주인 이야기다.

"건아귀를 해 보려고 말릴 장소를 찾아봤지. 우선 인천 연안부두에 널어놓았는데, 파리가 말도 못하게 달라붙어. 도저히 안 돼. 고민 끝에 산으로 가보자 해서 인왕산 큰 바위 있는 곳을 찾아냈지. 그런데 이걸 말려놓으니 등산하는 사람이며 산짐승들이 그냥 놔두질 않는 거야. 밤새 사람이 지킬 수도 없는 노릇이고…. 그래서 그냥 포기했어."

서울에서 내놓는 아귀찜은 전분을 많이 사용해서 아주 걸쭉하다. 아귀만으로는 좀 허전하다 싶었는지 미더덕과 다른 해산물을 섞어 넣기도 한다. 간장겨자소스를 내놓고, 건더기를 먹고 볶음밥으로

간장겨자소스에 아귀 살을 찍어먹는 것도 마산과 다른 점이다.

마무리한다는 점에서 마산과 차이가 있다. 가격은 비슷한 양을 기준으로 보면 마산보다 1만 원 정도 더 줘야한다고 생각하면 되겠다. 낙원동 아귀찜 거리 인근에는 노인이 많이 모이는 탑골공원이 있다. 한 노인은 "아귀찜? 벌이 없는 우리 같은 사람이 먹기는 부담스럽지"라고 했다.

제주도, 현지인 입맛 맞게 변형

제주도에도 수십 곳이다. 하지만 마른 아구와 된장을 쓰는 정통 '마산아구찜' 집을 찾아보기는 어렵다. 그런데 있었다. 그것도 마산 토박이가 마산식으로 아귀찜을 하는 곳이었다.

제주시 일도 2동 동광초등학교 앞 도로를 건너면 '마산오동동아구찜'이 있다. 창원시 마산합포구 오동동이 고향인 조수용(67) 씨와 아내 심광연(66) 씨가 운영하는 식당이다. 주변은 제법 규모 있는 아파트 단지가 있는 주택가다. 조 씨 부부는 관광객보다는 주로 현지 주민을 상대로 장사를 하고 있다고 했다.

“관광객들은 자전거 타고 지나가다가 간판 보고 들어오고 그런다.”

조 씨는 주변에 버스 주차장이 없어 단체 관광객은 아예 받지도 못한다고 했다. 메뉴판을 보니 과연 마른 아귀찜이 있다.

“제주도에서 마른 아귀찜을 하는 데는 우리뿐이다. 육지에서 온 사람들이나 알까. 제주 토박이들은 마른 아귀 자체를 모른다.”

메뉴판에 마른 아귀찜이 있으니 제주 토박이 중에서도 한번 시켜보는 손님도 있단다. 그러면 일단 마른 아귀찜을 먹어보았느냐고 먼저 묻는다. 그렇지 않다면 생아귀찜을 먹으라고 권한다. 마른 아귀는 보통 제주도 사람들 입맛에 맞지 않아서다.

제주에서 ‘마산오동동아구찜’이라는 상호로 식당을 운영하고 있는 부부

제주 동문 수산시장에서 본 아구

"'마산아구찜'을 마산 방식 그대로 했는데 제주 사람들이 먹지를 못하더라. 마산 오동동 아귀찜은 된장을 갖고 많이 한다. 장사 시작하고 일 년은 계속 사람들이 아귀찜 먹으면서 뭐가 자꾸 부족하다고 하더라. 그게 뭔지 모르겠더라. 그러다 제주사람들은 된장보다는 시원한 맛을 좋아한다는 걸 터득했다."

이렇게 입맛을 파악하자 장사도 어느 정도 안정이 됐다. 이젠 배달 주문도 많다고 한다. 물론 주로 생아귀찜이다. 생아귀는 제주도에서도 쉽게 구할 수 있다. 제주시 한림읍 수산물 공판장이나 제주 최대 전통시장인 동문시장에 가면 된다. 하지만 마른 아귀는 조 씨 부부가 직접 마산 어시장까지 와서 구해간다.

이집 말고도 제주도에는 '마산아구찜' 간판을 단 곳이 두 곳 더 있었다. 제주 신시가지에 있는 '원조마산초원아구찜'이다. 주인 손순단(66) 씨는 15년 넘게 제주에서 아귀찜을 하고 있다. 오래전 김해에서 요리법을 배웠단다. 손 씨는 오로지 생아귀찜만 한다. 물론 정통 '마산아구찜'은 아니다.

"마른 아귀는 마산에서도 많이 먹어보고 했는데 푹 우러나는 국물이 없어서 그런가, 제주 사람들 입맛에는 안 맞다. 이곳 사람들은 매운 거 잘 안 먹거든. 우리 집에 제주 사람들 단체로 많이 오는데 열에 한 명 정도만 맵게 해달라 그런다."

서귀포시 대정읍 모슬포항 근처에도 '마산할매아구찜' 간판을 단 곳이 있다. 50대 여성인 주인은 고향이 서울이라고 했다. 그는 진짜 '마산할매'한테 아귀찜을 배웠다고 했다.

"마산에서 아귀찜 하시던 어떤 할머니가 은퇴하시고 계셨는데, 합천에 사시던 이모가 그분하고 잘 아셔서 소개해 주셨다."

하지만 그도 제주 사람 입맛에 맞게 요리 방식을 바꿨다고 했다.

"마산에는 된장도 넣고 방아잎도 넣고 그런다. 나도 처음에는 마산 식으로 했다. 아귀도 살짝 말려서 하고…. 그랬더니 제주 사람들이 맛없다고 안 드시는 거라. 그래서 여기 입맛에 맞게 하고 있다."

간판에 '마산아구찜' 달고 있는 곳

※포털사이트 다음 검색 기준

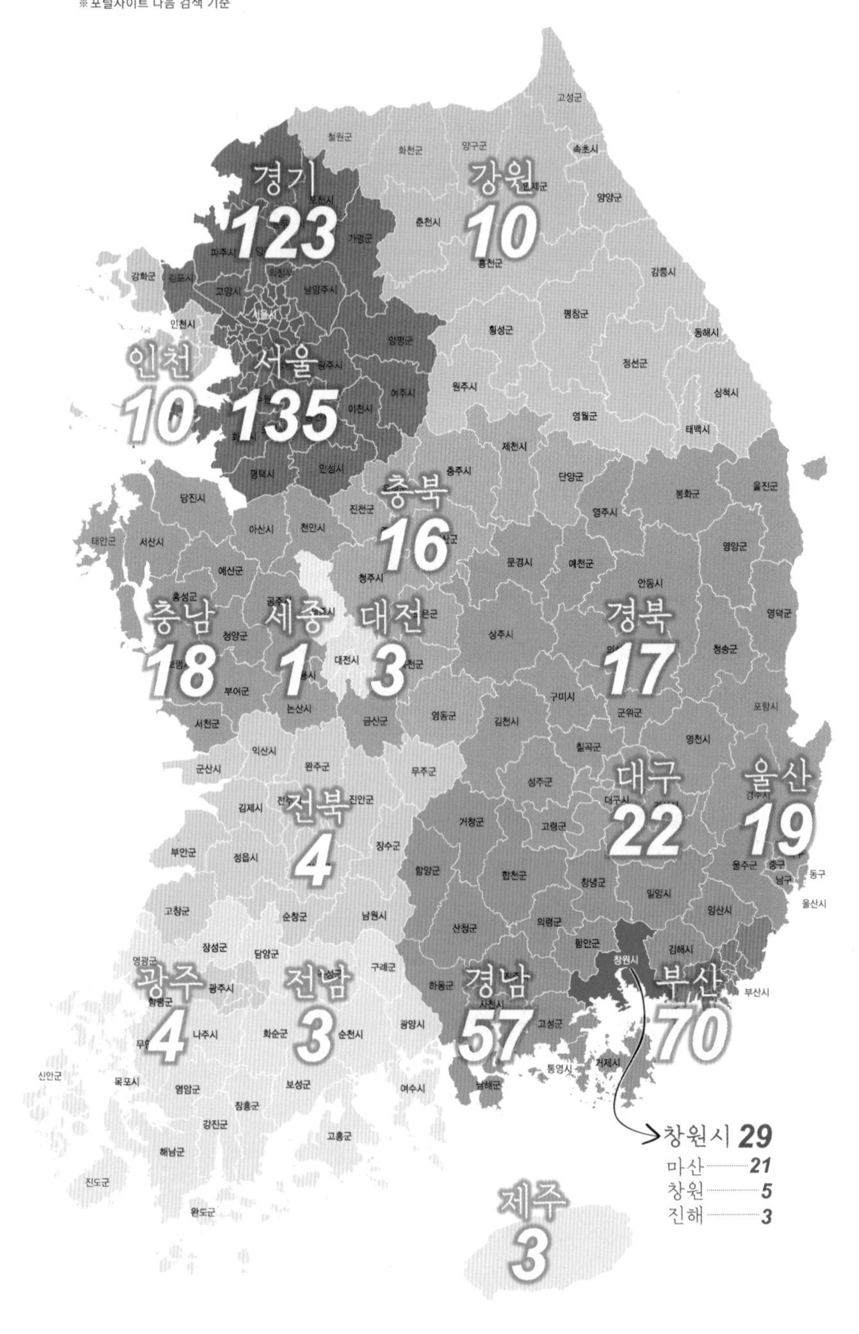

14

마산아구거리
1980년 후반 창원시 마산합포구 오동동 일대에 형성
현재는 모두 14곳이 장사하고 있음

아구찜 부문 원조집 지정서
오동동원조 진짜초가집
2000년 10월 13일 주식회사 원조촌·대한원조촌협의회서 지정

마산아구거리 간판에 가장 많이 쓰인 단어(마산, 아구·아귀 제외)
–진짜: 4회
–오동동: 3회
–전통: 2회
–옛날: 2회
–할매: 2회
–초가: 2회
그밖에 원조, 고향, 아지매, 아재, 전원, 우정, 구강

마산아구거리에 아구포 전문점 등장
여수 덕장에서 제조, 마산에서 포장
뼈를 발라내 1차로 구운 '구운포'와 뼈째로 포를 만든 '조미포' 판매

마산아구거리 아귀찜 가격
소 1만 5000원에서 특대 5만 원까지

아귀 한 마리 양
좀 묵직한 아귀 한 마리를 반으로 자르면 노트북 하나 크기 정도라고 한다
이것을 찜으로 하면 3명 정도 먹을 수 있는 양이라고 한다

건아귀
12월 초 ~ 2월 말 거제, 여수, 부산 등에서 잡은 것을
한 달가량 말려 영하 30도 냉동창고에 보관하며 1년 내내 이용

아귀 덕장
마산어시장에 도매상이 운영하는 곳
어느 집은 여수에 덕장을 두기도 하고, 또 어느 집은 옥상에서 말리기도 함

아구데이 5월 9일

노래 '아구찜이 좋아'
(김산 노래 / 김현성 작사 작곡)
술 한잔이 생각나면 나는 아구찜이 좋아 오늘같이 비가 오면 나는 아구찜 좋아
시집간 여자 친구 떠오를 때면 눈물 나도록 매운 아구찜이 좋아
푸른 바다도 울컥 아구찜도 울컥 바다로 떠난 배가 돌아오듯
그녀가 돌아오면 좋겠어
하지만 이젠 늦었어 다시 만날 수 없어 갈매기 되어 날아갔어 우후 ~
술 한잔이 생각나면 나는 아구찜이 좋아 오늘같이 비가 오면 나는 아구찜 좋아

아귀와 아구
아귀가 표준어지만 장사하는 이들은 그 어감이 좋지 않다고 하여 아구라 부름

'마산아구찜' 상호 현황 (포털사이트 다음 검색 기준)
모두 515개

지역별 아귀찜 특징
마산은 건아귀, 서울은 걸쭉함, 군산은 콩나물 대신 미나리

서울서 처음 시작한 전낙봉 씨

“2년간 연구 끝에 3000원짜리 서울 아귀찜 시작”

서울에서 처음 문을 연 아귀찜집 주인 전낙봉(88)·윤청자(77) 부부는 13.22m^2[4평]짜리 공간에서 시작해 이제 2·3층까지 가게를 넓혔다. 전 씨는 나이 탓에 대화가 그리 편치 않지만, 그래도 옛 기억은 또렷이 안고 있다.

“고향 황해도를 떠나 서울 와서는 사업하다 2~3번 실패했지. 마누라가 작은 옷가게하고 나는 손수레를 끌었는데, 그렇게 해서는 평생 빚을 못 갚을 것 같으니 어떡해. 기술도 없는 내가 할 수 있는 게 식당이겠더라고. 바다음식으로 할지 육지음식으로 할지 두 달을 고민하다 바다를 택했어. 이제 어떤 생선을 할까만 남은 거야. 마침 알고 지내던 노인네가 있었어. 유명한 주방장 밑에서 조수 생활을 오래한 그 양반이 ‘버리는 아귀로 찜을 해보면 밥은 먹고 살 거다’면서 직접 해 보이는 거야. 그때부터 인천에 가서 매일 아귀를 가져왔지.”

서울 낙원동에 밀집한 아구찜 식당들

서울 낙원동에 밀집한 아구찜 식당들

그때부터 전 씨 부부는 아귀찜 연구를 2년 가까이 했다고 한다. 무엇보다 아귀를 삶았을 때 살이 남아나지 않았다. 시행착오 끝에 삶고 나서 바로 찬물을 부으면 살이 꼬들꼬들해진다는 것을 알게 됐다. 그렇게 3000원짜리 아귀찜을 찾는 사람들이 늘기 시작했다.

세월이 흐른 지금 '마산아구찜' 간판을 단 여러 집들과 도란도란 함께 장사하고 있다. 그래도 전 씨는 한 가지를 강조했다.

"우리는 1년 내내 생물을 쓰는 것과 마찬가지야. 제주도에 창고가 있어서 그 앞바다에서 잡은 걸 바로 급냉하거든. 그렇지 않은 것과 맛 차이가 있지."

제주 아귀찜집 사장 부부

"이 섬에서 마산 사람이 하는 곳은 우리뿐"

"제주도 마산향우회를 가 봐도 마산 사람 중에 아귀찜 식당 하는 건 우리뿐이다."

제주시 일도2동에 있는 '마산오동동아구찜' 주인 조수용(67)·심광연(66) 부부.

"제주도로 시집온 누님이 홀로 돼가지고, 외롭고 그라니까 누님하고 같이 살아보자하고 자식들하고 다 같이 제주도로 왔지."

조 씨는 고향이 마산 오동동인 진짜 마산 토박이다. 객지 생활도 제주도가 처음이다. 조 씨는 옛 마산시청에 다니다 창원시 통합 1년 후 퇴직했다. 아내 심 씨는 마산 오동동 아귀거리에서 황태찜 식당을 했었다. 요즘도 부부는 마산 어시장을 가끔 찾는다. 마른 아귀를 구하거나 동창회에 참석하기 위해서다. 아귀거리에 나서면 여전히 아는 이들이 꽤 많단다.

지금 식당은 아는 사람 소개로 열게 됐다. 처음에는 제주 사람들 입맛을 맞추지 못해 힘들었다고 한다. 마른 아귀에다 된장을 쓰는 정통 마산식으로 아귀찜을 요리해서다. 그러다가 적당한 요리법을 찾았고 지금은 성공적으로 자리를 잡았다.

"새벽 1시까지 배달을 한다. 집이 제주시외버스터미널 근처인데 잘 안 간다. 1시까지 배달하고, 아침에 시장도 보고 하니까. 이렇게 제주도에서 아귀찜과 함께 바삐 지낸다."

이주민이 맛본 '마산아구찜'

매워서 못 먹을 줄 알았죠? 30분 만에 접시 싹~

창원시 마산합포구 오동동 아구거리에 있는 한 아귀찜 전문점에 이주민 여성 4명이 모였다.

'마산아구찜'을 맛보기 위해서다. 모두 결혼한 이들이다. 한국에 온 지는 4년에서 12년까지 다양하다. 1명을 빼곤 오동동 아구거리에서 제대로 '마산아구찜'을 먹어보기는 처음이라고 했다. 과연 이들이 매운 마산식 아귀찜을 잘 먹을 수 있을까?

너무 매우면 못 먹을까 싶어 보통 매운맛으로 주문했다. 또한 마른 아귀는 싫어할까 봐 생아귀를 시켰다. 그래도 몰라 마른 아귀도 소자로 한 접시 달라고 했다.

그런데 이분들을 과소평가했다! 매워서 못 먹을 것이란 생각은 착각이었다. 오랜 한국 생활로 이들에게 쌓인 내공은 상당했다.

이주민 여성들은 매운 아귀찜을 쩝쩝 입맛을 다셔가며 맛있게 먹었다. 얼굴 한 번 찡그리지 않았다. 오히려 도란도란 이야기까지 나누며 중자 한 접시와 소자 한 접시를 30분 만에 싹 정리했다.

물론 이들 이주 여성이 이 정도 내공을 쌓기까지는 여러 고비와 고난이 있었다. 나라별로 경험담도 다양했다. 아귀찜에 얽힌 이주 여성들의 이야기를 들어보자.

리사(29·인도네시아, 한국 생활 5년차)

"지금 사는 집이 오동동 아구거리 근처다. 그래서 아귀찜을 자주

와서 먹는다. 시어머님이랑 같이 만들어 먹기도 한다. 근데 혼자서 만들면 맛이 없다. 인도네시아에서는 매운 음식 잘 못 먹지만, 지금 나는 잘 먹는다. 아귀찜 맛이 내 입에 딱 맞다. 자꾸 먹다 보면 또 생각난다. 나중에 인도네시아에 가서 아귀찜집을 해볼까도 생각해 봤다. 매운 거 먹으면서 스트레스 풀 수 있잖은가. 이런 음식은 인도네시아에 없기 때문이다. 사람들이 아마 좋아할 것 같다."

우미다(30·우즈베키스탄, 한국 생활 8년차)

"우즈베키스탄에는 바다가 없다. 한국에 와서 온갖 이상한 해물을 다 먹는 것을 보고 놀랐다. 처음에는 징그러워서 못 먹었다. 아귀찜은 창원시 마산합포구 합성동에서 처음 먹어봤다. 거기 아귀찜 잘 하는 집이 있다. 처음 먹었을 때는 바로 응급실 실려 갔다. 너무 매워서 어지러웠다. 눈물·콧물 쏙 뺐다. 그렇게 매운맛은 처음이었다. 우즈베키스탄에서는 그렇게 매운 거 안 먹는다. 그런데 이제 한국 생활 8년 만에 웬만큼 매운 거는 잘 먹을 수 있게 됐다. 살다 보니 어쩔 수 없는 거더라. 적응해야 하니까!"

리펑윈(29·중국, 한국 생활 4년차)

"한국 처음 왔을 때 시어머님이 아귀찜을 사주셨다. 많이 매웠을 텐데 솔직히 그때는 맛이 있는지 없는지도 몰랐다. 중국 음식이 대체로 기름기가 많다. 아귀찜은 해산물에 콩나물도 들어가잖은가. 자꾸 먹으니까 담백한 게 괜찮더라."

김진숙(37·중국 조선족, 한국 생활 12년차)

"중국에서는 아귀찜 못 먹어봤다. 창원에서 친구들끼리 모여 어떤 맛난 걸 먹어볼까 하다가, 아귀찜 이야기를 몇 번 들어본 적이 있어서 한번 먹어보자고 배달을 시켰다. 맛이 좋았다. 특히 콩나물이 들어가니까, 그 아삭한 맛이 좋았다. 특히 겨울에는 추우니까 매운 아귀찜을 찾게 되더라."

음식인문학자가 말하는 '마산아구찜'

1982년 전국체전 통해 전국에 이름 떨쳐

1960년대 중반 마산 부두 노동자가 버려진 아귀를 식당 할머니에게 들고 와서는 요리해달라 한다. 이 할머니는 흉측한 생선이 못마땅해 그냥 버렸다가, 며칠 뒤 바싹 말라 있는 것을 다시 주워 와서는 양념과 채소를 넣어 제법 그럴 듯한 음식으로 만들어낸다. 다시 찾은 부두 노동자들이 독한 술에 이 매운 안주를 곁들여보니 꽤 괜찮았던가 보다.

마산에 아귀찜집이 하나둘 들어서게 된 지난 이야기는 이제 꽤 귀에 익다. 지금은 아구데이 축제가 여러 해를 맞았고, '아구찜이 좋아'(김산)라는 노래도 있다. 그리고 임영주(63) 마산문화원장은 이렇게 이야기를 엮기도 한다.

"아귀찜에는 마산사람 기질이 담겨 있다고 본다. 3·15의거, 부마항쟁 등 불의를 보면 참지 못하는 성격은 아귀찜의 화끈한 맛과 같다. 동치미 국물 하나만 있으면 되는 수수한 상차림 또한 어수룩한 외모지만 얕잡아보는 이들에게 얼얼한 매운 맛을 보여주는 여기 사람 모습과 비슷하다."

그런데 전라북도 군산도 아귀찜이 유명하다는 점은 조금 생소하게 다가온다. 군산은 탕에 좀 더 무게 두는 분위기지만 찜 역시 빠지지 않는다. 군산 사람들은 "군산이나 마산이나 역사는 비슷하다. 저쪽에서 먼저 내세워 유명해졌을 뿐"이라고 한다.

음식인문학자인 주영하(55) 한국학중앙연구원 교수는 마산이 고향이다. 어릴 적 말린 아귀를 연탄불에 구워 먹던 기억도 있다. 하지만 군산 아귀찜 이야기를 먼저 꺼냈다.

"1960년대 서울은 농촌을 떠나온 이주민 도시가 된다. 특히 전라도 사람들은 언덕배기에 모여 집단 거주지를 형성한다. 서울이라는 중심부로 들어온 이들이 자기 지역 음식을 찾게 되는 거다. 전주비

주영하 한국학중앙연구원 교수

빔밥이 유명해진 것도 그러한 이유다. 서울에 아귀찜이 정착한 것도 마산보다는 군산 영향이 컸을 것이다."

실제 서울 낙원동에서 가장 먼저 문을 연 아귀찜집이 전라도 사람 귀띔에 따라 시작됐다는 점이 이를 뒷받침한다.

'마산아구찜'은 1970~80년대 그 이름을 떨치기 시작한다. 주 교수는 이렇게 설명했다.

"1970년대 중반부터 신문에 맛 칼럼이 조금씩 나오기 시작한다. 내가 찾은 자료로는 '마산아구찜'이 제일 처음 언론에 소개된 것이 1973년이다."

그가 건넨 자료는 1973년 8월 28일 자 〈조선일보〉다. 전국 향토 음식을 소개하는 '별미진미'라는 고정란에 '馬山 아구찜'이 소개됐다. 내용은 이렇다.

'처음엔 막걸리 안주로 등장했었다……식욕이 없을 때 입맛을 되찾아 누구나 밥 한 그릇을 거뜬히 먹을 수 있어 밥반찬으로 일품이다……지금

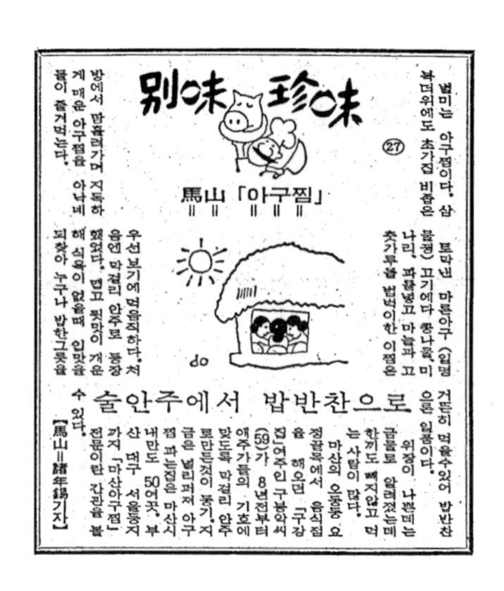

別味珍味 ㉗

馬山「아구찜」

술안주에서 밥반찬으로

별미는 아구찜이다. 삼복더위에도 초가집 비좁은 방에서 땀흘려가며 지독하게 매운 아구찜을 아낙네들이 즐겨먹는다.

토막낸 마른아구 (입명물궝) 고기에다 콩나물, 미나리, 파를넣고 마늘파 고춧가루를 범벅이한 이찜은 우선 보기에 먹음직하다. 처음엔 막걸리 안주로 등장했었다. 맵고 뒷맛이 개운해 식욕이 없을때 입맛을 되찾아 누구나 밥한그릇을 거뜬히 먹을수있어 밥반찬으론 일품이다.

위장이 나쁜데는 금물로 알려졌는데 한끼도 빼지않고 먹는 사람이 많다.

마산의 오동동 요정골목에서 음식점을 해오면 「구강집」여주인 구봉악씨(59)가 8년전부터 애주가들의 기호에 맞도록 막걸리 안주로만든것이 동기. 지금은 널리퍼져 아구찜 파는집은 마산시내만도 50여곳. 부산 대구 서울등지까지 「마산아구찜」 전문이란 간판을 볼수 있다.

【馬山=諸年錫기자】

은 널리 퍼져 아구찜 파는 집은 마산시내만도 50여 곳, 부산 대구 서울 등지까지 '마산아구찜' 전문이란 간판을 볼 수 있다.'

이렇게 언론을 통해 조금씩 알려지던 것이 1981~1982년 큰 계기를 맞게 된다.

"여러 향토음식들이 전국에 퍼지는 과정에서 중요한 지점이 하나 있다. 1981년 서울에서 열린 대규모 문화행사인 '국풍81'이다. 이때 각 지역 향토음식이 대거 소개됐는데, 충무김밥이 알려진 것도 이때부터다. 나도 당시 행사에 직접 갔었다. 그런데 내 기억으로 아귀찜은 본 기억이 없는 것 같은데…."

하지만 자료를 찾아보니 '마산아구찜' 역시 이 행사에 등장했다. '마산아구찜' 대중화에 발벗고 나선 '오동동아구할매집' 김삼연(70) 씨가 놓칠 리 없었다.

주 교수는 그 이듬해 있었던 또 다른 사건을 언급했다.

"1982년 전국체전이 마산을 비롯한 경남에서 열렸다. 당시에는 올림픽 못지않은 큰 행사였다. 그때 전국에서 찾은 사람들이 '마산아구찜'을 맛보게 된 것이다."

실제로 1982년 10월 16일 자 〈경향신문〉에 보도된 내용이 이를 잘 전해준다.

'마산에 아구가 동났다. 갑자기 늘어난 수요 때문에 수협공판장엔 이른 새벽부터 아구를 사러온 음식점 주인들이 장사진을 이루고 공급이 수요를 따르지 못해 매일같이 값이 뛰고 있다. …… 제63회 전국체전에 참가한 1만 7000여 명의 임원과 선수들은 물론 수많은 관광객들까지 즐겨 아구찜 전문음식점을 찾는다. 마산시 오동동 번화가에 자리잡은 '할매집' 등 30여 군데 아구찜집엔 매일 300~500여 명의 손님이 몰려 붐비는 바람에 일부 식당에서는 몰려드는 손님을 수용키 위해 아예 종합운동장 근처에 분점까지 내고 있을 정도다.'

제11400호

脚光 오르는 馬山명물 아구찜

음식점마다 體典손님몰려 "만원사례"

메스꺼운기 없애줘 妊産婦에도 人氣

값오른데다 物量달려 아우성

버리던 「천덕꾸러기」 鄕土別味로 개발

이때를 기점으로 1980년대 후반 '마산 아구 거리'가 본격적으로 형성됐다고 알려져 있다.

주 교수는 마산을 찾을 때 잊지 않고 아귀찜 맛을 본다고 한다.

"향토 음식에는 두 가지 갈등이 있다. 관광객 입맛에 맞게 갈 것인지, 아니면 오히려 토박이식으로 갈 지다. 마산에서도 외부 사람 입맛에 맞게 변형됐다가 다시 건아귀 쪽으로 가는 분위기인 것 같다. 사실 스팀을 이용하는 조리법인 '찜'을 만들려면 건아귀만이 가능하다. 생아귀로는 찜이 안 된다. 말하자면 '콩나물 매운양념 볶음요리'라 하는 게 맞다. 서울에서 '마산아구찜' 간판 단 집이 많지만, 생아귀로 하는 것이니 찜요리라 할 수 없다. 이런 생각을 해본다. 마산에는 덕장도 있고 하니 건아귀를 다른 지역에 유통할 수 있는 고민을 한다면, 그것이 '마산아구찜'의 진정한 전국화라 할 수 있을 것 같다."

마산 건아귀찜 비밀

건조! 된장!

마산에서 먹을 수 있는 아귀찜을 달리 말하면 건아귀찜이라 할 수 있다. 건아귀찜 맛을 좌우하는 것 두 가지가 있다고 한다.

우선은 건조다. 아귀는 12월 초부터 2월 말까지 잡아서 15일 정도 말린다. 덕장은 꼭 바다 근처일 필요는 없다. 바람 많고 햇빛 잘 들며, 무엇보다 기온이 15도 이하인 곳이어야 한다. 기온이 그 이상 되면 파리가 끓고 구수함 아닌 큼큼한 냄새가 난다. 말릴 때 비가

건물 옥상에서 아귀를 말리고 있는 모습

오면 즉시 걷어줘야 한다. 그렇지 않으면 나중에 먹을 때 살이 퍼석해진다고 한다.

마산에서 아귀찜 집을 하는 가게 중에는 두어 군데에서 함안·여수 등에 덕장을 두고 있다고 한다. 나머지는 마산 어시장 도매상에게 들여온다. 덕장을 운영하려면 조건 맞는 너른 땅이 있어야 하고, 또 늘 사람이 지키고 있어야 한다.

어느 식당 주인은 "우리도 창원 내서 감천 쪽에 덕장을 해봤지만 힘들어서 접었다. 잘못 말려 쓴맛도 나고, 아귀 들어갈 때와 나올 때 양 차이가 나는 등 일하는 사람들 성의가 없었고…"라고 했다.

이렇게 말린 아귀를 요리에 이용하려면 2~3일 정도 물에 불려둔다. 그래야만 딱딱함이 사라지고 쫄깃함이 살아난다.

건조 못지않게 중요한 것이 다름 아닌 된장이라고 한다. 어느 집에는 메뉴판에 '된장 아구찜'이라 붙여 놓고 있을 정도다. 건아귀를 찜으로 하려면 푹 삶아야 하는데, 이때 된장을 함께 넣는다. 이 된장 맛이 어떠냐에 따라 건아귀찜 맛이 좌우된다고 한다. 그래서 집집마다 시골 재래식 된장을 공수하는 데 공을 들인다고 한다.

3·15 마산의거

3·15 마산의거

'마산 3·15의거'에는 많은 것이 담겨 있다.
시민에게 총을 겨누고, 시신을 유기한 주역은 일본 강점기에 부역한
이들이다. 친일 청산이 왜 중요한지를 생각하게끔 한다.
죽은 학생들 주머니에 쪽지를 넣어 '빨갱이'로 몰고 가려는
시도가 있었다. 이념 갈등을 정권 유지에 악용하려 한 것이다.
시간이 지나면서 마산 사람들은 김주열을 애써 잊으려 했다.
박정희 정권 때 영·호남 지역 갈등 조장이 한몫했다.
당시 마산시민이 들고 일어나게끔 한 촉매제는 부정선거다.
얼마 전 국정원장이 선거 개입으로 실형을 선고받았다.
3·15는 56년 전 이야기다.
하지만 여전히 현재, 그리고 앞으로 이야기이기도 하다.

56년 전 역사가 남긴 의미

마산, 민중항쟁 불씨를 댕기다

#1960년 5월 29일. 대한민국 초대 대통령 이승만은 하와이 망명길에 오른다. 한 달 전인 4월 26일 오후 1시 이승만은 라디오 연설을 통해, 대통령 자리에서 하야한다고 발표했다. 사사오입 개헌으로 종신대통령이 될 기반을 마련하고 죽을 때까지 대통령을 하려던 그를 끝내 몰아낸 것은 4·19혁명이었다.

#창원시 마산합포구 중앙동 마산의료원 입구 한쪽에 아담한 비석이 있다. 4·19혁명기념사업회가 혁명 50주년을 기념해 2011년 세운 '4·19 혁명의 진원지' 표지다. 비석에는 이렇게 적혀 있다. '1960년 자유당정권의 부정선거에 항거하여 이곳에서 가장 치열하게 항쟁이 전개되어 많은 사상자가 발생했으며 의로운 마산시민의 투쟁정신은 곧 4·19혁명 승리의 시발점이 되었다.'

4·19 진원지 표시가 마산의료원 앞에 있는 이유

"4월 11일 이날 우연히 시내 내려오니깐 김주열 시체가 도립마산병원(현 마산의료원)에 있다길래 뛰어갔지. 뛰어가니깐 사람들이 많이 모여 있고 특히 제일여고 아이들이 참 잘했어. 글을 적어 놓은 게 '학도여 일어나자'라고 벽보를 붙여놨더라고." (하총치·당시 20세)

"이튿날 4월 12일 학교에 가자, 학교 분위기로는 도저히 수업이 이루어질 수가 없었으며 전교생들의 감정은 분노로 가득 차 있었다. (중략) 사태가 만만치 않음을 느끼고 또 김주열 군의 처참한 주검을 어떻게 그냥 보고 있겠는가 하는 분노와 정의감에 불타, 첫 수업을 마친 후 10시경 전체 대의원 회의를 소집하였다. 그 자리에서는 많은 의견이 제안되었으나 부정선거를 규탄하고 김주열 군의 억울한 주검에 항의하여 시위에 나서자고 만장일치로 가결, 전교생 1500여 명을 운동장에 집결시켰다." (박문달·당시 19세·마산고 3학년)

"제2차 마산의거는 3월 15일 사망한 김주열 시신이 4월 11일 오전 11시쯤 중앙부두에 처참한 모습으로 떠오른 것이 직접적인 요인이다. 제2차 마산의거는 제1차보다도 더 큰 규모로, 그것도 4월 11일부터 13일까지 사흘간이나 전개됨으로써 3·15선거의 부정과 이승만 정권의 폭력성과 독재가 다시 국내외에 크게 부각되었다." (서중석, 2010년)

"4·19혁명은 3·15항쟁에서 시작되었으므로 결과적으로 보면 3·15항쟁이 있었기 때문에 4·19혁명이 있을 수 있었는데, 사실 3·15항쟁은 4·19혁명에 가려져 그 독자적 위치와 의미가 평가되고 있지 않은 현실이

다." (강만길, 1999)

1960년 그날 마산에서 무슨 일이 있었던 걸까

"중성동 투표소에 오전 7시 10분에 도착하여 투표용지를 받아들고 기표소에 들어가니 과연 경탄하지 않을 수 없었다. 기표를 하는데 절대 비밀이 보장되어 있어야 함에도 항간이나 지상보도 그대로 중간 기표소에 들어가면 양편 기표소에서 기표하는 것을 마음대로 볼 수 있게 되어 있었다." (강경술·당시 54세·민주당원)

1960년 3월 15일 당시 마산 남성동파출소 앞에서 부정선거에 항의하던 학생들의 모습

시위하는 학생들이 마산경찰서에서 마산시청 앞으로 가는 중간지역(마산경찰서 앞) 모습

"3월 15일 민주당(마산시당)의 선거포기 선언으로 전 시내가 술렁거리자 나는 자신도 모르게 오동동 민주당사 쪽으로 발걸음을 옮겼다. 물론 무슨 정치적 관심이나 부정선거에 대한 분노보다는 반공청년당 등 자유당 패거리가 하는 일들이 눈에 너무 거슬렸기 때문이었다. 그게 3·15 당일 오후 2시경이었다." (김기철·당시 17세)

"시청 앞으로 '와' 하고 고함을 지르며 갔는데 조금 있으니까 막 총알이 땅땅 날아오는 거다. 옆 사람들이 쓰러지고 뒤에 사람도 쓰러지고 그랬다. 그런데 순간 다리가 뜨끔하고 걸음 걷기가 불편하기 시작했다. 다리를 만져보니까 뭔가 축축하더라고. 손에 보니까 피가 있더라고." (문동

근·당시 17세)

"차츰 정신이 들기 시작했다. 팔과 다리는 무지낭창으로 타격을 받았으며 관절에 통증이 심해 움직일 수 없었다. (중략) 간신히 일어났다. 몸뚱이는 피에 젖어 온몸이 적적했다. 사방을 둘러보았다. 나는 그만 천지가 공노할 참사를 보고 내 눈을 의심했다. 다름 아니라 오른쪽 옆에는 친구 용실 군의 시체와 왼쪽에는 또 다른 내 나이 또래의 시체가 있는 것이 아닌가. 나는 기겁을 하여 밖으로 기어나갔다. 바로 시청 지하실이었던 것이다." (김무신·당시 18세·마산고 2학년)

역사적으로 어떤 의미를 갖는가

"3·15항쟁 역시 수많은 마산시민에게 피의 상처를 가져다주었다. 하지만 그것은 4·19혁명으로 연결되어 대규모 항쟁을 불러일으켰고, 결국 부당한 독재정권을 무너뜨리는 결과를 가져왔다. 조직적이라기보다 즉흥적 성격이 강했던 3·15항쟁이 갖는 힘은 바로 이 점에서 정당하게 평가될 수 있을 것이다. 이승만 정권은 전례에 따라 북측과 연결된 사건으로 조작하여 진압하려 했지만 정권이 갖는 반역사성과 비민주성이 워낙 깊어서 즉흥적으로 출발한 항쟁 자체를 진압할 수 없었고, 오히려 확대되면서 4·19혁명으로 연결되었다. 이렇게 해서 이승만 정권은 우리 역사상 민중항쟁으로 무너진 최초의 정권이 되었다." (강만길, 1999)

"8·15 이후 현대사에서 민중항쟁으로 정권이 붕괴한 경우는 3번 있었다. 이승만 정권을 무너뜨린 직접적인 계기인 4·19혁명과 박정희 정권 붕괴의 간접적 계기인 부마항쟁, 그리고 전두환 정권을 무너뜨린 1987년

마산시청(마산세무서 앞) 시위 행렬

민주화운동이 그것이다. 마산의 민중항쟁이 그 두 차례의 원인을 제공하고 있다는 점이 주목된다. 남북한 분단 정권 수립 이후 6·25 전쟁을 거치면서 10년 동안 강하게 경직되었던 우리 사회에 민주화운동으로서의 민중항쟁의 효시가 된 역사적 사건이 바로 마산의 3·15항쟁이라고 할 수 있다. 이후 1960, 70년대를 거치면서 민중항쟁은 주기적으로 계속되었고, 그것은 유신독재에 대항하는 민주주의운동으로 정착되었다." (강만길, 1999)

대한민국 정부는 2010년 3월 9일 청와대에서 열린 국무회의에서 3·15의거를 국가기념일로 정하는 '각종 기념일 등에 관한 규정 일부 개정령안'을 의결하고, 3월 12일에 공포하였다.

3·15의거 역사탐방로

오늘날, 다시 그 시간을 되새기다

창원시 마산합포구 월영동 월영광장과 의창구 의창동 소계광장을 잇는 큰 도로를 3·15대로라 부릅니다. 이 도로는 지난 1982년 9월 당시 경남에서 열린 전국체전에 맞춰 개통했는데, 이전에는 (마산)중앙로라고 불렀습니다. 지난 2005년 3·15대로로 바뀌었습니다. 3·15의거라는 역사성과 상징성을 고려했다고 합니다. 실제로 이 도로를 따라 3·15의거의 역사가 흩어져 있습니다. 특히 마산합포구 상남동 육호광장교차로에서 마산합포구청까지 구간에 의거 관련 흔적들이 집중해 있습니다. 그래서 제안해 봅니다. 3·15의거 역사탐방로! 자 그럼 저를 따라 걸어볼까요.

시작은 아무래도 오동동 문화의 거리에 있는 '3·15의거 발원지' 표지에서 시작해야겠군요. 표지는 청동으로 만들었는데 거리 바닥에 있습니다. 표지에는 이렇게 적혀 있습니다.

3·15의거 발원지 표시

'이 표지판의 옆 건물(→)에는 1960년 3·15의거 당시 민주당마산시당부가 자리 잡고 있었다. 그날 이승만 독재정권이 대통령선거에서 온갖 부정선거를 획책하자 민주당원들이 이에 항거, 시내로 뛰쳐나감으로써 3·15의거의 도화선이 되었다. 그날의 발원지에 큰 뜻을 새긴다.' (2005. 3. 15)

당시 민주당 건물은 지금 상업용 건물이 되어 있습니다.

불종거리 모습

표지를 정면으로 바라보고 계속 걸으면 불종거리가 나오는데요, 분노한 민주당원과 시민들이 뛰쳐나간 곳입니다. 불종거리를 만나면 길을 건넌 다음 왼쪽으로 발길을 옮깁니다. 당시 시위대도 우르르 이 도로를 따라 걸었겠지요? 참여성병원을 지나고 공영주차장을 지나 오른편으로 꺾어듭니다. 쭉 가다 보면 왼편으로 창동치안센터가 보입니다. 3·15의거 당시 남성동파출소가 있던 자리입니다. 그날 밤 시위로 불탔던 곳입니다. 창동치안센터 건너편으로 3·15의거 기념 조형물이 서 있습니다.

창동치안센터를 지나 그대로 길을 이어 걷습니다. 가다 보면 3·15대로

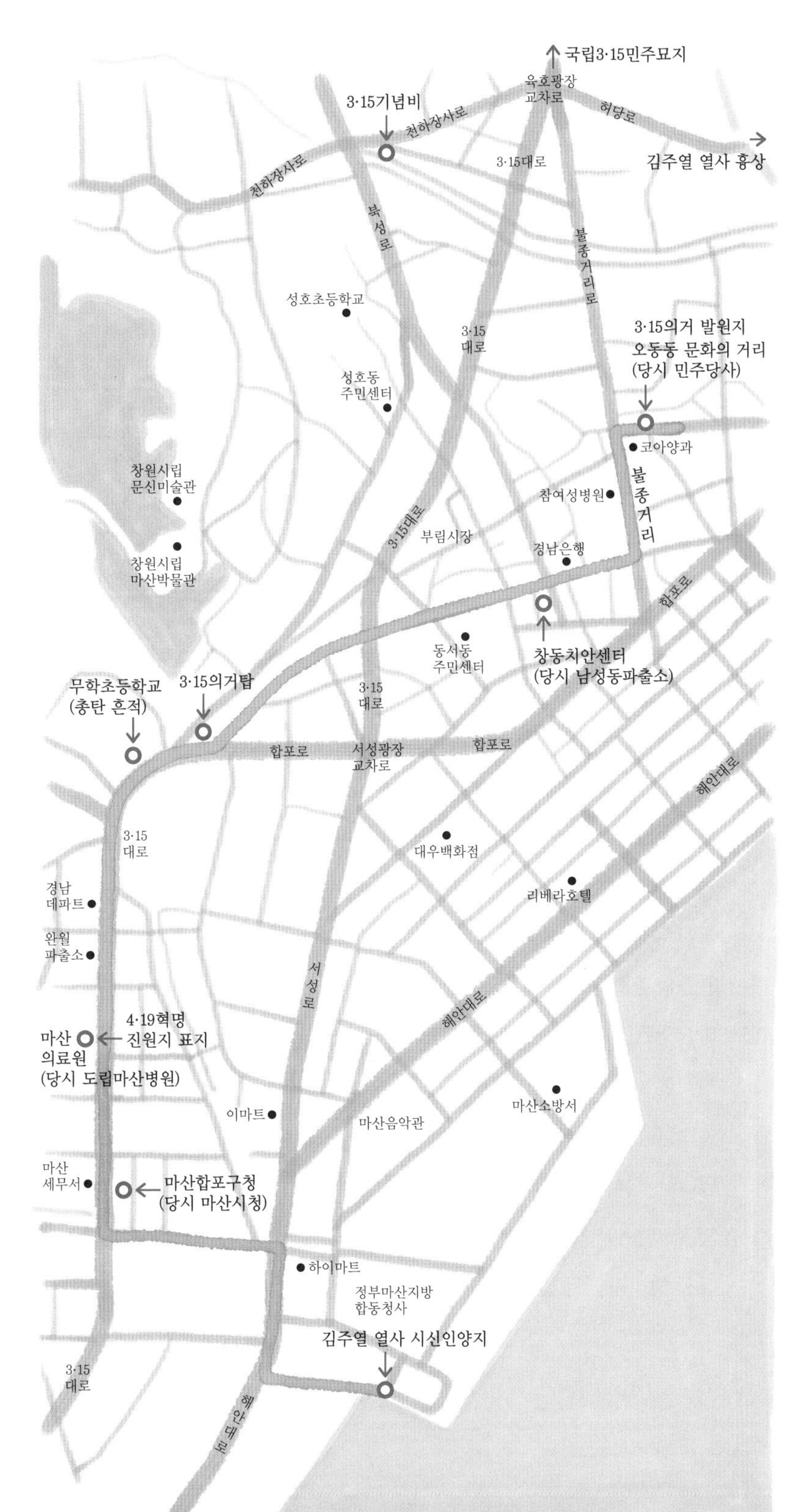

국립3·15민주묘지
육호광장
교차로
허당로
3·15기념비
천하장사로
김주열 열사 흉상
3·15대로
천하장사로
북성로
불종거리로
성호초등학교
3·15
대로
3·15의거 발원지
오동동 문화의 거리
(당시 민주당사)
성호동
주민센터
코아양과
창원시립
문신미술관
참여성병원
불종거리
3·15대로
부림시장
경남은행
창원시립
마산박물관
합포로
동서동
주민센터
창동치안센터
(당시 남성동파출소)
무학초등학교
(총탄 흔적)
3·15의거탑
3·15
대로
합포로
서성광장
교차로
합포로
해안대로
3·15
대로
대우백화점
경남
데파트
리베라호텔
완월
파출소
서성로
해안대로
4·19혁명
진원지 표지
마산
의료원
(당시 도립마산병원)
마산소방서
이마트
마산음악관
마산
세무서
마산합포구청
(당시 마산시청)
하이마트
정부마산지방
합동청사
김주열 열사 시신인양지
3·15
대로
해안대로

와 만나는데, 대로를 가로질러 계속 직진합니다. 다시 3·15대로를 만날 즈음에 오른편으로 3·15의거 기념탑이 나옵니다. 3·15와 관련한 대표적인 상징물입니다. 매년 기념일이면 이곳에 흰 국화가 놓입니다.

3·15의거 기념탑

3·15기념탑을 잠시 둘러보고 이번에는 3·15대로를 따라 걷습니다. 80m 정도를 더 가면 무학초등학교가 나옵니다. 그곳에 3·15의거 당시 총격 현장을 복원한 담장이 있습니다. 세월이 지나면서 원래 담장에 있던 흔적이 많이 지워졌었는데, 아예 새로 복원을 해버린 것입니다. 총탄이 박힌 곳의 높이를 보면 당시 경찰이 시위대의 머리와 가슴을 향해 총을 쏘았다는 것을 알 수 있습니다.

잠시 담장을 쓸어보다가 계속 3·15대로를 따라 걷습니다. 경남데파트와 완월파출소를 지나면 경상남도 마산의료원이 나오는데요. 길가 녹지에 검은색 비석이 하나 서 있습니다. 4·19혁명 진원지 표지입니다. 당시 마산의료원에 3·15의거 때 눈에 최루탄이 박힌 채 마산 앞바다에서 발견된 김주열

4·19혁명 진원지 표지

열사의 시신이 안치되어 있었거든요. 이 때문에 4월 11일부터 2차 마산 의거가 일어나고 이것이 전국으로 확산하면서 4·19로 확대됩니다.

마산의료원을 지나 계속 걸으면 곧 왼편으로 마산합포구청이 보입니다. 당시 마산시청이 있던 자리입니다. 부정선거 개표장으로, 시위대가 총탄에 맞서 기어이 가고자 했던 곳입니다.

자 이제부터 조금 많이 걸어야겠습니다. 김주열 열사 시신인양지로 향할 거거든요. 마산합포구청 쪽으로 길을 건넙니다. 구청을 왼편으로 끼고 해안도로 쪽으로 내려갑니다. 해안도로를 만나면 일단 길을 건넙니다. 그리고 오른편으로 돌아 조금 더 걷습니다. 아우디 대리점을 지나 폭스바겐 대리점이 나오면 그것을 끼고 왼편으로 접어듭니다. 바닷가 철조망이 나올 때까지 계속 걷다 보면 김주열 열사 시신인양지 조형물이 나타납니다. 조형물 뒤로 한창 진행 중인 마산해양신도시 매립 공사 현장이 보일 겁니다.

마산합포구청

일단 3·15의거 역사 탐방은 이렇게 끝이 납니다. 시간이 나시면 마산회원구 구암동에 있는 국립 3·15 민주묘지나 마산합포구 산호동 마산용마고등학교 앞에 있는 김주열 열사 흉상, 마산합포구 성호동에 있는 3·15기념비도 둘러보세요.

김주열 열사 시신인양지

그날의 함성 메아리 되어 돌아오리

'쓸쓸하던 마산 3·15기념탑, 선거철 닥치자 화환에 파묻혀'

12대 국회의원 선거를 앞둔 1985년 1월 19일 자 〈동아일보〉 기사 제목이다.

그리고 지난 2010년 6·2지방선거 때다. 백한기 당시 3·15의거기념사업회장이 한나라당 이달곤 도지사 후보 지지 연설을 했다. 그는 이달곤 후보가 행정안전부 장관 시절 3·15의거 국가기념일 제정에 힘을 보탰다며, 그 보답 차원으로 나섰다고 했다. 지역사회에서는 기념사업회를 관변단체로 전락시키고 3·15정신을 훼손했다며 크게 반발했다.

'3·15의거'도 56년이라는 세월 속에서 많은 부침을 겪었다. '진정한 정신 계승보다는 이를 이용하려는 자들만 남았다'는 자조적인 목소리도 많다.

김영만(71·이하 김) 전 김주열열사추모사업회장과 변승기(70·이하 변) 전 3·15의거기념사업회장을 각각 만나 3·15의 현재와 미래에 대한 이야기를 들어봤다.

김: "3·15를 계승 발전하는 공법단체가 3·15의거기념사업회입니다. 매년 행사하는 걸 보면, 마치 노병들이 옛 군대 이야기하는 수준에 머물러 있습니다. 현재와 미래지향적인 것은 없고 '박제된 3·15'만 남아 있습니다. 기념사업회가 주창하는 3·15 정신은 자유·민주·

김영만 전 김주열열사추모사업회장

변승기 전 3·15의거기념사업회장

정의입니다. 이게 틀렸다는 건 아닙니다. 하지만 인류가 추구하는 보편적인 가치로 너무 거창합니다. 쉬운 예를 들면 이렇습니다. 이승만 정권은 '자유'당, 박정희 정권은 '민주'공화당, 전두환 정권은 '민주''정의'당이었습니다. 이러한 세력도 나름의 개념을 두고 자유·민주·정의를 말한다는 겁니다. 당시 구호가 '살인경찰 처단하라', '이승만 물러나라', '부정선거 다시 하라'였습니다. 불의와 부당함에 맞선 저항이었던 거죠. 이것이 곧 3·15 정신이며, 지금과 앞으로 계승해야 할 부분입니다."

변: "뉘앙스만 다를 뿐이지 자유·민주·정의와 저항정신은 다른 것이 아닙니다. 독재정권에 대한 저항은 최종적으로 자유·민주·정의를 찾기 위한 것이었으니까요. 3·15가 그동안 4·19에 묻혀 있었던 부분이 분명히 있었습니다. 이제는 3·15의거를 어린 친구들에게부터 심어 주는 노력을 하고 있습니다. 교과서에 3·15가 4·19 동력이 됐다 정도로만 나와 있습니다. 좀 더 자세하고 많은 내용이 기술되고, 또 재조명될 수 있도록 국정교과서 편찬위 등을 방문하며 노력하고 있습니다."

김: "3·15정신은 당시에 그친 것이 아니라 계속 이어지고 있습니다. 10·18 부마항쟁으로 계승했죠. 그리고 6월 항쟁을 봐도 그렇습니다. 당시 '마산에서 들고일어나면 정권이 바뀐다'는 말이 있었습니다. 마산운동장에서 열린 이집트와의 축구 경기 때 민주화 시위가 벌어지면서 최루탄으로 경기가 중단됐습니다. 이 장면이 전국에 중계됐는데 국민들은 '마산이 움직였다'는 자신감을 얻는 계기가 됐습니다. 그 이후로는 저항정신이 다른 형태로 계속 전개됐습니다. 노동운동·친일청산운동·통일운동 같은 것이죠."

변: "그동안 3·15정신을 계승하는 작업에 한계가 있었음을 인정합니다. 하지만 50주년 때 국가기념일로 제정된 이후 달라졌습니다. 국비 지원 등을 통해 시민·국민 속으로 확산할 수 있는 날개를 달았다고 할 수 있습니다. 역사아카데미, 전국 지하철 홍보, 장학사업, 데이터베이스화 등 다양한 사업을 통해 3·15를 알리고 있습니다. 유적지 탐방 같은 경우 3·15에만 그치지 않고 4·19, 5·18과 연계해 진

행하고 있습니다. 또한 3·15정신 근원은 일제강점기 항거정신이기에, 올해는 안중근·윤봉길 유적지 참배 계획도 하고 있습니다."

불의에 맞서 일어섰던 마산은 극도로 보수화된 지 오래다. 선거 결과를 보면 명확하다. 1990년 3당 합당 이후 지금의 새누리당 계보 정당에 '묻지 마' 투표 성향을 보이고 있다. 또한, 3·15의거의 도화선은 부정선거였다. 그리고 50년이 흐른 이후, 국정원장이 대통령선거에 개입해 실형을 선고받는 일이 일어났다. 마산 사람들 처지에서는 더더욱 특별하게 다가올 수밖에 없다. 우리 사회 부조리를 외면하지 않는 것으로 연결되는 3·15정신, 이제는 퇴색한 것일까?

김: "저는 희망을 버리지 않습니다. 불의에 맞서는 저항정신은 시간이 지나면 전통이 됩니다. 마산이 아무리 수구가 되었다 하더라도 그런 불씨까지 꺼졌다고는 생각하지 않습니다. 어쩌면 그렇기 때문에 다시 살아나게 되면 화산처럼 타오를 수 있다고 봅니다. 어떤 계기가 있으면 그럴 것이라고 확신합니다."

변: "기념사업회가 이전에 부족한 부분이 있었다는 것을 인정합니다. 이제는 실질적으로 시민과 국민에게 다가가는 3·15 정신 계승에 대해 심도있게 토론하자는 이야기가 이어지고 있습니다. 부정선거 방법도 이제는 고도화된 것이라 할 수 있습니다. 3·15의거 정신인 자유·민주·정의를 훼손하는 현안에 대해서도 마찬가지 접근을 하고 있습니다. 사안 하나하나 다 그럴 수는 없겠지만, 꼭 나서야 할 때가 되면 마다치 않을 것입니다."

과거에서 벗어나 미래에 시선

3·15의거 당시와 이후 한동안 마산에서는 김주열 노래가 여기저기 울려 퍼졌다고 한다. 마산 사람이 다른 지역에 가면 '김주열 고장'이라며 극진한 대접까지 받았다고 한다.

그런데 어느 때부터인가 김주열은 마산에서 급격히 잊히는 분위기였다고 한다. 박정희 정권 때 영·호남 지역 갈등 조장 분위기가 일면서, 전북 남원 출신인 김주열에 대한 시선이 이전과 달라진 부분도 있었다고 한다.

용마고 앞에 있는 김주열 열사 흉상

김주열 열사 캐릭터

그럼에도 오늘날 여전히 3·15의거에서 김주열은 상징처럼 남아 있다. 백 마디 말보다 최루탄 박힌 시신 사진 한 장이 3·15에 대해 자세히 말해주기 때문이다.

이제는 '불편한 진실'인 시신 사진을 뛰어넘는 뭔가를 찾으려는 분위기도 있다. (사)김주열열사기념사업회는 '주열아 일어나라. 네 눈에 꽂힌 최루탄을 뽑아들고 우리도 웃으면서 세상을 바꿔보자'는 마음으로 김주열을 캐릭터로 새로이 탄생시켰다. 2014년 김주열 시신인양지 문화재 구역 내 '추모의 벽'에서 첫선을 보였다.

까까머리에 교복을 입은 김주열은 환하게 웃고 있다. 오른손은 최루탄을 들고 있다. 왼손은 손바닥을 내민 채 무언의 메시지를 전하고 있다.

김주열 캐릭터 제작은 3·15 또한 과거에 머물지 않고 이제는 미래에 시선을 두는 상징성을 안고 있다.

경남의 사찰

경남의 사찰

종교를 떠나 사찰은 그 자체로 훌륭한 문화유산이다.
경남에는 유달리 역사가 오랜 사찰이 많다.
가락국·신라로 이어지는 오랜 불교 전통이 있어서일 것이다.
국가와 함께한 굳건한 불교 전통은
조선시대 의병활동과 일제강점기 항일운동으로 이어진다.
깊은 산 속에 들어앉은 경남 지역 사찰이
역사 기록에 자주 등장하는 이유다.
경남에 있는 사찰을 찾아
우여곡절 많은 역사를 쓰다듬어 보는 건 어떨까.

경남 사찰의 의미와 배경

뿌리 깊은 역사만큼 명승도 많이 난 한국불교 중심

전국 사찰 수는 2만 개가 넘는다. 이 가운데 문화체육관광부는 '전통사찰의 보존 및 지원에 관한 법률(1987년 제정)'에 따라 역사·문화적 가치가 있는 곳을 전통사찰로 지정한다. 2014년 말 기준으로 전국 전통사찰은 944개다. 경남은 101개로 경북 176개, 전북 113개보다는 적다.

하지만 경남의 사찰은 숫자 이상의 무게가 있다. 역시 우리나라 '3대 사찰'을 빼놓을 수 없겠다. 세 가지 보물이라는 삼보사찰三寶寺刹 중 두 개가 경남에 있다. 불보사찰佛·부처님 진신사리 봉안인 양산 통도사, 법보사찰法·부처님 말씀 담은 팔만대장경 보관인 합천 해인사다. 나머지 하나는 전남 순천에 있는 승보사찰僧·한국 불교 전통 계승 송광사다.

오늘날 국내 7개 사찰을 묶어 세계문화유산에 올리려는 노력이 진행 중인데, 통도사가 포함돼 있다. 해인사는 1999년 일본 총리가 방문해 팔만대장경에 관심을 보인 이후 지금까지 일본인 관광객이 몰린다. 통도사, 해인사 아닌 곳에 눈 돌려도 부족함이 없다.

김해 장유사·은하사, 하동 칠불사, 밀양 만어사는 '남방전래설'이 담겨 있다. 하동 쌍계사는 불교 음악 발원지이며, 함양 벽송사는 선불교 종가라 불린다. 사천 다솔사는 한국 차 문화 대중화로 상징되며, 산청 대원사는 대표적인 비구니 수행처다.

남해 보리암은 양양 낙산사, 강화 보문사, 여수 향일암과 함께 '4대 해수관음 기도처'로 꼽힌다. '관세음보살이 상주하는 성스러운 곳'이라 하여 소원을 빌려는 이들이 몰려든다. 4대 기도처는 양陽 기운이 많다는 바위산에 자리하고 있고, 마음을 평온히 하는 바다가 펼쳐져 있다는 공통점이 있다.

사찰은 본사本寺, 그에 속해 있거나 떨어져 나온 말사末寺가 있다. 조계종 기준으로 전국 25개 본사 가운데 경남은 통도사, 해인사, 쌍계사가 해당한다. 많은 이가 찾는 밀양 표충사가 통도사 말사라는 점은 새롭게 다가온다.

'총림叢林'은 승려들의 종합수도장, 즉 교육기관으로 치면 종합대학에 비유된다. 흔히 '8대 총림조계종'이라 하는데, 이 역시 경남에 세 곳 있다. 양산 통도사영축총림, 합천 해인사해인총림, 순천 송광사조계총림, 예산 수덕사덕숭총림, 장성 백양사고불총림, 그리고 2013년 하동 쌍계사쌍계총림, 대구 동화사팔공총림, 부산 범어사금정총림가 추가됐다. 총림 최고 어른을 '방장'이라고 하는데, 몇해 전 해인총림은 방장 선출을 놓고 어수선한 분위기가 이어졌다.

한편으로 불교 신자 통계에서도 유의미한 점이 있다. 한국갤럽조사전문 기관이 지난해 조사한 '한국인의 종교 실태'를 보면, 불교신자 비율에서 경남·부산·울산 지역이 42%로 전체 평균 24%보다 월등히 높다.

전통사찰 수·불교 인구 비율

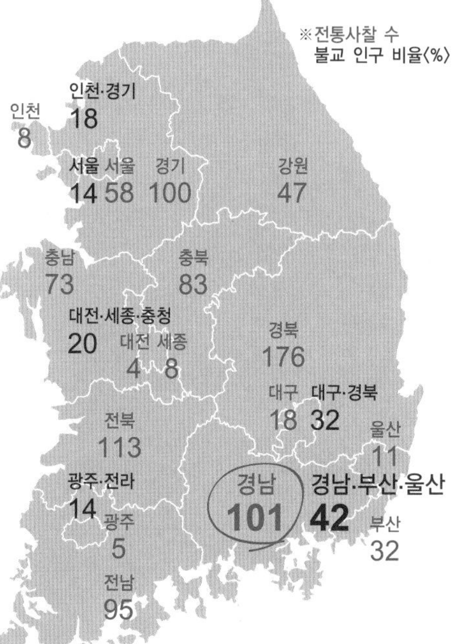

세진암고견사금봉암연수사송계사옥천사장의사문수암
계승사운흥사원명사영구암은하사성조암백운암모은암
구천암해은사홍부암장유암선지사화방사법흥사망운사
보리암용문사운대암의림사정법사성덕암광산사무봉사
표충사홍제사대법사석골사만어사부은사다솔사십적사
지곡사심적정사대원사법계사정취암율곡사내원사용화사
원효암홍룡사미타암신흥사계원사내원사통도사법천사
백련암운암사유학사수도사청곡사호국사두방암의곡사
연화사성전암응석사총림선원성흥사청련암삼성암법화암
창녕포교당석불사도성암관룡사극락암불곡사우곡사성주사
안정사용화사양천암한산사학방암칠불사쌍계사원효암
장춘사금대암영원사벽송사상연대영각사용추사보림사
해인사연호사용궁사안국사칠성사

종단별 전통사찰 현황

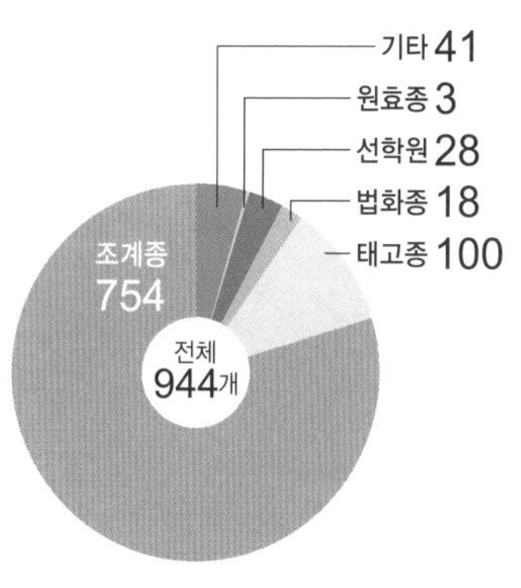

경남 전통사찰 현황

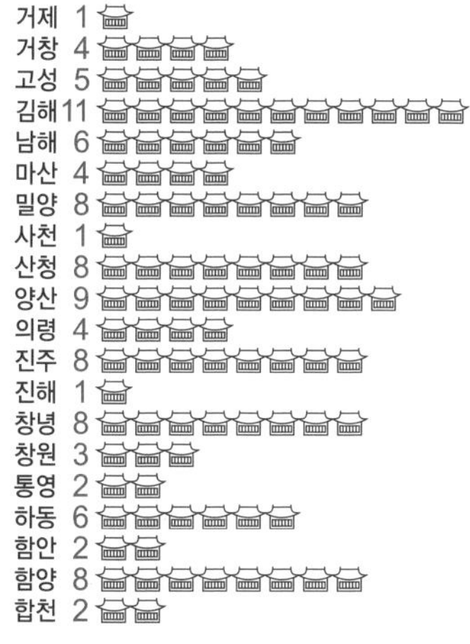

〈자료: 문화체육관광부, 한국갤럽〉

양산 천성산 기슭에 있는 암자.
천성산 터널공사 반대 운동을 한 지율스님이 있던 곳이다.

이처럼 경남지역에 사찰이 흥하고 신자가 많은 이유는 어디서 찾을 수 있을까? 역사를 들여다보면 이쪽 지역은 불맥이 끊긴 적이 없다.

신라·통일신라시대 권력 중심은 경상도였다. 불교 역시 국가적 지원 속에서 번성할 수밖에 없었다. 여기에 신라 대표적 승려 원효617~686·의상625~702의 주 활동 지역은 이쪽이었다. 오늘날 경남지역 웬만한 사찰은 이 두 승려에 연결고리를 둔다.

고려시대에는 권력 중심에서는 멀어졌지만 명승이 많이 머물렀다고 한다. 이 대목에서 지리적 특성이 언급된다. 〈경남의 사찰 여행〉 저자인 안순형(46) 씨는 이렇게 설명했다.

"중국과 인도 예를 들면 승려들이 농사 안 짓고 얻어먹는 것에 의존한다. 사찰이 깊은 산 속에 있으면 굶어 죽는 거다. 수행을 위해 안락한 곳이면서도 사람들을 찾을 수 있는 접근성도 중요하다. 그래서 깊은 산과 시내 중간에 자리하는 게 좋다. 강원도는 산세가 너무 험하고, 경북도 그런 편이다. 전라도는 평야 지대다. 경남은 그 중간으로 사찰이 자리하기 좋은 조건인 거다. 해인사·통도사도 조금만 내려오면 평지다."

조선시대 들어서는 팔만대장경이 강화도에서 해인사로 옮겨졌다. 불교를 천시하는 유교 사회에서 그 명맥을 이었다는 상징적 의미가 있다. 조선 후기에는 벽송사, 표충사에 주목할 수 있다. 유명 승려 가운데 벽송사를 거치지 않은 이가 없었고, 임진왜란 때 역할을 한 사명대사1544~1610를 모신 표충사에는 국가가 면세권을 주는 등 지원을 아끼지 않았다.

일제강점기 이후에는 성철1912~1993·자운1911~1992 같은 존경받는 스

양산 통도사 전경

양산 통도사 금강계단

님들이, 6·25 전쟁 때는 위쪽에서 밀려온 승려들이 해인사를 중심으로 한 경남·부산에 머물렀다.

오늘날은 사찰 주변이 곧 주요 관광지 중 하나다. 특히 양산은 지역명보다 통도사가 더 유명할 정도다. 별도 고속도로 나들목통도IC이 있으며, 통도사 말사는 양산에만 19개나 된다. '양산은 곧 통도사'라는 말이 나오는 이유다. 하지만 양산, 그리고 합천 사람들은 유명한 사찰 때문에 지역 내 다른 자산이 가려지는 것 같다며, 때때로 아쉬움을 내비치기도 한다.

가야 김수로왕 이야기 안 담긴 곳 없어

국내 불교는 인도에서 중국을 통해 들어왔다는 것이 우선적으로 얘기된다. 하지만 이보다 300년 앞서 인도 아유타국을 통해 전해졌다는 '남방전래설'도 있다. 이것과 관련된 사찰이 경남 곳곳에 자리하고 있다.

'김해 장유사'가 우선적으로 얘기된다. 가락국 김수로왕 처남이자 인도 승려인 장유화상이 누이동생 허황옥을 따라 왔다가 서기 48년에 이 절을 세웠다는 것이다. 그리고 이곳 장유사에서 김수로왕과 왕비 허황옥이 신혼의 달콤함을 누렸다는 이야기도 덧붙는다. 한편으로는 이보다 300~400년 후인 가락국 질지왕451~492 때 창건했다는 설도 있다.

김해 장유사

하동 칠불사

밀양 만어사

'김해 은하사' 또한 인도불교 전래 기념으로 '서림사'라는 이름으로 지어졌다가 지금에 이르고 있다고 전해진다.

서기 103년에 만들어졌다는 '하동 칠불사'는 김수로왕 일곱 아들이 외삼촌 장유화상을 따라 이곳에 왔다가 2년 만에 성불했다 하여 '칠불사七佛寺'라는 이름을 붙였다고 한다. 이후 김수로왕과 허황옥은 아들을 만나러 오늘날 십리벚꽃길을 지났다는 얘기도 있다.

물고기 모양의 바위가 지천에 깔린 것으로 유명한 '밀양 만어사'는 삼국유사에 그 전설이 등장한다. 몇 년간 천둥번개를 동반한 비·우박으로 농사를 망쳤는데, 김수로왕이 인도 부처 도움으로 우환을 없앴다고 한다. 그 마음을 담아 서기 46년에 창건한 것이 만어사라는 것이다.

경남 사찰과 3·1운동

일제강점기 불경 대신 태극기 펼친 스님들

일제강점기 서울에서 시작한 3·1운동은 불교계 대표인 한용운의 지시에 따라 불교중앙학림 학생스님들에 의해 각 지역 사찰로도 확대된다.

경남에서는 해인사·통도사·표충사에서 제법 규모 있는 만세시위가 벌어졌다. 특히 해인사는 가장 조직적으로 움직이며 전국 각지에 걸쳐 불교계 3·1운동 진원지 역할을 했다고 한다.

해인사

3·1운동이 일어나자 해인사 지방학림에서 공부하고 있던 학생스님들에게도 중앙 불교계를 통해 독립선언서가 여러 경로로 전해졌다.

해인사 지방학림 학생스님 23명은 비밀 회합을 거듭해 독립선언서 3000벌을 준비하는 한편 지역별로 3인 1조씩 대隊를 조직해 출신 사찰을 중심으로 활동하기로 했다. 1919년 3월 31일 오전 11시경 해인사 홍하문 밖에 약 200명의 학생이 모여 먼저 독립만세를 불렀다.

이어 시위를 전개한 후 그날 오후 1시경 해인사 경찰주재소로 몰려갔다가 일본 경찰들이 총을 발사해 일단 해산했다. 그리고 그날 밤 11시경 다시 200여 명의 군중이 봉기해 해인사 앞 도로에서 만세 시위를 전개하자 학생들은 이들과 합류해 독립만세를 불렀다.

통도사

3·1운동 당시 서울 불교중앙학림 학생이던 오택언은 통도사 출신으로 한용운의 지시를 받아 3월 4일 독립선언서를 서울 통도사의 젊은 스님들과 학생들에게 전달했다. 당시 통도사에는 통도사 부속 보통학교와 지방학림이 있었다.

오택언은 통도사 앞 신평시장에서 만세 시위를 모의하다가 3월 7일 일본 경찰에 체포됐다. 그러나 통도사 보통학교, 지방학림 학생 대표 김상문을 비롯한 40~50명의 학생, 불교강원 학인 스님 10여 명, 통도사 거주 승려 10여 명은 예정대로 3월 13일 양산군 하북면 신평리 장터에서 일반 군중과 함께 만세시위를 전개했다.

표충사

1919년 4월 4일 밀양 표충사 승려 학성·장옥·찰수·영식·성흡·연운·응석 등이 주도해 밀양군 단양면 대룡리에서 주민 1500명이 대한독립만세를 부르며 일본헌병주재소로 쇄도했다.

이들은 일제 군경에 강제 해산당했는데, 학성 스님을 비롯해 364명이 검거됐고, 그중 71명이 검사국에 송치됐다.

해인사 이야기

경남대와의 남다른 인연

해인사는 경남대학교와 인연이 깊다. 정확하게는 경남대학교 전신인 해인-마산대학이다.

1945년 해방 후 임시정부 인사들은 '국민대학'을 설립하기로 하고 추진 기성회를 만들었다. 하지만 국민대학 인가 신청은 미군정에 의해 번번이 거부됐다. 여기서 최범술이란 승려가 등장한다. 〈한국불교사연구(고영섭, 한국학술정보, 2012)〉에 담긴 내용이다.

'당시 조선불교 중앙총무원 총무부장이던 최범술이 해인사의 사찰재산을 기부하여 재단을 구성하겠다는 뜻을 기성회에 전달해 왔다. 이 뜻이 수용된 뒤 1947년 최범술을 이사장으로 재단법인 국민대학 인가를 받았다.'

합천 해인사

하지만 학생과 교수들은 무능한 최범술 이사장 체계에 불만이 많았다. 한국전쟁으로 부산으로 교사를 옮긴 후 학생과 교수들은 최범술 재단과 결별하고 자체적으로 학교를 운영하는데 이는 나중에 국민대학교로 이어진다. 최범술 재단도 따로 국민대학을 이어가는데 이것이 해인대학이다.

'1952년 국민대학은 다시 경남 합천군 가야면 해인사 경내로 교사를 이전하였다. 이후 국민대학을 해인대학으로 (개편해) 출범하게 되었다.'

이후 해인대학은 진주시내로 잠시 옮겼다가 1955년 마산시 완월동으로 옮긴다. 그리고 1961년 교명을 다시 마산대학으로 바꾼다. 하지만 학교 재단은 늘 돈이 부족했다.

'당시 최범술 학장이 이사장으로 취임할 당시 재단에 기부하기로 한 해인사 일부 재산이 당시 학장이었던 최범술 개인의 의지대로 처리할 수 없었다. 결국 해인사 대중들의 산문회의 추인을 받지 못해 해인사 재원은 해인학원 재산으로 전환되지 못했다. 이렇게 되자 해인대학은 경영이 어려워졌고 마침내 재단이 교체되기에 이르렀다.'

결국 재단은 1967년 학교법인 삼양학원에 경영권을 양도했다. 해인-마산대학과 불교계의 인연은 여기서 끊긴다. 이후 마산대학은 마산실업초급학교로, 다시 경남대학교로 이어진다.

근현대사 스며있는 사찰들

속세의 끈 끊어내기 쉽지 않았다

사천 다솔사는 단순한 사찰에 그치지 않는다. 일제강점기를 거치면서 '항일운동', '농촌계몽', '차 문화 부흥'의 공간이 된다. 이곳에서 만해 한용운이 독립선언서 초안을 작성하고, 김동리가 단편소설 〈등신불〉을 썼다는 사실은 익히 알려져 있다. 그보다는 최범술 1904~1979이라는 승려를 들여다볼 필요가 있다. 1930년대, 최범술이 주지를 맡으면서 다솔사는 본격적인 항일운동 근거지가 된다. 그는 광명학원이라는 야학도 세워 농촌계몽에 앞장섰다. 김동리 역시 야학 교사로 힘을 보탰다. 최범술은 이후 차 문화 대중화에도 큰 역할을 했다. 이러한 최범술, 그리고 한용운·김동리 같은 인물이 머물렀던

사천 다솔사

다솔사는 근대 사상·문화 부흥의 장이었다는 점에서 큰 의미로 다가온다.

사찰은 접근성이 중요하다지만, 그래도 산속 깊은 곳이 아무래도 어울린다. 지금이야 자동차로 웬만한 사찰은 다 갈 수 있다. 하지만 반듯한 길 없던 수십 년 전만 하더라도 발걸음 하기 쉽지 않았을 것이다. 이 때문에 6·25전쟁 전후로 사찰은 아픔의 역사를 감내해야 했다. 전쟁이 끝난 후 빨치산들은 '지리산으로 들어가면 산다'는 생각에 깊은 곳으로 들어갔다. 산청 대원사·내원사 계곡 같은 곳이다.

대원사는 오늘날 비구니 사찰로, 또한 그 앞 계곡은 발 담그고 더위 날리는 '탁족처'로 유명하다. 대원사로 향하면 갈수록 산이 깊어지는 걸 느낄 수 있다. 대원사는 깊고 고요하다. 1950~60년대 빨치산이 이곳 골짜기에서 활동했다는 것이 충분히 상상된다. 당시 이곳은 핏빛 공간이었다. 빨치산과 토벌대 간 전투가 얼마나 치열했는지, 골짜기에 들어온 그 누구도 살아나가지 못했다고 한다. 이 때문에 여기서도 '골로 갔다'는 말이 쓰였다고 한다.

대원사 아래에 자리한 내원사. 이곳 또한 계곡을 품고 있는데 '최

대원사 계곡

후의 빨치산'이 따라붙는다. 1963년 11월 12일, 빨치산 1명이 사살되고 1명은 생포됐다. 이로써 10년간 이어진 빨치산 토벌작전도 막 내렸다. 당시 〈경향신문〉 기사 내용이다.

'지리산망실공비 남녀 2명이 12일 새벽 2시경 약 15분간 경찰과의 교전 끝에 남자는 사살되고 여자는 생포되었다. 이른바 이일영 부대 대원인 지리산망실공비 이홍이(30·본적=산청군 삼장면 홍계리)와 정순덕(29·여·본적=산청군 삼장면 태하리)은 이날 새벽 2시경 지리산 중턱인 산청군 삼장면 내친리 상내원 부락 뒷산에서 신용관 경남도경국장이 진두지휘한 경찰대와 약 15분간 교전한 끝에 '이'는 사살되고 '정'은 2발의 총탄을 다리에 맞아 부상한 채 생포되었다. 경찰은 경남·북 및 전남·북 일대에 출몰하면서 인명 살해·방화 등 만행을 저질러왔던 망실공비는 이 2명의 생포 및 살해로 완전히 소탕되었다고 밝혔다.'

함양 벽송사도 비슷한 배경이다. 오늘날 이곳 안내판에는 큰 글씨로 '한국 선불교 최고의 종가'라고 적어 놓았다. 안내판 내용을 읽다 보면 '벽송사는 빨치산 야전병원으로 이용되었다'는 부분을 발견할 수 있다. 벽송사는 꽤 너른 터에 자리하고 있어 그 당시 야전병원 모습이 짐작된다. 지금 이곳 외형만 보면 긴 세월이 느껴지지는 않는다. 당시 빨치산 소탕을 위해 국군이 불을 지르면서 법당을 제외하고는 모두 소실되었고, 1960년대 중건했기 때문이다. 절터 주변에서는 지금도 종종 사람 뼈가 나온다고 한다. 벽송사에서 몇백m 떨어진 곳에는 서암정사가 있다. 벽송사에서 죽음을 맞이한 이들의 영혼을 달래기 위해 지은 것이라고 한다.

'산은 산이요 물은 물이로다山是山 水是水'. 성철 스님이 전한 이 법어는 오늘날까지 큰 울림으로 남아 있다. 스님은 합천 해인사에서 출가하고, 또 열반했다. 이 때문에 고향 산청 쪽에서는 자신들이 스님을 드러내려 애쓰는 듯하다. 스님이 태어난 산청 단성면 묵곡리에는 2001년 '겁외사'라는 절이 들어섰다. 경내에는 스님이 활동했던 공간을 복원해놓았다. 또한 겁외사 바로 건너편에는 '성철스님 기념관'이

합천 해인사

자리하고 있다. 겁외사·기념관 건립은 성철 스님 딸인 불필 스님 등이 뜻을 모았다고 한다. 하지만 동상·기념관은 소박함과는 거리 있어 보인다. 채움보다는 비움을 강조한 성철 스님이었기에 좀 어색하게 다가온다.

강원도 인제군 백담사는 많은 사람에게 익숙하다. 전두환 전 대통령이 1988년 11월부터 1990년 말까지 은둔생활을 한 곳이다. 그런데 당시 유배지 후보 중에 '고성 문수암'도 있었다고 한다. 그의 측근이기도 했던 허문도 전 국토통일원 장관이 이곳 고성 출신이었기 때문이라고 한다. 어느 여성월간지는 '제2 은둔지로 떠오른 고성 문수암 탐방취재기(1989년 5월호)'를 게재하기도 했다. 하지만 당시 지역민 반대로 결국 백담사로 향했다고 한다. 고성 무이산 깊은 곳에 자리한 문수암에서는 한려수도절경을 감상할 수 있다. 유배지와는 그리 어울리지 않는다. 그런 곳에 전 전 대통령이 오려고 했던 걸 보면, 국민이 바라는 진정한 반성과는 애초부터 거리가 멀었던 게 아닐까?

'경남의 사찰 여행' 저자 **안순형**

절이라면 모름지기 이래야? 편견 깰 필요 있다!

사학자 안순형(46·창원대 출강) 씨는 <경남의 사찰 여행>이라는 책을 출간했다. 그는 도내 지역별 분포에 대해 이렇게 말했다.

"절이 반드시 산에 많은 것만은 아니다. 섬인 통영에는 유명 사찰이 꽤 많다. 누군가는 과거 통제영 때문이라고 하지만, 그 이전부터 존재했다. 또 통영 인근 거제에는 거의 없다. 그리고 상대적으로 창녕은 많고 의령은 적고, 함안은 아라가야 문화였음에도 그에 비해 많은 편이 아니다. 그러한 이유에 대해서는 좀 더 알아봐야한다."

그는 도내뿐 아니라 전국 곳곳을 돌아다녔다. 다른 지역과 비교해 말했다.

"안동 봉정사·영주 부석사 같은 곳은 이름에 비해 외형적으로 아주 소박하다. 그러면서도 아주 짜임새 있다. 전체적으로 아담하고 휴식할 수 있는 공간이 되겠다 싶다. 상대적으로 도내 사찰은 대형화, 그리고 신축으로 화려한 느낌 같은 게 강하다는 느낌이다."

그는 책 작업을 위해 각 사찰에 자료 요청을 많이 했지만, 접근하기 쉽지 않았다고 한다.

"교회는 100년 전 회의록도 다 보관하고 있는데, 절은 그런 부분이 약한 것 같다. 각 사찰에 사적비가 많은데, 그에 대한 비문을 요청하면 없다고 그런다. 이처럼 각종 자료가 실제로 없는 건지, 아니면 공개를 꺼리는 건지…."

하동 섬진강

하동 섬진강

산은 강을 만들고, 강은 바다를 만들고,
또 바다는 산을 품는다고 했던가.
산과 강과 바다는 제 각각이 아닌 하나이다.
엄마와 태아가 그렇듯 말이다.
여기 '섬진강'이라는 '엄마의 뱃속'이 있다.
전북 어느 산골짜기에서 시작된 물줄기는
끊어질 듯 끊어질 듯하면서도 그 끈을 놓지 않는 탯줄과 같다.
그것은 경남 하동에 이르러서야 제법 사람 모습을 한 태아로 이어진다.
태아는 이곳에서 세상 밖으로 나갈 준비를 마치고,
마침내 하동·남해 노량바다에서 그 모습을 드러낸다.
섬진강, 그중에서 '하동 섬진강'은 엄마의 체온을 느끼는 태아와 같다.
사람들은 유별나지 않고 온순한 이 태아가 되기 위해
오늘도 하동 섬진강을 찾는다.

섬진강, 그 안의 하동 섬진강

하동에 이르러 강다운 강으로…

섬진강은 3개 도(전북·전남·경남), 11개 시군(진안·임실·장수·순창·남원·곡성·구례·순천·광양·하동·남해)에 걸쳐 있다. 그 길이는 조금씩 달리 나와 있는데, 섬진강 발원지 안내판에는 218.6km로 되어 있다. 우리나라에서 낙동강·한강·금강에 이어 네 번째로 긴 강이다. 나라에서 진행한 '4대강 사업'에는 섬진강 아닌 영산강이 들어간 바 있다.

섬진강은 그 오래전 군사적으로 탐나는 곳이었다. 뱃길을 통한 동·서 진출이 유리했기 때문이다. 그래서 늘 전쟁이 끊이지 않았다. 섬진강이라는 이름도 이와 관련 있다. 1385년 왜적이 침입했을 때 두꺼비가 울어 쫓았다는 전설에서 두꺼비 '섬蟾', 나루 '진津' 자를 따왔다. 누군가는 이러한 빼앗고 빼앗기는 아픔 때문에 이상향을 그리는 청학동이 하동에 들어섰다고 해석한다.

걸쳐있는 곳	3개도(전북·전남·경남) 11개 시군(진안·임실·장수·순창·남원·곡성·구례·순천·광양·하동·남해)
길이	섬진강 발원지 안내판 기준으로 218.6km(남한 내 4번째 긴 강)
시작과 끝	전북 진안군 백운면 팔공산 북쪽 기슭 데미샘~하동 섬진강대교 아래
옛 이름	두치강(豆恥江)·모래가람·모래내·다사강(多沙江)·사천(沙川)·기문하(己汶河)·대사강(帶沙江)
하동포구 팔십리	금남면 노량리에서 화개면까지 이어지는 옛 뱃길
옛 시절 하동장	하동, 경남서부, 전남·전북 사람들이 몰리며 조선 말 전국 5대 장에 꼽힘
먹거리	재첩·참게·황어·은어·벚굴
다리	하동 광평리~광양면 다압 잇는 섬진교(1935년 건설, 1980년대 중반 재건) 하동 금남면~광양 진월면 잇는 섬진강교(1992년) 하동 금성면~광양제철소 잇는 섬진강대교(1995년) 하동 탑리~구례 간전면 잇는 남도대교(2003년)
끊이지 않은 전란	삼한시대 백제, 통일신라, 후백제, 고려·조선 때는 왜적 침입 ,조선 후기 농민항쟁 일제강점기 의병활동, 6·25전쟁 전후 이데올로기 아픔
섬진강시?	정의화 현 국회의장이 2004년 처음 제안. 최근 여수, 광양, 순천, 사천, 남해, 하동을 묶자는 움직임 활발. 하지만 '섬진강시' 보다는 '남해안시'가 더 어울려 보인다.
모래 채취	1970년대 후반부터 1998년까지 이뤄지며 생태계 변화

섬진강 하류인 '하동 섬진강'은 전남 구례군과 연결되는 남도대교 아래서부터라 할 수 있다. 전북·전남에 걸쳐 있는 상·중류는 오밀조밀한 물길이 이어진다. 그 폭이 넓어지며 강다운 강으로 바뀌는 것은 하동서부터다. 은모래 향연도 이곳에서 출발한다. 섬진강이라 부르기 이전에는 모래가람·모래내·다사多沙강이라 했다고 하니, 섬진강과 모래는 떼려야 뗄 수 없다. '하동 섬진강'이라 굳이 말할 수 있는 이유는 여기서 시작된다.

소나무 숲인 하동송림천연기념물 제445호은 모래바람을 막기 위해 만들어진 것이라고 한다. 그리고 하동에서 나고 자란 조문환(55) 씨는 은모래에 대한 어릴 적 기억을 이렇게 전한다.

"중학교가 섬진강 바로 옆에 있었다. 체육 시간에 선착순으로 젖은 모래를 가져오고 그랬다. 그때 모래를 밟으면 발이 쑥쑥 빠졌다. 정말 눈부신 은빛 모래였다."

이 넓은 모래 위는 곧 생활터전이기도 했다. 옛 시절 마을 사람이 솥단지를 들고 강가로 나와 재첩 끓이던 모습은 어렵지 않게 상상된다. 햇빛 좋은 날 빨래하는 아낙네들로 가득한 모습도 마찬가지다.

하동 하면 악양들판이 떠오른다. 그렇다 하더라도 농사짓는 땅이 전체 면적의 15%가량이라고 하니 넉넉한 편은 아니겠다. 뒤로 지리산을 두르고 있는 지형 때문이다. 그래서 하동 사람들은 먹고사는 문제를 강에서 찾았다. 고마운 강은 재첩·참게·벚굴·은어·황어와 같은 보물을 내놓았다. 섬진강을 젖줄 혹은 생명선이라 생각하며 강 곁으로 다가올 수밖에 없었다. 오늘날 마을마을 섬진강을 끼고 있는 이유일 것이다. 지금도 양동이를 머리에 이고 십리길까지 재첩 팔러 다니던, 그 억척스러운 이곳 여인네들 이야기는 함께 따라붙는다.

낙동강은 1987년 하굿둑이 들어서면서 강 모습이 크게 변했다. 섬진강은 1965년 상류댐이 들어섰지만, 하동 쪽 하구에는 둑이 없다. 그 덕에 바닷물·민물 비율이 6대4가량 되는 하동 신방마을 같은 곳에서는 봄철 벚굴을 만날 수 있다.

하동을 마주 보는 전남 광양 역시 강을 끼고 있다. 그럼에도 섬진강과 광양은 하동만치 자연스럽지는 않다.

하동과 달리 광양 생활공간은 섬진강에서 한 발짝 떨어져 있다. 광양에서 섬진강을 끼고 차로 이동하면 좀 심심하다. 마을 아닌 산이 주로 자리하고 있다. 사람 있는 곳으로 찾아가려 하면 이내 강은 눈에서 멀어진다. 또한 광양은 어업보다 농업 비중이 높다고 한다.

하동에서 재첩잡이를 하는 주민은 "저쪽은 너른 땅이 많아서 주로 농사를 짓지. 재첩에 눈 돌린 것도 2000년 정도부터"라고 설명했다.

그때부터 재첩을 놓고 다툼도 있었다고 하는데, 7년여 전부터 경계를 표시해 공생하고 있다고 한다. 이러한 점도 있다. 광양에서는 섬진강에서 얻은 것을 하동 쪽 장터로 와서 파는 것이 예사였다고 한다. 그러니 광양에서 잡은 것도 그 앞에 '하동'이라는 이름으로 팔려나갔다고 한다.

섬진강이 내민 손길을 받기만 한 하동 사람들은 오늘날 마음이 편치 않다. 이곳에서는 강 끝이자 바다 시작점을 섬진강대교를 기준으로 삼는다고 한다. 하지만 그 위치가 달라지고 있다. 바닷물이 갈수록 상류 쪽으로 흘러드는 것이다. 섬진강대교보다 위쪽에 자리한 하동포구공원에서 바라본 물은 강이라기보다 바다에 가깝다. 이렇

듯 바닷물에서 살 수 없는 재첩도 계속 위로 향하고 있다. 행정에서 나서 재첩 종패를 상류 쪽에 뿌리기도 한다. 이러한 이유는 모래가 줄었기 때문이다. 수십 년 전까지 모래를 마구 퍼서는 일본으로 대량 수출했다고 한다. 20여 년 전 금지하기는 했지만, 일찍 중단하지 못한 아쉬움은 어쩔 수 없다.

섬진강 발원지 '데미샘'

작은 돌틈에서 시작해 거대한 물줄기로…

강을 이루는 물줄기는 하나일 수가 없다. 흐르다 보면 여기서, 또 저기서 다른 물줄기가 합세한다. 한편으로는 중심에서 벗어나 옆으로 새는 물줄기도 있다.

그럼에도 그 시작점, 즉 조금 더 높은 곳에서 먼저 물줄기를 형성한 '발원지'에 의미를 두기는 한다.

섬진강 발원지는 고서에 따라 달리 나와 있다.

택리지·연려실기술·한국지명총람·조국강산에는 '마이산', 세종실록지리지·동국여지승람·여지도서에는 '지리산', 한국지명요람·새학습백과사전·세계대백과사전·동아원색세계대백과사전에는 '팔공산'으로 기록됐다.

오늘날에는 전북 진안군 백운면 신암리 팔공산 북쪽 기슭의 상추막이골에 자리한 것으로 받아들여진다. 그 이름은 꽤 귀에 익은 '데미샘'이다. 데미는 봉우리더미의 전라도 사투리라고 한다.

과거와 달리 찾아가는 길은 어렵지 않다. 진안 백운면에 들어서면 '데미샘' 이정표를 어렵지 않게 발견할 수 있다. 가는 길 곳곳에 '데미샘' 이름을 딴 펜션·농장이 눈에 들어오기도 한다.

차로 이동한다면 '데미샘 자연휴양림'에 주차한 후, 1.2㎞가량 둘레길 걷는 마음으로 가면 30분 안에 데미샘을 만날 수 있다.

섬진강 시작점은 아주 희미하다. 작은 돌틈 사이로 한 줄기 물이 흐르고, 이를 통해 만들어진 샘은 소박하다.

전북 진안군 백운면 팔공산에 위치한
섬진강 발원지 데미샘

데미샘을 떠난 물은 곧바로
작은 계곡을 형성한다.

하지만 그럴듯한 물살을 이루는 데는 그리 오래 걸리지 않는다. 물줄기를 따라가 보면 700m가량 아래에서 다른 물줄기가 합세하며 냇물이 된다. 그리고 300~400m 더 지나 첫 폭포를 만들어 낸다.

데미샘은 그렇게 폭포·계곡·천·호수, 그리고 강의 모습을 드러내며 노량바다를 향한 여정을 이어간다.

넉넉한 물줄기 걸친 보물들

섬진강과 맞닿은 많은 지역 중에서도 하동 사람들은 유난히 강을 끼고 산다. 강을 한껏 품어야 생계를 유지할 수 있어서다. 하동 섬진강이 품은 자산 중에 먹을거리가 많은 이유다. 하동 관광의 출발점인 화개장터, 봄만 되면 가장 먼저 떠오르는 십리 벚꽃길, 마음마저 넉넉해지는 평사리 억양들판과 오랜 내력의 녹차, 모두 하동 섬진강이 껴안은 보물들이다.

하동 고소성에서 바라본 섬진강

대표적인 자산 '재첩'

섬진강에서 재첩을 채취하고 있는 사람들

재첩은 아주 조그만 조개다. 모래가 많고 진흙이 적당한 강에서 많이 나는데, 섬진강의 끝자락 하동지역이 딱 그런 곳이다. 재첩은 술 많이 먹고 담배 자주 피우는 이들에게 좋은 음식이다. 원래 간장약으로 쓰이던 것이라 한다. 빈혈에도 좋다. 메티오닌과 타우린이란 성분 덕이다. 보통은 부추와 함께 국을 끓여 먹는다. 회로 먹어도 괜찮은데 하동 섬진강 주변 식당에서 쉽게 맛볼 수 있다.

재첩국

하동 섬진강에서 재첩은 4월 중순에서 10월 정도까지 채취한다. 섬진강에 모래가 많던 예전에는 사람이 직접 강에 들어가 캤는데, 모래가 많이 사라진 요즘은 주로 어선을 이용한다. 현재 하동지역에 재첩 어선은 100척이 넘는다. 어선은 갈고리로 강바닥을 긁는 식으로 작업을 한다. 한여름인 7·8월에는 재첩 수확을 하지 않는다. 햇살이 뜨거워 끌어올린 재첩이 금방 상해버려서다. 1급지에서만 사는 재첩은 그만큼 민감한 생물이다. 장기 보관할 때도 아주 꽁꽁 얼려야 한다. 하동 섬진강 재첩은 6월이 절정이다.

작은 거인 '벚굴'

벚굴찜

벚굴은 하동 섬진강의 봄을 상징하는 음식이다. 민물과 바닷물이 만나는 곳에서 자라는데 하동지역 섬진강에서만 볼 수 있다. 벚굴이 나오는 시기는 2월에서 5월 초까지다. 양식을 할 수 없어 이 시기 외에는 맛보기 어렵다. 보통 날이 따뜻해지면 속이 차기 시작한다. 그때가 바로 섬진강에 매화가 피고 지고, 벚꽃이 피고 지는 시기다. 이 시기엔 벚굴 껍데기 색깔도 검은색에서 흰색으로 변한다. 벚꽃을 닮았다는 소리가 그래서 나오는 거다.

일반 굴을 생각하고 벚굴을 본다면 그 크기에 놀랄 것이다. 일반 굴의 5~10배, 최대 30배까지 큰 것도 있다. 채취 후 하루 동안 해감을 빼는데, 바닷물과 민물을 동시에 머금어서 그런지 일반 굴보다 비린 맛도 덜하다. 하동 주민들은 벚굴을 '섬진강에 사는 비아그라', '살아있는 보약'이라고 부른다. 아미노산과 비타민이 풍부해 각종 성

망에 담겨 물속에 보관되는 벚굴

인병 예방에도 좋다고 한다. 벚굴은 주로 생으로 먹는다. 하지만 하동 섬진강 주변 전문 식당에 가면 찜이나 구이로도 먹을 수 있다.

하동 섬진강 매화꽃과 녹차밭

우리나라에서 처음 싹튼 '녹차'

하동군 화개면 일대는 우리나라 최초 차 재배지로 유명하다. 정확하게는 쌍계사 주변이다. 하동 섬진강을 따라가다 화개장터에서 쌍계사로 가다 보면 곳곳에 야생 차밭이 보인다. 특히 봄날 섬진강을 찾는다면, 푸른 차밭 위로 매화나 벚꽃이 드리워져 운치가 있다.

쌍계사로 들어가는 길 초입에 차문화센터가 있어 하동 녹차 문화와 차 제조 과정을 알 수 있다. 쌍계사에 도착하면 경상남도 기념물로 지정된 차나무 시배지도 만날 수 있다. 하동군 화개면 정금리 도심마을에는 한국에서 가장 오래된 차나무가 있는데 수령을 500년에서 1000년 사이로 추정한다.

국내 대표 꽃길 '십리벚꽃길'

화개장터에서 화개천을 따라 쌍계사로 가는 도로, 5㎞ 정도 되는 이 구간은 벚나무가 성성하게 자라 머리 위로 울타리를 이루고 있다. 그래서 십리벚꽃길이다. 이 길은 건설교통부현 국토교통부가 지정한 '한국의 아름다운 길 100선'에 든다. 특히 4월 초 벚꽃이 피는 시기가 되면 전체 100곳 중에도 단연 1순위로 떠오른다.

이즈음 주말에 십리벚꽃길을 찾는다면 벚꽃만큼이나 많이 북적이는 인파를 만나게 될 것이다. 요즘에는 화개천 옆과 상·하행 도로 가운데에 인도를 설치해 걸어다니기 좋도록 해 놓았다.

더 좋은 풍광을 위해서는 화개천 옆보다 도로 가운데 나무데크길이 좋다. 십리벚꽃길은 낮에도 좋지만, 밤에도 훌륭하다. 어둠을 배경으로 조명을 받은 벚꽃 터널은 오히려 낮보다 환하다.

해 질 녘 벚꽃과 섬진강

풍요의 상징 '평사리 악양들판'

하동군 악양면 평사리 악양벌판은 섬진강에 맞닿은 곳으로, 주변에서 보기 드문 풍요의 땅이다. 강 쪽을 빼면 온통 산으로 둘러싸인 이 들판은 83만여 평[274만 3800㎡] 정도로 전국 어디에 내 놓아도 뒤지지 않는 넓이다. 들판 한가운데 부부송이란 소나무는 독특한 매력이다. 악양이란 이름은 중국에 있는 악양에서 따왔다. 중국 악양에는 동정호가 유명한데 이를 따라 하동 악양들판에도 동정호를 만들었다.

근처에 있는 최참판댁 대문간에서 바라보면 너른 들을 한눈에 볼 수 있다. 이곳에서 뒷짐을 지고 악양들판을 보고 있자면 박경리 소설 〈토지〉에 나오는 만석꾼이라도 된 기분이다. 더욱 압도적인 풍광은 고소성 가는 길목에 있는 전망대에서 만날 수 있다. 이곳에서 사진을 찍으면 악양들판 대부분과 굽이쳐 흐르는 섬진강을 한 장면에 담을 수 있다.

하동 고소성에서 바라본 악양들판과 오른쪽 섬진강

옛 시골장터 '화개장터'

하동군 화개면 화개시외버스터미널 근처에 있는 옛 시골장터. 하지만 지금은 그저 관광명소가 되어버린 곳. 조영남의 노래로 영호남 화합의 상징이 된 화개장터.

이전에는 경상도보다 전라도 사람이 더 많았다고 한다. 지금은 경상도, 전라도 사람도 아닌 외지인이 더 많은 듯하다. 몇 차례 화재로 큰 피해를 봤다. 조영남을 포함해 각지에서 위로와 격려, 성금이 잇따랐다. 지금은 새로 건물을 지어 재개장했다. 새 건물은 기와지붕을 올리고 번듯한 모습이다. '덕분'에 옛 정취는 더욱 사라졌지만 명실 공히 하동 대표 관광지로 거듭났다.

화개장터 새 건물

강과 함께한 **황씨 할아버지** 이야기

“그리 저리 섞여 살아가는 거다, 저 강물처럼”

하동포구에서 보면 섬진강은 이미 강이 아니다. 오랜 골재 채취로 모래가 사라진 자리를 바닷물이 치고 들어와 채웠다. 그래서일까. 하동포구 공원 앞 조그만 어선 선착장에서 만난 황 씨 할아버지(78)는 얼핏 바다 사나이 같기도 했다.

“전에는 여기를 걸어서 강을 건너다니고 그랬다. 지금은 수심이 한 2m 50㎝ 정도 되겠네. 바닷물이 많이 들어오면 보통 3m 정도는 된다. 사리 때는 4m까지 올라간다. 여기가 다 재첩 생산지라…. 근데 바닷물이 올라오면서 재첩 생산지도 계속 강 위쪽으로 올라간다. 요즘 재첩은 해감바닷물 찌꺼기을 많이 한다. 원래 갯물이 50%, 민물이 50% 정도 돼야 하는데 지금 여기(하동포구)

섬진강 모래

하동포구가 있던 자리 근처는 오늘날 강이라기 보다는 바다에 가깝다.

는 갯물이 70% 정도 된다. 그전에 여기 재첩 말도 못하게 많았지. 물이 너무 짜니까 많이 죽는다."

고향을 묻자 할아버지는 담배 한 대를 꺼내 물었다. 신장과 콩팥이 안 좋아 고생을 한다면서도 담배는 끊지 못하겠단다. 오랜 객지 생활이 남긴 버릇이다.

"고향은 이북이다. 6·25 때 넘어와서 서울·인천 전국에 안 다닌 데가 없다. 예전에 '하동 장비'란 말이 있었는데, 부산에서 여기(하동포구)까지 장비가 다닐 때 여기로 왔다. 박정희 시절 병역 기피자 잡으러 다닐 때 피해서 도망왔지만 결국은 잡혔지. 두서너 달 유치장에 있었고…. 그러고 결혼도 하고 정착을 했지. 여기서 결혼해도 인천 가서 외국 가는 배를 많이 탔어. 원양 화물선…."

외국을 떠돌던 그에게 돌아올 곳은 하동뿐이었다. 할아버지에게 하동은 아내의 고향이자 이제 자신의 고향이기도 하다.

"나이가 들어 그 일을 더 못해서 하동으로 왔지. 하동 와서는 바로 재첩을 채취했고. 배는 큰 거 하나 가지고 있었는데 팔았어. 나이도 많고 그래서 것도 더 못하겠더라고. 요즘 뭐하냐면, 강 위에 하얗게 부표 떠 있지? 부표 저쪽이 전라도고 이쪽이 경상도라. 그거 설치하고 관리하는 일을 내가 책임지고 있어. 요즘은 재첩이 돈 되니까 잘 못하면 칼부림 나. 날이 더 따뜻해지면 밤에 여기서(선착장 컨테이너) 자면서 도둑놈 지키고 그래. 밤에도 지켜야 해. 안 그러면 다른 배가 와서 몰래 재첩 긁어가. 잠 못 자. 밤에 서너 번 순찰해야지. 밥도 여기서 해먹고…."

경상도와 전라도가 섞인 하동, 민물과 바닷물이 섞인 섬진강은 고향도 객지의 구분도 섞여버린 황 씨 할아버지 삶을 닮았다.

"전라도 사람들, 광양 사람들이 하동 장을 자주 본다. 장날 가면 하동 사람보다는 전라도 사람이 더 많아. 우리는 늘 들으니까 잘 모르는데, 모르는 사람 오면 전부 전라도 말씨라. 나도 가끔 부산에 가면 사람들이 나보고 전라도 말씨라 그러지 경상도 말씨라고 안 그래. 나는 하동에 친척이라곤 전혀 없어. 명절 때가 제일 외롭지. 하늘만 쳐다보고 있어. 이산가족 찾기도 해봤는데, 못 찾았어. 그래도 살다 보니까 하동에 정착을 했고, 여기서 내 인생을 마감하겠지. 다 그리 저리 살아가는 거니까."

섬진강에 푹 빠진 남자

당신은 걸음이 느린 어머니였다

너무 가까이 있으면 잘 보이지 않는다고 했다.

조문환(55) 씨도 그랬다. 하동에서 태어나고 자란 그는 어른이 될 때까지 섬진강을 눈으로만 보았다. 공무원 생활 시작 이후 어느 때부터 섬진강을 마음으로 담기 시작했다. 그는 그때부터 섬진강과 대화를 했다. 그리고 물줄기 도보여행을 떠났다.

"문득 강이 나에게 말을 거는 것 같았다. '당신이 나를 그렇게 좋아한다면 그 징표를 대봐라'는 이야기였다. 그래서 2013년 한 해 40회에 걸쳐 강줄기만 따라 걸었다. 사람 다니는 길과 강이 나뉠 때도 강과 계속 손잡으려 했다. 한 번 다녀오면 며칠간 그 영상이 머릿속을 맴돌았다. 눈을 감으면 더 선명했다."

섬진강과의 대화는 글로 옮겨졌고, 2013년 <네 모습 속에서 나를 본다>라는 책으로 출간됐다.

이후로도 자전거로, 다시 걸어서 한 번 섬진강과 호흡했다.

그에게 섬진강은 하나의 유기체다.

"어느 토요일이었다. 늦잠을 잔 후 섬진강을 바라봤다. 강 역시 자고 있는 것 같았다. 깨워야겠다 싶어 가까이 다가갔다. 물새가 휘리릭 날아가자, 그제

야 강도 잠에서 벗어나더라."

섬진강 찾는 사람이 갈수록 느는 것에 대해 하동군청 공무원으로서 반길 일이겠다. 하지만 마냥 그렇지만은 않은 듯했다.

"꽃놀이 등 자연적 아름다움만 찾는 이들이다. 그 안의 역사·문화에 대한 접근은 찾아보기 어렵다. 그동안 중부지역에서는 그리 알려진 편이 아니었는데, 최근 발걸음이 많아졌다. 나는 섬진강이 서울에서 멀리 떨어져 있어 오히려 다행이라 생각한다."

그는 또 다시 걸을 계획이다. 이번에는 또 어떤 느낌일지 그는 설레어 했다.

"섬진강은 어머니 품 같다. 항상 나를 끌어안아 준다. 강 마지막 지점인 갈사만 쪽에 다다랐을 때 엄마의 품을 떠나는 인생 역정과 같다는 생각이 들더라. 이번에는 정말 아무 생각 없이, 그냥 편안하게 걸어볼 생각이다."

가야는 살아있다

가야는 살아있다

함안군에는 '가야읍 가야리'가 있다.

또 가야읍에는 아라초등학교와 가야초등학교도 있다.

김해시에는 가야초등학교, 가야중학교, 가야고등학교, 가야대학교가 있다.

합천군에는 가야산이 있고, 거제시에는 가라산이있다.

매년 함안에서는 아라제가 열리고 김해에서는 가야문화축제가,

고성군에선 소가야문화제가 열린다.

경남 각 지역에서 번창했던 고대국가 가야는

이처럼 지금도 경남 곳곳에 살아 숨 쉬고 있다.

가야는 이제 신비의 고대국가가 아니다. 고구려·백제·신라 삼국시대의

부속 역사도 아니다. 그동안의 연구들은 가야가 어엿하게

한반도 고대사 한 줄기를 차지했음을 밝혀냈다.

경남 각 지역에서 쉽게 볼 수 있는 거대한 무덤들은

가야의 오랜 영화를 증명한다. 이 무덤들 사이를 거닐다 보면

지난 시절 철갑옷을 입은 가야 무사의 함성이 들릴 것만 같다.

가야제국

600년 이상 한반도 남쪽 지배했던 철의 국가

1980년 중반 대구와 서울 골동품 가게에 갑자기 화려한 청동기와 철기, 토기가 돌아다니기 시작했다. 그동안 잘 보지 못한 물건이라 도굴꾼들도 진품인지 확신이 없었다. 그래서 도굴꾼들은 대담하게 학계 권위자를 찾았다. 물건을 본 학자들은 놀라서 입을 다물지 못했다. 이 엄청난 것들이 어디서 나왔느냐고 물었으나 처벌이 두려웠던 도굴꾼들은 좀체 입을 열지 않았다. 도굴꾼들과 1년여간 실랑이를 벌인 끝에야 국립중앙박물관이 겨우 발굴을 시작할 수 있었다. 창원시 의창구 동읍 다호리 유적 이야기다. 이 유적은 기원전 1세기에서 기원후 1세기에 이르는 초기 철기시대 고분군으로 지금까지 발굴된 것으로는 가장 큰 규모다. 이는 고대 경남 지역에 철기문화가 발달한 상당히 강력한 정치집단이 형성돼 있었다는 뜻이다. 바로 가야 여러 나라들이다.

기록 없어 홀대 받던 고대 국가

"고대 한반도 국가들은 '삼국'이라는 등식으로 정리되었다. 부여가 고구려의 부속품이 되고 마한의 소국들이 백제의 부속품이 됐듯이 가야는 신라의 부속품이 돼 역사학자들의 일차적 관심 대상에서 사라졌다."(박노자, 2010)

일반적으로 고대 한반도 역사는 고조선, 마한·진한·변한 삼한시대, 고구려·백제·신라 삼국시대로 정리된다. 삼한시대와 삼국시대에 걸쳐 600년 동안 한반도와 역사를 함께한 가야는 학자들의 안중에 없었다. 무엇보다 문헌 기록이 턱없이 부족했다.

"고구려, 백제, 신라는 〈삼국사기〉에 본기本紀가 있다. 하지만 가야 사람이 직접 쓰고 가야를 중심으로 서술한 역사서는 없다. 〈삼국사기〉, 일본 역사서 〈일본서기〉, 중국 역사서 〈삼국지〉에 가야 관련 내용이 있지만 신라, 일본, 중국을 중심으로 서술돼 있다. 〈삼국유사〉에 '가락국기'가 있는데 설화적인 내용이 많아서 자료 활용에는 한계가 있다." (창원대 사학과 남재우 교수)

게다가 해방 이후 가야사 연구라는 게 대부분 식민사관을 극복하는 거였다. 가야사는 〈일본서기〉를 토대로 한 일본의 임나일본부설을 어떻게 극복할 것인가, 다시 말해 일본과 한반도의 관계를 중심으로 다뤄졌다. 그러면서 가야 자체 성장과 발전 과정에 대한 연구는 부족했다.

발굴과 함께 모습을 드러낸 현실 속 고대 국가

가야사가 본격적으로 연구되기 시작한 것은 1970~1980년대 본격적으로 고분 발굴이 이뤄지고부터다. 문헌에서만 보던 나라들이 현실이 되어 나타난 것이다.

"1970·80년대 이후 낙동강 유역에서 가야 유적을 많이 발굴했다. 공단 조성 과정에서 가야시대 고분 유적들이 발견되기도 했다."(남재우 교수)

일제강점기부터 이름이 났던 함안 말이산 고분군은 지난 1917년 일본 학자들이 처음 발굴을 시작했다. 그후로는 해방 후까지 내내 도굴에 시달리다가 1986년에 와서야 창원대학교 박물관이 본격적으로 발굴조사에 들어갔다. 역시 일제강점기 발굴조사가 이뤄진 창녕 교동 고분군도 도굴로 상당 부분이 훼손됐다. 그러다 1980년대 창녕군이 세운 정비 복원 계획에 따라 지난 1992년 동아대학교 박물관이 발굴조사를 진행했다. 김해 대표적 가야 유적인 대성동 고군분은 1990년에야 경성대학교 박물관이 발굴 조사를 시작했다. 김해 봉황동 유적과 패총도 1990년대 유적 정비와 도로를 만드는 과정에서 조사가 이뤄졌다.

"가야시대 고분들이 대부분 도굴되어 원형을 잃어버리긴 했지만, 그래도 비밀에 싸인 왕국 가야는 1970년대 이후 본격적으로 고분들이 발굴되면서 실체가 드러나기 시작했다. 무덤들에서는 금동관, 화려한 장신구, 철제 무기 등이 발굴되면서 가야가 고구려, 백제, 신라에 결코 뒤지지 않는 역사와 문화가 있는 나라였음을 알게 됐다."(이희근·김경복, 2001)

창녕 교동 고분군

김해 대성동 고분군 발굴터

김해 봉황동 유적. 재현한 고대 고상가옥

함안 말이산 고분군에서 본 함안 도심지

고대 한반도는 삼국 아닌 4국 시대

가야는 가라에서 온 말이다. 가라는 '마을'이란 뜻이라고 학자들은 보고 있다. '伽倻가야'란 한자는 조선시대부터 사용한 것이다. 학자들은 대체로 〈삼국지〉 등 기록을 토대로 12개 이상의 가야국이 서로 독립적으로 존재했다고 본다.

"금관가야(김해), 대가야(경북 고령), 아라가야(함안)와 같은 이름은 신라와 고려시대에 붙여줬던 이름들로, 정작 가야 사람들은 몰랐던 것이다. 그래서 가야 각국을 부를 때는 가락국, 아라국(안야국), 다라국으로 쓰는 것이 옳다."(이영식, 2009)

이들 가야국은 통일국가를 이루지는 못했지만, 강한 존재감으로 고대 한반도에서 번영했다. 고분 발굴이 활발했던 1980년대 이후 30여 년간 가야사 연구는 비약적인 발전을 이뤘다. 그 실체도 상당 부분 드러났다. 이제는 고구려·백제·신라 삼국시대가 아니라 고구려·백제·신라·가야 4국시대로 불러야 하는 이유다.

"가야는 신화나 전설이 아니라 실제 600년 이상 실존했던 나라다. 가야도 나름의 정치 발전 과정이 있고 주변 국가와 관계 속에서 성장했다. 가야사를 복원함으로써 한국 고대사를 더욱 확연하게 드러낼 수 있다. 최소한 한국 고대사에서 고구려, 백제, 신라, 가야를 함께 언급하는 게 맞다."(남재우 교수)

김해·함안지역가야

역사·문화적 가치 이보다 더 뛰어날 수 없다

지난 2013년 12월 11일 김해·함안 가야고분군Gaya Tumuli of Gimhae·Haman이 유네스코 세계유산 잠정 목록Tentative List으로 등재됐다. 이 목록에 1년 이상 올라 있는 유산만 세계유산World Heritage으로 신청할 수 있다.

"약 1500년 전에 만들어진 고대국가 가야 문명의 실증적 증거이며, 동북아시아 문화권의 여러 고대국가의 발전 단계와 교류를 보여주는 사례로서 역사·문화적 가치가 매우 큰 유산이다. 또 가야 당시의 원형을 지금도 잘 보존·관리하고 있다는 점 등을 인정받았다."

문화재청의 설명이다. 이런 고고학적인 유산 이외에 국내 문헌학 연구를 살펴봐도 가야 여러 나라 중에서 김해 가락국, 함안 안라국은 단연 돋보인다. 중국 역사서 〈삼국지〉에도 이름이 보이고, 광개토대왕비 중 남정南征 기록에 등장하는 가야 국가도 이 두 나라다.

가야의 '상징'이 된 김해 가락국

우선 가야, 하면 김해를 떠올릴 정도로 김해 가락국은 많이 알려졌다. 문헌 자료가 비교적 풍부하기 때문이다. 〈삼국유사〉에 실린 〈가락국기〉가 대표적이다. 특히 알에서 태어났다는 김수로왕과 인도 쪽에서 바다를 건너와 김수로왕과 결혼한 허 황후 이야기는 누가 봐도 매력적인 설화다.

기원후 42년 가락국이 성립하기 전까지 김해지역에는 9개 촌락이 동등한 관계를 유지하며 살고 있었다. 이른바 9칸干 시대다. 청동기를 쓰며 살던 이들 앞에 철기 문화를 지닌 강력한 외부세력이 등장한다. 김수로 집단이다. 여기에 또 다른 외부세력인 허 황후 집단이 가세한다. 이후 가락국은 김수로왕을 대표로 하는 강력한 중앙집권 체계가 형성된다. 김해 대성동 고분 발굴로 김해 가락국이 적어도 4세기까지(최근 발굴 결과는 이를 5세기 중엽까지로 보기도 한다) 가야 문화권을 대표할 만큼 큰 세력을 유지한 것으로 드러났다. 당시 김해 지역은 철 생산이 풍부하고 대외 교역이 편리한 항구(지금 김해평야는 당시 모두 바다였다)였다. 가락국은 고대 중국, 한반도, 일본 지역을 아우르는 중계 무역 국가로 번영했다.

그렇다고 김해 가락국이 당시 모든 가야 국가를 지배했다는 뜻

김해 수로왕릉

김해박물관 가야 철판갑옷

김해박물관 가야 말머리씌가리개

은 아니다. 1970년대 이후 고고학적 발굴은 고령, 함안, 합천 등 경남 내륙 지역에서도 강력한 정치 집단을 입증할 만한 유적과 유물을 찾아냈다. 하지만 김해 가락국은 적어도 동시대 가야 나라들 중 가장 발전하고 세력이 큰 '선진국'이었던 것은 분명해 보인다.

가야 시대 꾸준한 강대국, 함안 안라국

문헌 자료가 풍부한 김해 가락국이 가야 대표 주자로 주목을 받으면서 상대적으로 손해를 본 게 함안 안라국이다. 기원 전후에서 6세기에 이르는 가야 역사를 4·5세기를 기준으로 전기, 후기로 나눈다. 학자들은 전기 대표 주자를 김해 가락국, 후기는 경북 고령 가라국으로 보고 있다. 하지만 전기와 후기를 통틀어 꾸준하게 강대국이었던 게 함안 안라국이다. 경남 사람들에게는 '아라가야'로 많이 알려졌는데, 김해 가락국을 '금관가야'로 부르는 것과 마찬가지로 모두 신라말에서 고려 초에 붙여진 이름이다.

함안군 가야읍 도항리·말산리에 있는 말이산 고분군은 안라국 역사의 보물 상자다. 말이산 고분군은 일제강점기부터 발굴을 하기 시작했다. 이른바 '임나일본부任那日本府설'을 증명하려는 것이었다. 이는 일본이 4세기 후반에 한반도 남부지역에 진출해 백제·신라·가야를 지배하고, 특히 가야에 일본부日本府라는 기관을 두고 6세기 중엽까지 직접 지배하였다는 설이다. 이는 〈일본서기〉란 일본 고대 역사서에 기초한 생각이다. 이 책에 꽤 자주 등장하는 이름이 '안야'다. 안라국의 이전 이름이 '안야국'이었다.

역설적으로 〈일본서기〉는 안라국이 그 당시 일본에 얼마큼 큰 영향을 주었는지 증명한다. 학자들은 안라국이 고구려·백제·신라가

함안박물관 안야국 수레바퀴모양토기

가야 문화권을 위협하자 왜倭를 적극적으로 끌어들여 이용했다고 보고 있다. 실제 안라국은 가야 나라들 중 외교 역량이 뛰어났다. 6세기 백제, 신라의 압박에 맞서고자 가야 국가 대책회의를 주도한 것도 안라국이었다. 이른바 고당회의高堂會議다. 당시 가야에 우호적인 왜의 사신들이 주로 머물던 곳이 안라국이었다.

말이산 고분군에서 나온 불꽃무늬토기는 안라국을 대표하는 토기다. 이 토기는 불꽃처럼 한 시대를 풍미한 함안 안라국의 역사를 분명하게 증명하고 있다.

국가 지원에서 온도차 있어

오늘날 가야 문화를 이야기할 때 그 중심에 있는 것은 '김해 금관가야'다. 이 대목에서 '아라가야'를 품고 있는 함안 사람들은 종종 아쉬움을 나타낸다.

금관가야가 주목받으면서 아라가야는 상대적으로 묻히게 됐다는 것이다. 그렇게 된 배경으로 따라붙는 이야기가 몇 있다.

김해시가 금관가야 복원사업비로 1000억 원 넘는 예산을 마련한 것은 1998년이었다. 이때는 김대중 정부 시절이었다. 묘하게도 DJ 정부 초창기 김대중 대통령, 김종필 국무총리, 김중권 비서실장 모두 김해 김씨였다. 이를 놓고 '2000년 만에 가야왕국이 부활했다'는 우스갯소리가 나오기도 했다.

또한 당시 김혁규 도지사, 김영일 국회의원 등도 김해 김씨였다. 이러한 배경이 예산 확보에 도움됐다는 것은 당시 공공연한 사실이었다. 좀 지나서는 또 김해가 고향인 노무현 대통령 시절이었다. 가야사 관련 사업이 더 탄력받을 수밖에 없었다.

함안군 한 공무원의 기억에는 부러움과 아쉬움이 동시에 묻어 있다.

"노무현 대통령 시절 김해 금관가야 사업 관련해 행정적으로 관련 보고서가 척척 나오고, 또 언론 조명도 많이 받는 것 같더라. 사실 먼저 알려진 건 함안 아라가야인데…. 물론 경쟁할 문제는 아니지만, 한쪽에 많은 예산이 들어가니, 상대적으로 우리는 좀 어려운 부분이 있었다는 걸 말하는 것이다."

드러나지 않은 '강소국'

창녕은 '비사벌국' 중심이었다고 하지만, 좀 묘한 분위기가 있다.

창녕박물관 주변에는 교동·송현동 고분군이 있다. 1911년 일본 학자에 의해 처음 발견됐다. 유물 양이 엄청나게 많았는데, 별도 철도 개설 계획까지 세웠을 정도라고 한다. 출토 유물, 구조를 볼 때 5~6세기 고분군으로 추정되고 있다. 이 고분군은 '비사벌국'과 연관된 몇 안 되는 것 중 하나다.

그럼에도 오늘날 이 지역 사람들은 비사벌국보다는 이를 정벌한 신라에 좀 더 방점을 두는 듯하다. 오히려 처음부터 가야 아닌 신라에서 출발한 것으로 받아들이고 싶은 사람들도 있어 보인다. 들여다보면 이렇다.

만옥정공원에는 '신라진흥왕척경비'가 있다. 신라가 비화가야를 합병한 이후인 561년에 세워졌다고 한다. 비문에는 새 점령지를 다스리는 내용과 관련된 사람들을 열거해놓았다. 창녕이 신라의 역사에 포함돼 있다는 출발점과도 같다.

이곳을 중심으로 7~8km에 걸쳐 '진흥왕행차길'이라는 문화 탐방로가 조성돼 있다. 군은 이에 대한 설명도 '가야 정벌과 신라 부흥이라는 큰 꿈과 불교에 대한 굳은 신념을 가졌던 진흥왕을 따라…'라고 해놓았다.

이러한 분위기에 대해 창녕 사람 누군가는 "가야의 후예라기보다는 역사적 승자인 신라만 내세우는 것 같다. 여기 처지에서 보면 멸망의 아픔이 있는데, 뒤집힘이 있는 것 같다"며 아쉬움을 나타내기도 한다.

고성을 중심으로 한 '고자국'은 '소가야'라고도 하지만 이것은 '쇠가야'가 잘못 전해진 것이라는 이야기도 있다. 생각해보면 스스로 '작은 가야'라 칭했다는 것도 우스운 노릇이다.

고성이라는 지금 지명은 고자국과 떨어져 있지 않다. 20개가량 되는 성곽이 분포하는 고성固城은 '단단한 성곽' 정도로 풀이할 수 있겠다. '성'은 우리말로 '재'라고도 하는데, 이것은 또 방언으로 '재미', '자미'로 부른다고도 한다. 이것이 곧 고자미·고자국·고차국 같은 옛 이름이기도 하다.

고성읍 중심가에는 송학동고분군이 자리하고 있다. 이 무덤은 '고자국' 왕 무덤으로 추정되고 있다. 겉모습이 일본 왕릉과 비슷하다 하여 한때 한일 간 설왕설래하기도 했다. 이를 떠나 너른 잔디에 우뚝 솟은 봉분은 이국적인 분위기를 만들어낸다.

합천을 중심으로 한 '다라국'은 562년 신라에 종속되기 전, 탄탄한 독자성을 유지하며 후기가야 세력의 한 축을 이뤘다고 한다. 이는 지리적 여건이 큰 몫을 차지한다. 황강·낙동강 물길을 끼고 있어 군사·교통·교역 요충지였다. 철기 제품·구슬 생산도 활발했다. 오늘날 합천군 쌍책면에 있는 옥전玉田·구슬밭고분군에서는 2000개 넘는 구슬이 나왔다고 한다. 다라국은 멸망 후 신라에 편입되었는데, 이곳을 놓고 백제와 치열한 전투를 벌이기도 했다.

합천에 자리한 가야산은 '다라국' 아닌 가야 후기 맹위를 떨친 '대가야(지금의 경북 고령 중심)' 건국 신화가 자리하고 있다고 하니 재미있는 사실이다.

산청 전 구형왕릉

산청에는 아주 특이한 무덤이 있다. 가락국 마지막 왕 무덤으로 전해지는 '전傳 구형왕릉사적 214호'이다. 고증되지 않았기에 앞에 '전할 전傳'이 붙은 것이다. 신증동국여지승람에는 이 일대에 왕이 찾는 절이 있었다는 기록이 있다. 또한 왕이 산청 차황면을 지나다 수레가 빠졌다는 얘기, 왕이 삼장면 왕등재를 넘었다는 얘기 등이 덧붙는다.

이 무덤이 가락국 중심지였던 김해 아닌 산청에 자리한 이유가 궁금하다. 구형왕이 말년에 이곳으로 들어왔거나, 구형왕 증손자가 신라 김유신이라는 점으로 미뤄 가락국 멸망 이후 신라가 베푸는 마음으로 만들었을 것이라는 추측만 할 수 있다.

내용은 뒤로하고 외관만 놓고 봤을 때 눈길 끌기에 충분하다. 전체 높이는 7.1m인데, 돌로 일곱 개 층을 쌓아올렸다. 반듯한 모양은 아니지만 그래도 '한국판 피라미드'라고 부르는 이들도 있다.

마창 노동운동

마창 노동운동 —

1970년대를 연 것은 '아름다운 청년' 전태일이었다.
그가 근로기준법을 준수하라고 외친 후 분신하면서 수많은 청년지식인이
노동현장에 투신했다. 1980년대를 연 것은 광주민주화운동이었다.
신군부의 등장으로 노동운동은 위축됐다. 하지만 민주화를 향한 민중의 요구는 1987년 6
월 항쟁으로 이어졌고 같은 해 7·8월 노동자 대투쟁으로 번졌다.
하여 1990년대를 연 것은 1990년 1월 전국노동조합협의회전노협 결성이었다.
어용노조란 시비가 끊이지 않던 기존 한국노총이 아닌,
민주노조들이 모여 전국 단위 조직을 만든 것이다. 우리나라 노동운동사에서는
역사적인 사건으로 기록된다. 전노협은 다시 1995년 지금의 전국민주노동조합
총연맹민주노총으로 이어진다. 전노협과 민주노총으로 가는 그 길의 중심에,
그리고 최선봉에는 마산·창원노동조합총연합마창노련이 있었다.
그 역사는 영광이기도 했지만 끝없는 고난이었다.
무엇보다 인간성 회복을 위한 여정이기도 했다.
'1970년대 한국 노동운동사에서 마산·창원지역은 어떤 역사성을 가지고 있는가.
1987년 노동자 대투쟁의 위대한 성과를 가장 온전하게 발전시킨 주역이 바로
마산·창원지역이다. 수많은 활동가가 구속, 수배, 해고를 무릅쓰고
오직 노동 3권 보장과 자유로운 노동조합 활동을 위해 헌신하고 희생했던
노동운동의 심장부였으며, 마창노련을 건설하여 전노협 사수 투쟁의 선봉에 섰던
선진노동자들이 살아 숨 쉬던 곳이었다.
1987년 마산수출자유지역 여성노동자들과 창원기계공단 남성노동자들은
막강한 구사대 폭력을 막아내고, 광풍 같은 공권력을 물리치며 끝내
기업별 노조의 한계를 넘어 마창노련의 깃발을 세웠다.' (정경식 열사 추모 자료집, 2011)

마창노련

당당하게 일하고 싶은 노동자 '민주노조' 첫발

"돌이켜보면 그때 노동운동은 경제 투쟁도, 정치 투쟁도 아닌 인간성을 회복하려는 것이었다. 노동자가 사장을 앉혀 놓고 노사교섭을 한다는 거는 당시에는 생각도 못하는 거였다. 사용자 앞에서 무슨 말을 할 수 있겠는가. 찍소리 한마디 했다간 그냥 잘리는데. 하지만 민주노조가 있어 교섭을 강제해 내고 일당을 2000~3000원씩 올리고 하면서 노동자들이 공돌이, 공순이에서 사람으로 다시 태어난 일, 그게 당시 노동운동의 핵심이었다." (경남도민일보 김훤주 기자·마창노련 당시 활동가)

마창지역 노동자들이 마산역에서 집회를 하고 있는 모습

당당한 작업복

1987년 6월 항쟁과 7·8월 노동자 대투쟁으로 마산과 창원지역 노동자들은 자신감을 얻었다. 무엇보다 어용이라 불리던 한국노총이 아닌 민주적 절차를 통해 대표를 꾸린 민주노조가 대폭 늘었다. 이들 노조는 사용자들을 상대로 대대적인 임금 인상을 이끌어냈다. 어쩌면 사용자를 교섭 장소로 이끌어 낸 그 자체만으로도 이전과 비교해 큰 성과였다. 하지만 무엇보다 큰 성과는 공돌이, 공순이로 천대받던 노동자들이 이제는 공장 작업복을 당당하게 입고 다니게 된 것이었다.

'사실 그전에야 어디 작업복 입고 다닐 수 있습니꺼. 근데 이젠 아예 작업복 입고 출퇴근하는 게 예사가 됐어예. 아가씨 만나러 다방에 갈 때도 일부러 작업복 딱 입고 갑니더. 가서 어깨 힘 딱 주고 앉으믄 사람들이 다 쳐다보거든예. 겁나는 게 없다 아입니꺼. 경찰하고도 싸우고 파업해서 임금 빵빵하게 따내는 노동자 아닙니꺼.' (내 사랑 마창노련, 김하경, 1999)

하지만, 개별 노동조합 활동으로는 한계가 뚜렷했다. 사용자와 정부는 끊임없이 해고와 구속으로 민주노조를 탄압했다. 민주노조들은 더욱 새로운 방식의 노동운동이 필요했다. 마산·창원 지역 민주노조들이 전국 최초 지역노동조합 조직인 마산·창원노동조합총연합 마창노련을 만든 이유다.

결성

'1987년 숨 가빴던 한 해가 저물어가던 12월 14일이었다. 연말의 어수선하고 들뜬 분위기도 아랑곳하지 않고, 발기인들이 조심스럽게 마산의 어느 중국집으로 발길을 옮겼다. (…) 굳은 악수를 하는 발기인들의 눈빛엔 감격과 흥분, 불안과 초조감이 교차하면서 흔들리고 있었다. 마산수출자유지역과 창원공단 노동자가 만나 새로운 생명을 탄생시키는 순간이었다. (…) 떨리는 목소리로 창립 선언문이 낭독되었다. 참석자들은 이홍석 타코마노조 위원장을 마창노련 초대의장으로 선출하고 4국 11부로 구성된 조직기구를 완성하였다. 이로써 마창지역 노동자들은 해방 이후 전국에서 처음으로 노동자 지역연대조직, '마산창원노동조합총연합'의 깃발을 이 땅에 당당하게 휘날리게 되었다.' (내 사랑 마창노련, 김하경, 1999)

마창노련 결성을 계기로 노동자들의 투쟁은 전국적으로 번져나갔다. 그리고 지난 1988년 6월 '노동법개정을 위한 전국노동조합특별위원회'가 구성되고 마창노련 이홍석 의장이 전국특위장이 되면서 마창노련은 본격적으로 전국에서 주목을 받는다. 전국특위는 같은 해 11월, 연세대학교 노천극장에서 해방 후 처음으로 전국노동자대회를 연다.

사용자와 정권의 탄압에 맞선 마창노련의 최대 무기는 '연대'였다. 예를 들어 마산수출자유지역 마창노련 소속 여공들이 파업을 벌이면 창원공단 마창노련 남성 노동자들이 달려와 이들을 보호했다.

'1988년 7월 마산수출자유지역 내 한국TC와 한국소와에서 '구사대'

와의 충돌이 있었을 때 마창노련이 지역연대투쟁을 전개하자 노동당국과 사업주들이 바짝 긴장하게 됐고 우리나라 노동운동의 새로운 양상으로 평가되기도 했다.‘ (마창노련 어떻게 돼가나 1~4편, 정학구, 1990)

탄압과 발전적 해체

마창노련이 벌인 선진적인 투쟁 방식과 열성적인 노조 활동은 사용자와 정부의 대표적인 표적이 되기에 충분했다. ‘복수노조 금지조항 삭제, 제3자 개입금지 철폐’ 등은 마창노련 탄압의 대표적인 무기였다. 그때까지 정부는 한국노총 이외에 어떤 노조 상급단체도 인정하지 않았다.

마창노련 관련 기록들은 특히 지난 1989년을 가장 탄압이 극심한 해로 기억하고 있다.

'경찰 집계에 따르면 현재(1990년 6월) 마창노련 의장 부의장 국장급 등 핵심간부 10여 명이 제3자 개입, 국가보안법 위반, 업무 방해 등으로 구속돼 실형을 받거나 재판 계류 중이다. 이 외에도 마창노련 소속 근로자 283명이 연행돼 17명이 구속되고 14명이 불구속 입건, 68명이 즉심, 180명이 훈방, 4명이 이첩된 것으로 집계됐다. 마창노련 측은 모두 29명이 구속돼 있고 21명이 수배 중인 것으로 자체 집계하고 있다.' (마창노련 어떻게 돼가나 1~4편, 정학구, 1990)

1989년 4월 24일 마산수출자유지역 후문에서 투석전을 벌이고 있는 노동자와 전경

지도부 공백에 따른 구심력 부족도 문제였지만, 사용자 쪽과 정권은 끊임없이 개별 노조를 상대로 마창노련 탈퇴를 부추겼다. 노동자들은 노조 지도부 맡기를 꺼리고, 마창노련을 탈퇴하는 노조가 늘었다. 게다가 노동자 정치세력화를 두고 심각한 내분까지 겪게 된다.

1990년 5월 1일 마창지역 노동자들이 '5·1절 전국 총파업 투쟁'에 나서기로 하자, 전경이 마산수출지역 후문을 봉쇄하고 있다.

이런 상황에서도 마창노련은 1990년 전노협 결성과 1995년 민주노총 결성 과정에 가장 선도적인 노조로 활동했다. 그리고 결성 8주년 기념식 이틀 후인 1995년 12월 16일 마창노련은 민주노총에 모든 것을 맡기고 해산한다. 하지만 우리나라 노동운동사는 여전히 마창노련을 민주노총의 효시 또는 뿌리로 기록하고 있다.

'내 사랑 마창노련' 글쓴이 **김하경** 선생에게 듣는 마창 노동운동

오늘날 청년 실업·비정규직 문제도 함께 싸웠으면

1989년 12월. 전국노동조합협의회 창립 모금이 진행됐다. 모두 1억 3000만 원이 모였다. 그 가운데 1억 원은 마창노련 조합원들이 낸

돈이었다. 가입 조합원 3만 7950명 가운데 마창노련 조합원이 2만 6000명이었고, 그중 75%가 넘는 2만여 명이 모금에 참여한 것이다.

이렇듯 마창지역 노동자들 가슴이 유독 뜨거웠던 이유는 뭘까. 1999년 발행된 <내 사랑 마창노련>에서 언급된 부분을 정리해 보면 이렇다.

마산은 개방 이후 상공업 중심지로 발전했고, 이 때문에 민족해방의식·계급의식이 일찍 자리했다. 1927년 이미 노동자 지역조직이 결성됐다. 그리고 마산수출자유지역은 전자 중심, 창원기계공단은 기계금속 중심, 이러한 업종의 단일함이 마음을 엮는데도 한몫했다는 것이다. 특히 마산수출자유지역은 사업장이 워낙 붙어 있어 한 곳에서 투쟁이 시작되면 들불처럼 번질 수 있었다는 것이다.

이 책을 쓴 김하경(71) 선생을 만나 좀 더 자세한 이야기를 들어보았다.

"거슬러 가면 이 지역 사람들의 저항적 기질은 오래전부터 자리하고 있었다. 한번 끓어오를 때 격정적인 부분이 있다고 할 수 있다. 그리고 마창지역 사람들은 텃세가 심했다. 그런데 1970년대 마산수출과 창원공단이 들어서면서 외부 사람들이 갑자기 몰려든 거다. 이 지역 순혈주의와 외부 젊은이들의 피 끓는 마음이 섞이게 된 것이다. 전태일 열사 분신 이후 들끓던 노동운동이 서울에서는 한동안 소강상태였던 적이 있다. 그러나 이 지역에서는 여전히, 더 활발했다. 그러한 것들이 1980년대로 이어진 것이지, 하루아침에 터져 나온 것이 아니다. 1987년 6월 항쟁 때도 서울과 달리 이 지역은 노동자들이 좀 더 중심에 있었다. 마산 육호광장·코아양과·로터리분수광장 같은 곳으로 나가 돌도 던져보고, '나는 그날 거리에 나갔다', '그럼 나도 나가보자' 그런 분위기가 노동자 사이에 전해지는 거다. 그것이 곧 노동자 대투쟁으로 연결되었다."

그럼에도 의문은 여전하다. 노동자 밀집지역이 이곳만은 아니었을 테니 말이다.

"울산 같은 경우는 현대자동차 한 곳에서 주도했다면, 여기는 현대·대우·금성 등 대기업이 다 들어와 있어 균등하게 주도할 수 있었다. 군수산업기지다 보니 경기를 안타는 점도 있었다고 볼 수 있다. 그리고 마산수출자유지역은 여성 노동자가 많다 보니 창원기계공단 남성 노동자들이 규찰대를 대신 서 주는 등 연대활동도 활발했다."

김 선생은 이러한 마창지역 노동운동이 오늘날 중요한 이유에 대해 설명했다.

"지난 이야기를 꺼내면 싫어하는 친구들도 있다. 나는 오히려 너무 안 해서 문제라는 생각이다. 그때 더 힘든 사람들도 싸우고 이겨냈으니, 지금 비정규직 노동자·청년 실업자들이 힘을 얻어 좀 더 자신 있게 싸울 수 있었으면 하는 바람이다."

저임금·열악한 노동환경…청춘을 울리다

마산 합포만을 메워 지난 1970년 출발한 마산수출자유지역은 '조국 근대화의 전진기지'라고도 불리는 국가공단이었다. 그리고 10여 년이 지난 1979년에는 종업원 3만 1000명으로 성장한다.

창원공단은 1974년 본격적으로 조성되기 시작해 1979년에 이르러 역시 전체 종업원이 3만 명에 이르는 대규모 공단으로 발전한다. 당시 마산과 창원으로 전국에서 청춘들이 모여들었다.

'마산수출자유지역 뒷문(후문), 작업이 끝나고 쏟아져 나오는 인파는 무려 한 시간이나 지나도록 이어져 나간다. 넓은 아스팔트를 메운 젊은이들의 무거운 발걸음 소리는 지는 해와 함께 땅속으로 스민다. 해고의 위협에서 오는 불안, 관리층과 외국인의 인격적 무시, 힘겨운 노동에 대한 박한 보수, 판에 박은 듯한 단조로운 작업 등 수많은 문제점을 안고 이들은 내일 또다시 이 문을 들어서게 될 것이다.' (이창복 특별 르포 '마산수출자유지역의 실태' 창작과 비평, 1974년 겨울호)

당시 스무살 남짓한 청춘 남녀들은 기숙사와 공장을 오가는 단조로운 생활 속에서 사람 사는 모양새를 잃지 않으려고 애썼다. 지난 1980년대 발표돼 우리나라 최초의 노동소설로 평가받는 최순임(본명 고경엽)의 '수출자유지역의 하루'를 통해 마창노련이 결성될 당시 마산수출자유지역 여성노동자의 일상을 들여다보자. 또 지난 2011

년 전국금속노동조합이 만든 '정경식 열사 추모 자료집'에 나온 열사 어머니 구술을 통해 창원공단 남성노동자의 일상도 알아보자.

저임금 노동에 저당잡힌 청춘들

"영순이는 지난해까지 자취할 때의 생활을 생각해 본다. 급료 절반이 방세로 지출되다 보니 저축은 생각지도 못했고, 절약하기 위해 친구와 같이 생활해도 연탄값, 쌀값을 제외하고 나면 부식비가 적어 김치 하나만 담가 놓고 먹는 게 고작이었다. 그나마 아침은 굶을 때가 많았으니까 지금의 기숙사 생활은 너무 편안했다. 매끼 230원 정도의 식대로 짜인다는 식단이지만, 굶지 않고 먹을 수 있다는 게 얼마나 좋은가 말이다.

하루를 출근하면 고작 2100원을 주면서 하루 결근에는 6630원이나 공제를 해 버리다니……. 다행히 그달은 잔업과 특근수당을 1만 5000여 원 받았기에 그런대로 지낼 수 있었지, 그렇지 않았으면 다달이 불입하는 재형저축 3만 원을 내고 남은 것으로 한 달에 두 번 가던 고향에도 못 가고, 아버지께서 좋아하시는 술도, 편찮으신 어머니의 약 한 첩도 못 지어 드릴 뻔했었다." (최순임)

"기숙사에서 살았지만도 공휴일이나 월급날엔 봉투 들고 바로 집으로 가져왔어예. 진동 집에서 댕길라 캤는데, 버스도 없고, 시외버스가 다녔는데 차가 마이 없고예. 택시도 그땐 비쌌거든예. 잔업하고 늦가 집에 올라 캐도 차가 없은게네, 그래 할 수 없이 기숙사에서 살안 기라예.

중간에 월급이 올랐나 싶어 보면 잔업을 많이 했어예. 그때 잔업을

100시간도 넘게 했을 깁니더. 내가 일로 많이 마라 건강을 생각해야지. 그라면 잔업 내가 가끔 합니다. 그래 말을 돌리가 하고, 내가 걱정할까 봐, 회사 참 좋습니다, 더우면 시원하게 해주고, 추우면 따뜻하게 해준다 쿠고 내를 안심시키는 기라예." (정경식 추모 자료집)

감시와 통제, 열악한 노동 환경

"오후 작업이 시작되고 현장 내에 조용필의 판이 계속 흘러나온다. 점심시간 이후에는 조는 사람이 많다고 빠른 템포의 음악을 아주 크게 틀어준다.

'고개 들지 마! 고개 들지 말고 일해.' 갑자기 반장의 낮은 소리가 들려왔다. 일본인인 시라이시 부장이 작업장보다 삼 미터나 높은 센터에서, 팔짱을 끼고 노란 금테안경 너머로 내려다보고 서 있는 모양이다. 이런 경우 잡담을 하거나 작업 외에 다른 일을 하는 사람이 눈에 뜨일 경우, 그 소속 반장은 물론 주임, 계장까지 센터로 불려가서 호된 추궁을 당하기 때문에 모두 겁을 먹고 있는 거다." (최순임)

"우리 경식이 다쳤다는 연락을 받고 얼매나 놀랬는지, 창원병원에, 즈그 아버지하고 뛰갔거든예. 친구들이 옆이세 부축을 하고 계단을 올라가더라구예. 그래 아를 불렀거든예. 경식이가 뒤돌아보더만, 옆에 있는 친구들한테 뭐라 쿠데예, 알리지 말라캤는데 와 우리 부모님한테 기별했나 쿠고, 우리 아 손이예, 얼른 본게네 손바닥이 확 틀어져가 요축에 안 있고 반대쪽에 붙어있더라구예. 눈물이 가려서 잘 안 비고, 어디를 얼마나 다쳤는지도 잘 모리구예. 정신이 없었어요." (정경식 추모 자료집)

무력한 노사위원회, 민주노조를 꿈꾸는 노동자들

"정말인지 몰라도 지난해 연초 승급 때는 노동청의 어느 근로감독관이 노사협의회 장소에 나타나서 근로자 대표에게 정부에서 급료 인상은 연 10% 미만으로 묶어 물가를 안정시킬 방침이므로 사용자에게 무리한 강요를 하는 것은 정부시책에 어긋난다며 전·후반기 각각 5%선을 가지고 논하라는 말을 남기고 갔다고 한다. 그래서 그런지 노사위원들은 그 근로감독관의 말을 어김없이 실행했다." (최순임)

"한 달은 내가 병원에 가니까 친구들이 많이 왔어요. 한 열 명은 왔을 깁니다. 병실에 친구들이 뼁 돌아앉았는데, 우리 아가 친구들 보고 노동자는 단결해야 한다, 단결하자, 이런 말을 많이 하는 걸 들었습니다. 민주노조, 뭐 뭐 그런 말을 하는 걸 몇 차례 본 적이 있어예, 앞으로 우리가 선거를 하거들랑 우리 노동자들은 노동자 편에 서 가지고 표를 찍자 쿠대요." (정경식 추모 자료집)

그 시절 노동자와 동고동락한 상인들

"40년 전 젊은이들이 이젠 쭈글쭈글한 얼굴로 찾지"

옛 마산수출자유지역 후문 쪽에는 지금도 양덕시장을 비롯해 상가가 형성돼 있다. 이곳에는 여전히 수출 노동자들에 대한 기억을 안고 있는 이들이 있다.

양덕파출소 안쪽 거리에 자리하고 있는 함안갈비는 여기서 40년 된 집이다. 김순희(63) 사장은 이렇게 말했다.

"당시에는 갈빗집이 아니라 밥집이었거든. 한 끼 500원부터 시작했는데,

마산수출자유지역 인근 식당 함안갈비와 소화집.
노동자 시절 이곳에서 밥을 먹던 단골들이
지금도 종종 찾아온다고 했다.

한창나이 때니까 밥을 좀 많이 먹겠어. 밥은 솥에서 알아서 무한정 떠먹도록 했지. 밖에서 데모한다고 최루탄 터지고 그런데도, 식당 안에는 실습생들이 바글바글했지. 라면 사 와서 자기들끼리 알아서 끓여 먹기도 하고…. 식권으로 받고 한꺼번에 정산하는 식이었는데, 외상값 안 받은 곳도 있어. TC전자에 135만 원 받으러 갔는데, 노동자들이 데모하고 있더라고. 전부 다 아는 얼굴들이지. 그런 상황에서 회사 들어가 돈 달라 못하겠더라고. 그래서 그냥 와 버렸어."

그때 단골 중 여전히 발걸음 하는 이도 적지 않다고 한다.

"그때 미남·미녀던 친구들이 이젠 쭈글쭈글해져서 찾아와. 자기들끼리 '가스나야', '머스마야' 그러면서 옛날 이야기하기 바빠. 무슨 모임도 있어서 40명에서 많게는 80명까지 단체로 오기도 해."

인근에 있는 '소화집'이라는 식당도 노동자들이 즐겨 찾던 곳이다. 여전히 장사하고 있지만, 식당 주인은 5년 전 바뀌었다고 한다. 김순희 사장이 대신 이렇게 전해줬다.

"지금 남아있는 데는 거기하고 우리 둘 정도다. 소화집 옛날 사장님 있을 때는 좀 심하게 말하면 김치찌개 하나를 두고 30명이 먹을 정도로 양이 푸짐했어."

마산수출자유지역의 긴 시간과 함께한 곳은 식당만이 아니다. 낡은 인쇄소를 운영하고 있는 사장님은 이렇게 말했다.

"유인물 같은 건 여기서 안 찍고 음지에서 하지. 노태우 정권 들어서면서 인쇄물도 조금씩 양지로 나왔는데, 우리는 골치 아플까 봐 정치적인 건 주문 안 받았지. 그때 최루탄 터지면 셔터 내리고, 눈 밑에 치약 바른 채 일하기도 했고. 그래도 장사 방해된다고 그 사람들 싫어한 적은 없어. 좀 더 나은 나라로 가기 위해서는 당연히 거쳐야 하는 과정이니까."

'노동 열사 성지' 양산 솥발산 공원묘원

배달호 열사 등 30여 명 잠들어

민주노총 경남·부산·울산지역본부는 올해 합동시무식을 양산 솥발산 공원묘원에서 했다. 이곳은 '노동운동가 성지'라 불린다. 경남·부산·울산지역 노동 열사 30여 명이 묻혀 있기 때문이다. 전교조 합법화 투쟁을 하다 1991년 세상을 떠난 고 신용길(부산 구덕고) 선생 이후로 하나둘 이곳에 잠들었다. 지난 2007년에는 '6·15공동선언 실천을 위한 5·1절 남북노동자 통일대회'에 참석한 북측 인사들이 이곳을 찾아 참배하기도 했다.

솥발산 공원묘원 주차장 쪽에는 열사들이 묻혀 있는 안내판이 있다. 이경숙 전 도의원, 배달호 열사 같은 이름도 보인다.

이경숙 전 도의원 묘에는 '여성해방운동가'라고 적혀 있다. 서울여대를 졸업한 그는 1981년부터 마창지역 노동자와 함께했고, 1987년 '노동자 대투쟁'에 나섰다. 이후 마창여성노동자회 초대 회장, 경남여성회 회장을 맡았다. 2002년부터는 민주노동당 도의원으로 활동하다 2004년 과로로 쓰러지면서 세상을 떠났다.

두산중공업 조합원 배달호 열사는 해고자 복직, 노조 탄압 중단 등을 촉구하며 2003년 1월 분신 자살했다. 손배·가압류를 통한 노동자 탄압이 사회적 이슈로 부각되기도 했다.

배달호 열사 묘 뒤에는 그가 남긴 유서가 담겨 있다. 내용 중 일부분이다.

경남·부산·울산 노동열사 30여 명이 묻혀 있어
'노동운동가 성지'라 불리는 양산 솥발산 공원묘원 전경

해고자 복직 등을 위해 자살한 배달호 열사의 묘

'출근을 해도 재미가 없다. 해고자 모습을 볼 때 가슴이 뭉클해지고 가족들은 어떻게 지내는지? …… 나는 항상 민주광장에서 지켜볼 것이다. 내가 없더라도 우리 가족 보살펴 주기 바란다. 미안합니다.'

세상과 맞선 여성노동자 **이연실** 씨

"거창한 그 무엇 아닌, 인간성 회복을 위한…"

이연실(51) 씨는 1980년대에 마산수출자유지역 내 한국TC전자에서 일했다. 이때 노동조합 활동을 했고, 투쟁 과정에서 1년간 옥고를 치르기도 했다. TC전자 입사 전까지 노동조합이 뭔지도 모르던 그였다.

마산이 고향인 그는 중학교 졸업 후 한일합섬에 들어갔다.

"한일합섬은 돈 버는 건 둘째 치고 고등학교(한일여자실업고등학교)에 다닐 수 있었으니까. 작업할 때 모자도 아닌 투구 같은 걸 썼는데, 위생을 위한 게 아니었다. 연차에 따라 줄 개수와 색깔을 달리 표기했는데, 관리자들이 구분하기 위한 용도였던 것 같다. 여자들은 화장실에서 졸고 그러는데, 남자들은 오전에 얼굴 보이고서는 온종일 사라졌다가 퇴근 전에 나타나고…. 섬유를 다루는 곳이니 작업환경은 말도 못한다. 다들 학교 졸업하는 날만 기다리며 다니는 거다."

그는 그렇게 5년간 일한 후 한동안 쉬었다. 그리고 1986년 가을 한국TC전자에 들어갔다. 한일합섬과 비교해 월등한 월급까지는 아니었다. 그래도 작업환경만큼은 훨씬 나았다고 한다. 하지만 멸시와 비인간적 대우는 여전했다. 졸다 걸리면 질질 끌려가고, 벌로 하루 종일 책상 앞에 서 있고, 남자 손이 가슴에 와 닿고…. 그런 건 다반사였다고 한다.

그러던 중 마산수출자유지역 내 노조 결성 바람이 일었다. 이곳도 예외는 아니었다. 사측에서 그냥 있을 리 없었다. 부서 이동·정신 교육은 당연했고, 집으로 찾아가 부모에게 '당신 딸은 빨갱이'라며 겁을 줬다. 그래도 안 되자 폭행이 난무했다. 조합 결성을 주도한 여성노동자들은 남성노동자들에게 손을 내밀었다. 하지만 '여자가 울면 집안이 망한다'와 같은 분위기가 팽배했다고 한다. 그럼에도 여성노동자들은 1988년 5월 31일 노조를 결성했다. 이 연실 씨는 발기인 23명 중 한 명이었고, 부위원장까지 맡았다.

"이전에 어디서 교육을 받았다거나, 학습 모임을 했다거나, 그런 게 어디 있었겠나. 집단으로 모이고 뭉치면서 내 안의 것들이 표현된 거다."

노조가 만들어진 이후 많은 변화가 있었다. 휴식시간이 보장되고, 월차·생리휴가도 쓸 수 있게 됐다. 무엇보다 이전보다는 사람다운 대접을 받을 수 있었다고 한다.

"'야', '이년아', '이놈이요'와 같은 호칭이 '~씨'로 바뀌더라. 그리고 '님'자

이연실 씨를 비롯한 'TC노동조합 후속모임 여성전사'는
1990년대 노조 활동 때 겪었던 일들을 그림에 담았다.

는 사장님·선생님한테만 붙이는 건 줄 알았던 나에게 노조 부위원장님이라고 하니 깜짝 놀랄 일이었다. 이전에는 싫어도 내색을 못 했는데, 이제는 째려보면서 의사 표현도 하게 된 것이다. 그때는 정말 노조활동을 신이 나서 했다."

이 시대 노동운동이 거창한 그 무엇이 아닌 '인간성 회복'을 위한 것이었기 때문이다. 물론 이후 노조를 지키는 과정에서, 또 1988년 폐업한 회사를 되살리려는 싸움에서 많은 것을 감내해야 했다. 1년간 안동교도소에서 지냈고, 이후 '블랙리스트'에 이름 올라 취직도 못 했다.

"감방에 있을 때 26살이었다. 그 나이는 내 인생에 없다는 생각을 많이도 했다. 그 당시 후회 또한 왜 없었겠나. 하지만 그때 노조를 만들고 활동하면서 제 가치관은 새롭게 태어났다. 그토록 싫던 공순이, 공장, 작업복 같은 것이 부끄럽지 않았다. 인생의 전환점이 된 것이다. 지금 생각해도 잘못 살았다고 생각하지 않는다."

당시 노조활동을 하던 이들은 'TC전자 후속 모임 여성전사'라는 걸 만들었다. 이 모임은 20년 넘은 지금까지 이어지고 있다. 그들은 또 다른 인생의 길에서도 여전히 연대하고 있다.

잊힌 기억을 깨우다

지금 얼마나 변했는지를 기록으로 깨닫다

이연실 씨가 함께했던 한국TC전자와 더불어 마창 여성노동운동사에서 빠지지 않는 것이 한국수미다전기 투쟁이다.

한국수미다전기는 1989년 10월 14일 일본인 사장이 팩스 한 장으로 450여 명 집단해고와 폐업을 통지했다. 이에 노조 대표 4명은 일본 원정 투쟁에 나섰다.

정현숙 위원장을 비롯한 노조 대표 4명은 모두 20대 여성노동자였다. 폐업 철회까지 이어지지는 못했지만 90여 명이 238일간 끝까지 함께하며 밀린 임금과 퇴직금 등을 받아냈다.

그런데 이러한 마창 여성노동운동사를 종합적으로 정리한 자료는 없다고 하니 아쉬운 노릇이다.

20년 넘는 세월 속에서 사람의 기억은 잊혀가고, 또 관련 자료는 점점 사라질 수밖에 없다. 다행히 마창여성노동자회에서 관련 작업을 했다.

이옥선 마창여성노동자회 회장 설명이다.

"마산수출자유지역을 중심으로 여성노동자가 그리 많았는데도,

마창여성노동자회는 1980년대 마창 여성노동자 삶을 기록하는 '언니들에게 듣는다'를 진행했다.

참 희한한 게 구축된 자료가 없었다. 그래서 2012년 마창여성노동자회 20주년 때 자료를 모아 정리해 보자고 한 것이다."

이옥선 회장은 이러한 작업의 중요성에 대해 재차 강조한다.

"인터뷰한 여성노동자들은 한결같이 말한다. '힘들기는 했지만 그렇게 투쟁한 것에 대해 결코 후회하지 않는다'고 말이다. 이러한 기록을 남기는 것이 왜 중요할까. '그 당시 여성노동자 투쟁을 통해 사회가 조금씩 변했고, 또 그들 삶을 되돌아보면서 지금 우리만 힘든 것이 아니다'를 생각할 수 있지 않을까."

경남의
성씨
(姓氏)

김(金)
안동
권(權)
안동
김(金)
광산
안(安) 순흥
정(鄭) 동래
윤(尹) 파평
한(韓)
청주
서(徐) 달성
조(趙) 한양
백(白) 수원
이(李) 경주
오(吳)
해주
신(申)
평산
유(柳)
문화
박(朴) 밀양
김(金) 김녕
이(李) 전주
김(金) 김해
문(文) 남평
김(金) 경주
조(曺) 창녕
최(崔) 전주
정(鄭)
경주
고(高)
제주
홍(洪) 남양
강(姜)
진주

경남의 성씨(姓氏) 一

두 사람이 만났다. 아직 정식 인사를 나누지 않아 어색한 공기가 흐른다.
하지만 곧 분위기는 달라진다.
"안녕하세요, 조○○입니다."
"전 조××입니다. 본관이 어디입니까?"
"창녕 조씨입니다."
"그래요? 저도 창녕 조씨입니다. 또 집안사람을 만나게 되네요."
"그러게 말입니다. 반갑습니다."
처음 만난 사람이 같은 성씨, 더 나아가 같은 본관이면
'너와 나'는 곧 '우리'가 되기도 한다.
사람 많은 곳에서 돌을 던지면 '김씨', '이씨', '박씨' 중 한 사람이
맞는다는 말이 있다. 그 정도로 우리나라 성씨 가운데 '김·이·박' 비율이 높다는
이야기겠다. 하지만 5000개가 넘는 다양한 성씨가 존재하고,
또 귀화인들이 많아지면서 새로운 성씨가 계속 만들어지고 있다.
성씨와 함께 따지는 것이 본관이다. 본관은 '성씨가 만들어진 지역 또는
시조 거주지' 정도로 풀어 말할 수 있겠다. 일종의 '뿌리'를 말하는 것이다.
이 중에서 경남을 본관으로 하는 성씨를 들여다보자.

경남을 본관으로 하는 성씨

김해 김씨·밀양 박씨·진주 강씨 전체 인구 17%

우리나라 성씨姓氏는 삼국시대부터 사용된 것으로 전해진다. 이때는 중국을 드나드는 사신·무역상들이 사용하는 정도였다고 한다.

그러던 것이 고려시대 들어 중앙집권을 강화하기 위해 관할구역을 정리하는 과정에서 성씨 체계가 자리 잡았다고 한다. 더군다나 1055년 고려 문종 때 '성씨가 없는 자는 과거급제할 수 없다'는 제약을 두었는데, 이것이 성씨 보편화에 한몫했다고 한다. 실제로 고려 문종 이후의 인물을 시조로 하는 성씨가 많다는 점이 이를 뒷받침한다.

하지만 천민들은 조선 후기까지 성씨를 얻지 못했다. 1909년에야 법제화되면서 모든 이가 성씨·본관을 두게 됐다. 따라서 한때 어느 성씨 몇 개를 두고 천민 성씨라는 말이 나돌았지만, 천민은 아예 성씨가 없었기에 이는 낭설이라 보면 되겠다.

일제강점기에 '창씨 개명'한 이들은 해방 이후 '조선성명복구령'에 따라 제 이름을 찾기도 했지만, 그대로인 채 살아온 이도 많다.

인구총조사(2015년 기준)에 따르면 우리나라 성씨는 모두 5582개다. 한자 있는 성씨가 1507개, 그 외 4075개다.

가장 많은 성씨는 김씨(21.5%)이며, 이어 이씨(14.7%), 박씨(8.4%), 최씨(4.7%), 정씨(4.3%), 강씨(2.4%), 조씨(2.1%), 윤씨(2.1%) 순이다.

성씨 본관은 모두 3만 6744개인데, 지역별로 따지면 모두 7543개다.

이 가운데 '경남을 본관으로 하는 성씨'가 상위 10위 안에 3개나 된다.

전체 1위는 '김해가락 김씨'로 445만 6700명이다. 전체 인구 대비 비율로 보면 9.0%다. 대략 주변 사람 10명 중 1명은 '김해 김씨'인 셈이다. 2위는 '밀양밀성 박씨'로 310만 3942(6.2%)이며, '진주진양 강씨'는

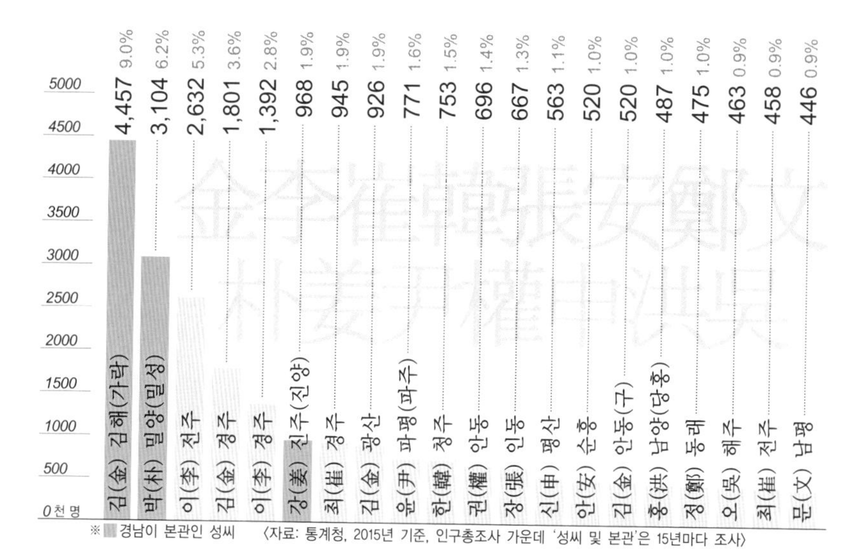

96만 8109명(1.9%)으로 6위다.

또한 '창녕 조씨' 22위, '밀양 손씨' 28위, '김녕김해 옛 지명 김씨' 30위로 적지 않은 수를 차지한다.

이 밖에 '함안 조씨' 34위, '창원 황씨' 36위, '진주 정씨' 45위, '하동 정씨' 48위, '창녕 성씨' 50위 순이다.

2000년을 기준으로 했을 때 진주진양를 본관으로 하는 성씨는 80개에 달해 87개인 경주에 이어 전국 두 번째였다. 또한 경남에서는 밀양이 67개, 김해가 43개로 그다음이었다. 하지만 매달 50개 넘는 새로운 본관이 만들어지고 있다고 하니, 많은 변화가 있다는 점을 고려해야 하겠다.

다른 성씨라 할지라도 같은 뿌리라 할 수 있는 경우도 많다. '김해 허씨'는 수로왕과 허황후 사이에서 난 아홉 아들 중 한 명이 어머니 성을 따른 것이니, '김해 김씨'와 같은 집안이라 할 수 있다.

본관인 지역은 시간이 흘러도 집성촌이 형성돼 있다. 요즘은 외지 관광객 발걸음도 많다.

거창군 위천면에는 '옛담장등록문화재 제259호'으로 유명한 황산고가마을이 있다. 이 마을은 한옥민박을 운영하는데 마을 입구 안내판에 나와 있는 주인집 이름은 하나같이 '신○○'이다. '거창 신씨' 집성촌이기 때문이다.

밀양시 교동에는 '밀성 손씨' 집성촌이 있다. 이 마을 '손씨 고가'는 경상남도 문화재자료 제161호로 지정되었다. 그 안에 있는 열두대문이라는 한정식집은 고 노무현 대통령이 생전 찾았다가 '문어수란채국'에 반한 것으로 유명하다.

밀성 손씨 집성촌에 있는 손씨 고가(경상남도 문화재자료 제161호)

거창 신씨 집성촌인 '거창 황산고가마을'

경남이 본관인 대표적 인물

인구수 최다 '김해 김씨' 그만큼 유명인도 많아

'김해 김씨' 대표적 인물은 김대중 전 대통령, 김종필 전 총리, 김형오 전 국회의장, 김기춘 전 대통령비서실장, 김무성 전 새누리당 대표, 김혁규 전 경남도지사 등이다. DJ정부 시절에는 '김해 김씨'가 주목을 받았다. 김대중 대통령, 김종필 총리, 김중권 비서실장, 그리고 김혁규 경남도지사까지 '김해 김씨'였다. 이 때문에 '김해 김씨' 시조 김수로왕이 세운 가락국 복원사업이 탄력을 받기도 했다. 김무성 대표는 종친회 요청으로 비 내리는 날씨 속에 김수로왕 제례에 참석하기도 했다.

'밀양 박씨'로는 1960년대 야당 정치인 박순천, 두산그룹 박씨 일가 등이 해당하며, 박근혜 대통령은 '고령 박씨'다.

'진주 강씨'는 강덕수 전 STX 회장, 방송인 강호동, 강영훈 전 국무총리, 강기갑·강재섭 전 국회의원 등이 있다.

'창녕 조씨'는 죽산 조봉암, 바둑인 조훈현, 성악가 조수미 등이며, '함안 조씨'로는 소설가 조정래, 조순 전 서울시장, 조용기 목사가 있다.

'창원 황씨'는 황우여 교육부총리, 황우석 박사가 대표적 인물이다.

홍준표 경남도지사는 '남양 홍씨'다.

김대중 전 대통령

김무성 전 새누리당 대표

박용성 전 두산그룹 회장

방송인 강호동

성악가 조수미

황우석 박사

혈연과 정치권

'종친회' 선거서 위력…반대 성향 후보 간 단일화까지

우리 사회, 특히 정치권이나 선거 국면에서 혈연관계는 그 위력을 발휘한다. 종친회가 어떠한 자세를 하느냐에 따라 당락이 오가기도 하고, 출마 교통정리를 해 주기도 한다.

지난 2007년 함안군수 재선거에서 '함안 조씨' 후보 두 명이 박빙의 승부를 펼쳤다. 결국 조영규 후보가 조현룡 후보를 누르고 당선되었다.

하지만 선거 후 함안 조씨 종친회 사람이 조영규 군수를 고발했다. 조 군수가 '영규 일족에게 문중 전체의 전폭적인 지지를 보내기로 결의했다'는 허위사실을 유포했다는 것이었다. 이 때문에 1만 5000명에 이르는 함안 조씨 사람들 표심이 왜곡됐다는 주장이었다. 애초 선거 때부터 두 후보를 놓고 문중 내에서도 갑론을박하던 것이 터져 나온 것이다.

이러한 사례는 '함안 조씨'가 이 지역에서 끈끈한 관계를 형성하고 있다는 걸 잘 말해준다. 최근 재선거 포함한 7차례 함안군수 선거에서 '함안 조씨' 후보는 지난 2014년을 빼고는 빠지지 않고 출마했다. 이 가운데 '함안 조씨' 후보가 3번 당선되었다.

국회의원 선거구는 함안이 의령·합천과 묶여 치러지기에 그 영향력은 덜하다. 이에 12~14대 국회의원 선거에서 '함안 조씨' 후보가 이 지역에서는 몰표를 받았지만, 전체 득표율에서는 역부족을 실감하며 3차례 내리 떨어졌다. 하지만 이후 두 차례 선거에서는 '함안 조씨' 후보가 당선되었다.

지난 2012년 총선에서는 진주 을에서 강갑중·강병기 후보가 야권 단일화를 진행했다. 한 사람은 친여, 또 한 사람은 진보 성향이었기에 명분은 부족했다. 하지만 배경에는 '진주 강씨' 문중에서 '같은 강씨끼리 다투는 모양새가 좋지 않다'는 정서가 작용했다는 후문이다.

경남 주요 성씨의 시조

나라 세우거나 적 격파…왕·장군 후손 뿌리내려

우리나라 성씨의 시조는 대부분 신라 말에서 고려 초, 조선 시대 인물이다. 여기에다 중국에서 건너온 시조도 꽤 많다. 일본이나 베트남에서 온 이들이 시조인 성씨도 있다. 경남 지역을 본관으로 둔 성씨들도 크게 다르지는 않다. 대표적으로 인구가 많은 김해 김씨, 밀양 박씨, 진주 강씨 시조에 대해 알아본다.

김해 김씨

우리나라 성씨 중 가장 사람 수가 많은 '김해 김씨'는 고대 왕국 가야의 대표 국가인 가락국 김수로왕을 시조로 한다. 〈삼국유사〉 '가락국기'는 가락국 건국 신화를 이렇게 전한다.

'얼마 되지 않아 하늘을 우러러보았더니 붉은 줄이 하늘로부터 내려와 땅에 닿았다. 줄의 끝을 찾아보니 붉은 보자기 속에 금상자가 있었고, 상

김해 수로왕릉

자를 열어 보니 황금알 여섯 개가 있었다. 사람들은 모두 놀라고 기뻐하면서 그 알을 향해 수없이 절을 하였다. 그리고 다시 보자기에 싸서 안고 아도가의 집으로 가서 탁자 위에 두고는 모두 흩어졌다. 12일이 지난 그 이튿날 아침, 사람들이 다시 모여서 상자를 열어보니 여섯 개의 알이 어린 아이로 변해 있었는데 그 모습이 매우 뛰어났다. 곧 평상에 앉히고 사람들이 절을 하며 축하하고 극진히 공경하였다. 아이들은 나날이 커졌는데, 십여 일이 지나자 키가 9척이나 되어 은나라의 탕왕 같았고 얼굴은 용처럼 생겨서 한나라의 고조 같았다. 여덟 가지 색깔의 눈썹은 당나라의 요임금 같았고, 눈동자가 겹으로 된 것은 우나라의 순임금 같았다. 그달 보름에 왕위에 올랐다. 처음으로 세상에 나타났기 때문에 이름을 수로首路라고 하였다.'

당시 아홉 부장 수장들이 김수로왕을 맞으면서 부른 노래가 구지가이며 여섯 알을 맞이한 장소가 김해시 구산동에 있는 구지봉 꼭대기다. 인도에서 건너와 김수로왕의 아내가 된 허 황후는 김해 허씨의 시조다.

진주 강씨

우리나라에서 인구수 6번째인 '진주 강씨'는 고구려 명장 강이식 장군을 시조로 한다. 신채호는 〈조선상고사〉에서 강이식 장군이 군사를 이끌어 수나라를 격파했다고 기록하고 있다. 상세한 내용은 다음과 같다.

'고구려 영양왕 8년[597년] 수나라가 중국을 통일하고 고구려를 신하국으로 삼으려 무례한 국서를 보내오자 강이식은 "이러한 오만무례한 국서는 붓으로 답할 것이 아니라 칼로 대답해야 한다"며 주전론을 제창했다. 이후 고구려 조정 여론이 주전론 쪽으로 가닥을 잡자 수 문제가 고구려를 본격적으로 침공했다. 이때 강이식은 고구려의 최고 사령관인 병마원수를 맡아 정병 5만을 이끌고 참전했다. 이듬해(598년) 대병력을 이끌고 요서로 나아갔다가 임유관[현 산해관의 남서 지역]으로 거짓 후퇴했다. 이에 수 문제가 30만 대군을 임유관으로 보내고, 수군도 보내 평양으로 출전한다고

진주 강씨 시조인 고구려 강이식 장군 사적비 뒤로 위패를 모신 봉산사가 보인다.

했다. 하지만 이는 바닷길로 수나라 대군에게 군량을 공급해주려는 속임수였다. 강이식은 이를 간파하고 수군으로 바다에 나가 군량선을 격파했다. 그리고는 일부러 출병하지 않고 기다리니 수나라 군사들은 양식이 점차 떨어지고, 마침 6월 장마철이라 기아·질병으로 사기가 극도로 떨어졌다. 이를 기회로 강이식은 총 공세를 가해 수나라 군사들을 거의 섬멸했다. 강이식이 진두지휘한 임유관 전투 승리로 수 문제 정권은 몰락했고, 고구려는 요동 지방을 안전하게 확보했다.'

강이식 장군의 묘는 중국 만주 봉길현 원림역 앞에 있다. 후손들은 위패를 진주시 상봉동에 있는 봉산사에 모시고 매년 제를 올리고 있다.

밀양 박씨

사람 수가 두 번째로 많은 성씨인 '밀양 박씨'는 신라를 건국한 박혁거세를 시조로 한다. 박혁거세의 신라 건국 신화는 〈삼국사기〉와 〈삼국유사〉, 〈제왕운기〉에 전하는데 간략하게 다음과 같다.

'진한 땅의 여섯 마을 우두머리들이 알천 상류에 모여 군왕을 정하여 받들고자 하여 높은 곳에 올라 멀리 남쪽을 바라보았다. 그러자 양산 기슭에 있는 나정이라는 우물가에 번개와 같은 이상한 기운이 드리워진 흰 말이 엎드려 절하고 있었다. 찾아가서 그곳을 살폈더니 자줏빛 알이 있었고 말은 사람들을 보자 길게 울고는 하늘로 올라갔다.

그 알을 깨뜨리자 사내아이가 나오매, 경이롭게 여기면서 동천 샘에 목욕시키니 온몸에서 빛살을 뿜는 것이었다. 이때 새와 짐승이 더불어

밀양 박씨 시조인 박혁거세를 포함해 신라 초기 4대 박씨 왕과
박혁거세의 왕후 알영왕비 무덤이 모셔진 경주 오릉 ©문화재청

춤추고 하늘과 땅이 흔들리고 해와 달이 청명하였다. 이로 말미암아 혁거세왕이라 이름을 짓고 위호(벼슬 등급)는 거슬한이라고 하였다.'

박혁거세는 사실 우리나라 모든 박씨의 시조이기도 하다. 박씨는 우리나라 토착 성씨로 학자들은 밝다는 뜻 우리말 '밝'을 음차해 '朴'으로 표기한 것이라고 보고 있다. 우리나라 박씨 중 밀양 박씨가 70% 이상으로 대부분을 차지한다.

밀양 박씨의 관조(貫祖)는 박언침이다.

그는 박혁거세의 29세손으로 신라 경명왕 박승영의 첫째 아들로 태어나 후에 밀성대군에 봉해지면서 후손들이 밀양을 본관으로 하고 있다. 현재 밀양시 내일동 아북산 기슭에 그의 위패를 모신 '밀성재'라는 사당이 있다.

전남 여수 '밀양 박씨 집성촌'

"후손 한데 모이면 시끌벅적…공동체 분위기 점점 옅어져"

전라남도 여수에는 '밀양 박씨' 집성촌이 여럿 있다. 밀양 박씨가 여수에 들어오게 된 건 1592년으로 거슬러 간다. 박웅도라는 자가 벼슬아치들 파벌 싸움을 못마땅하게 여겨 조용한 곳을 찾아 흘러들어온 곳이 여수시 율촌면 반월마을이라는 곳이었다.

또한 임진왜란 때 영남지역 사람들이 전란을 피해 전라좌수영이 있던 여수로 몰려들었다. 이순신 장군은 지금의 여수 돌산읍 쪽에 자리를 내주었다고 한다. 이 가운데 여수 돌산읍 평사리 월암마을은 '밀양 박씨'들이 거처하면서 거주지가 형성되었다고 한다. 지금도 집성촌을 이루고 있다.

이곳 월암마을을 찾으니 문패는 하나같이 '박○○'이었다. 박정남(78) 씨는 "이 마을에 65~70가구 정도 사는데, 밀양 박씨가 45가구 정도 된다"고 했다. 하지만 공동체 분위기는 예전만큼은 아닌 듯했다.

"제각도 있었고, 공동 제사도 모시고 했지만 이제 그런 건 없어. 삼촌·조카 간 재산 때문에 다툼이나 있고…."

이 마을을 찾은 이유를 설명하자 박 씨는 다른 곳을 소개해 줬다. 이웃해 있는 돌산읍 서덕리 서기마을이었다. 이곳에서 박춘하(76) 씨를 만났다.

"우리는 남해군에서 옮겨와 7대에 걸쳐 살고 있지. 1대를 보통 40년으로 잡으니 300년 가까이 된 거지. 함께 모여 살면 친척 간 단합

여수시 돌산읍 서기마을은
밀양 박씨 집성촌이다. 박춘하 씨가
장롱에 있던 족보를 꺼내 보여줬다

도 되고, 서로 의지할 수 있으니 좋아. 남해에서 들어온 사람들이지만, 밀양 박씨가 대다수니 텃세를 부려도 우리가 부리지."

박 씨는 이 마을 밀양 박씨가 일대에서는 최고 부자 집안이라고 했다.

"윗대 할아버지 몇이 모여서 사채 장사를 한 거야. 같은 밀양 박씨들이 돈 빌려주라고 해도 못 갚을 것 같으면 절대로 안 줬다고 해. 그 정도로 악착같이 했으니 돈을 엄청나게 번 거야. 현금을 집에 쌓아두고, 이 마을 땅도 대부분 다 사고 말이지. 부자는 망해도 몇 대가 간다고 그러잖아. 그 부가 지금도 이어지고 있어. 여기 돌산읍 안에서 서기마을 밀양 박씨가 제일 부자야."

돈이 많아서인지, 도시로 떠난 이도 많다고 한다. 지금은 10여 가구가 집성촌 명맥을 이어가고 있다.

"예전에는 이 마을 밀양 박씨가 모두 모이면 방마다 바글바글했어. 많을 때는 130명이 모여서 시조할아버지 보러 밀양에 가기도 했지. 돈이 많으니 묘소에서도 고기를 한껏 먹고 그랬어. 지금도 1년에 두어 번 모이고 그래."

하지만 갈수록 이러한 분위기가 옅어지고 있어 걱정하는 눈치였다.

"여기 어른들이 서울 사는 후손한테 돈 몇천만 원 주면서 문중을 키워보라고 하는데, 잘 되겠어? 우리 세대가 저 세상 가면 끝이라고 봐야지…."

성씨 제도의 새 물결

변화하는 성씨…'부모 성 함께 쓰기'도

우리나라에서 성씨제도는 혈통을 잇는다는 문제뿐 아니라 그 자체로 독특한 문화가 되어 발전했다.

'우리나라 성씨제도는 단지 혈통의 표시에 끝나지 않고, 사회조직의 기초를 이루고 있어 사상 문화 도덕 관습의 근본이 되고 있다. 곧 성씨 체제는 역사적 사건이 적층으로 쌓여 자연스럽게 형성된 제도로, 여느 민족과 구별되는 한민족의 전형적인 문화적 양태라 할 수 있다.' (서해숙, 한국 성씨의 기원과 신화, 민속원, 2005)

하지만 '양성평등'과 '다문화'가 당연한 것으로 여겨지는 요즘, 성씨제도와 관련해 새로운 문화들이 생기고 있다. 대표적으로 1990년대 후반 시작된 부모 성姓 함께 쓰기를 들 수 있다.

10 기획시리즈 경향신문

▶ 최신 혜수, 김강 혜인, 이한 다슬, 지강 호영, 정김 하늘…

'부모姓 함께쓰기' 새 조류로

방구·강도·송장등 민망할땐
부모姓 순서 바꿔써도 무방

자식대로 내려가 姓 길어질땐
모계姓은 代이어서 계속 사용

호적에서는 아직 인정못받아

그대 이름은 여자

여성계 '제2 창씨개명 운동'
'부계姓은 신성' 정면 뒤엎어

서구선 자녀姓 부모협의로
호주제폐지·법개정이 숙제

'남자들은 자궁세를 내라'

장수히트상품 수상!

1999년 경향신문에 보도된 '부모姓 함께 쓰기' 기사

이는 아버지 성씨만이 혈통을 표시하지는 않는다는 생물학적인 기초에서 비롯한 양성평등 운동이다. 시작은 1997년 3월 9일 당시 3·8 세계여성의 날 기념 한국여성대회 참가자들이 부모 성 함께 쓰기 선언을 발표하면서부터다.

한의사이며 우리나라 대표적인 여성운동가인 고은광순 씨는 언론 기고에서 다음과 같이 취지를 설명했다.

'부모 성 함께 쓰기 운동의 목표는 부계혈통제의 생물학적, 정치적 부당성을 주장하는 것이다. 아버지의 성과 본만을 쓰도록 강제하는 민법 제781조가 폐기되면 아들 선호, 여아 낙태, 출가녀 차별 문제, 최근 급증

하고 있는 재혼 가정에서의 자녀 성 문제 등은 모두 사라질 수 있다. 다른 나라들처럼 부모 한쪽의 성을 쓰든, 섞어서 쓰든, 새로 만들든, 중간에 고쳐 쓰든 그것은 국가가 이를 강제할 필요가 없다. (중략) 부모 성 함께 쓰기 운동은 모계를 부계의 반대편에, 대립적인 지위에 세우자는 취지가 아니라, 소외되어 온 모계를 살리고, 더 나아가서 근본적으로 가문이라는 헛된 개념에서 벗어나자는 것이다.' 고은광순, 2001, 프레시안)

이 취지에 따라 한때 부모 성 함께 쓰기가 유행처럼 번진 적도 있지만 요즘은 보기 드물다. 그래도 지금까지 공식적으로 이름을 표시할 때 부모 성을 함께 쓰는 이들이 주변에 영 없지는 않다. 금속노조 경남지부에서 일하는 이김춘택 씨가 그런 경우다. 그는 90년대 후반 부모 성을 함께 쓰기 시작해 지금까지도 이를 지키고 있다.

이김춘택 씨는 지금도 남성 지식인들에게서 왜 부모 성을 함께 쓰느냐는 질문을 받곤 한다고 말한다.

"여성들은 별로 묻지를 않는다. 이름이 왜 그러냐고 물어도 '그냥 부모 성을 같이 쓰는 것이다'라고 대답하면 대개는 '그렇구나' 하고 끝이다. 하지만 남성 지식인들은 추가 질문을 많이 한다. '부모 성을 같이 쓰면 뭐가 어떻게 달라지느냐'라든지 '자식들은 성을 어떻게 하느냐'는 식이다."

우리나라가 다문화사회가 되면서 최근 부쩍 늘어난 외국인 창성·창본도 새로운 현상이다. 창성·창본이란 성씨와 본관을 새로 만드는 것을 말한다. 법원 자료를 보면 2014년 경남지역 법원 외국인 창성·창본 사례는 601건이다. 매달 50개씩 새로운 본관과 성이 생긴 셈이다.

이처럼 외국인 창성·창본이 활발한 것은 내국인보다 절차가 쉬운 까닭이기도 하지만, 한국 국적을 얻은 후 외국 이름을 그대로 쓰기보다는 한국식 성을 만드는 게 살아가기가 편한 때문으로 보인다. 그만큼 성씨제도와 관련해 우리 문화가 배타적이라는 뜻이기도 하다.

부룬디 태생 귀화인 **김창원** 씨

"새겨진 이름 봤을 때 '진짜 한국사람 됐구나' 생각"

부징고 도나티엔Buzingo Donatien이라는 이름이 김창원金昌原으로 바뀐 지 7년 가까이 됐다. 아프리카 부룬디에서 태어났지만 내전을 피해 한국에서 7년 가까이 난민생활을 하다 귀화했다. '마라토너 도나티엔'으로 잘 알려진 그는 현대위아 창원3공장에서 일하는 '직장인 김창원(38·창원시)'이다.

김창원. 이름은 대한민국에서 가장 많은 성씨인 김, 그리고 자신의 제2 고향이 된 창원을 땄다.

"어차피 한국에서 계속 살아야 하기에 외국 이름을 쓸 수는 없었다. 소속감이 떨어지기도 하고…. 주민등록증에 새겨진 내 이름을 처음 봤을 때 '진짜 한국사람이 됐구나'라는 생각이 들었다. 나는 주변 사람들이 빨리 '김창원'이라고 불러줬으면 했는데, '도나티엔'에 익숙해서 그런지 좀 시간이 걸리더라."

지금까지 언론을 통해 그가 '창원 김씨' 시조라고 알려졌다. 그런데 '창원 김씨'는 이전부터 있었고, 시조는 신라 경순왕 18대손 김을진金乙珍으

김창원 씨는 7년 전 대한민국에서 가장 많은 성씨인 김, 그리고 자신의 제2 고향이 된 창원을 따서 '김창원'이란 이름으로 주민등록증을 만들었다.

로 기록돼 있다.

"이름 신청할 때 그렇게 한 것이라, 아직도 그런 부분에 대해서 잘 알지 못한다. 문제가 된다면 시조, 그런 건 사용하지 않으면 될 것 같다. 그냥 부룬디 사람 중 최초인 창원 김씨라고 생각해 줬으면 한다."

부룬디에서 쓰던 성은 '부징고'다. 할아버지 때부터 쓴 성이라고 한다. 성씨가 이어지는 우리나라와 약간 차이가 있다고 한다. 대대로 이어지기보다는 후손 중에서 새로운 성을 쓰는 경우가 많다고 한다.

김 씨는 한국에서 생활한 지 14년 가까이 됐지만 본관·파·시조·족보, 이런 것에는 아직 익숙하지 않다고 한다. 그래도 처음 만난 사람이 같은 김 씨면 좀 더 친밀감이 드는 건 당연하다고 했다.

김 씨는 부룬디 국적인 아내와 2014년 결혼했고, 아들도 얻었다.

"주변 사람들로부터 이름 추천을 받았다. 그중에서 '김한빈金韓斌'이라는 이름이 가장 마음에 들었다. '한국에서 빛나는 아이'라는 이름 뜻대로 잘 키울 것이다."

근대문화유산

—

가까운 과거는 현재를 돌아보는 도구일 수 있다.
하여 근대는 현대의 거울이다. 근대문화유산은 개항기와 일제강점기,
해방기에 만들어진 가치 있는 문화재다.
문화재청은 이를 등록문화재로 지정해 관리한다.
등록문화재로 지정되지 않았다고 의미가 없는 것은 아니다.
경남지역 근대문화는 일제강점기 마산항·부산항을 중심으로
철도를 따라 내륙으로 발달해갔다. 밀양, 진주 등 주요 역을 중심으로
근대문화유산이 많은 까닭이다. 창원시 진해구처럼
도시 자체가 근대의 산물인 곳도 있다.
경남지역에는 등록문화재로 지정되지는 않았지만,
자체로 훌륭한 문화자산이 되는 근대건축물도 많다.
꼭 문화재 형식이 아니어도 그 문화 가치를 보존하고 활용할
다양한 방식이 있을 것이다.
이번 편이 그런 고민을 함께하는 계기가 되길 바란다.

경남 등록문화재

음식점 등 다양히 활용

근대문화유산은 우리나라 근대 역사·사회성을 담고 있는 것으로, 주로 건축물·기념물·유적지가 해당한다. 통념적으로 1876년 개항부터 해방 전후 만들어진 것들이 해당한다.

근대문화유산 가운데 보존 가치가 큰 것은 '등록문화재'로 지정해 관리한다.

문화재보호법에 따른 등록문화재 정의에는 '지정문화재가 아닌 문화재 중 건설·제작·형성된 후 50년 이상이 지난 것으로서…'라고 되어 있으나, '긴급한 보호조치가 필요한 경우에는 50년 이상이 지나지 아니한 것이라도…'라는 단서도 있다.

따라서 개념을 정리하면 근대문화유산은 등록문화재를 포함하는 좀 더 넓은 의미이다. 하지만 등록문화재 있는 곳에는 '대한민국 근대문화유산'이라는 글자가 더 눈에 들어오듯, 일반적으로는 두 개를 같이 받아들이는 분위기가 깔려있기도 하다.

도내 등록문화재는 모두 42개다. 가장 먼저 등록된 것은 2002년 5월 진주 문산성당이다. 가장 최근에는 2014년 10월 의령 정암철교가 이름을 올렸다.

거창 황산마을 옛담장

거창 정장리 양식 가옥

통영 용화사 괘불도

대부분 일제강점기 역사성, 혹은 건축학적 의미를 담고 있지만, '통영 용화사 괘불도', '사천 다솔사 괘불도', '진주 의곡사 괘불도'처럼 미술사적 의미를 담고 있는 것도 있다.

2000년대 중반에는 돌담문화재에 대한 관심이 커지면서 '고성 학동마을 옛 담장', '거창 황산마을 옛 담장', '산청 단계마을 옛 담장', '산청 남사마을 옛 담장', '의령 오운마을 옛 담장'이 잇따라 등록됐다.

'함양 옛 임업시험장 하동·함양지장', '밀양 삼랑진역 급수탑'은 별다른 용도 없이 문화재 자체로 관리·보존되고 있다.

반면 '밀양 교동 근대 한옥', '거창 정장리 양식 가옥' 같은 주택시설은 여전히 사람이 살고 있다. 특히 '옛 진해해군통제부 병원장 사택'은 '선학곰탕'이라는 대중음식점으로도 유명하다.

등록문화재로 지정됐다가 해제되는 경우도 있다. 금광으로 부를 쌓은 이현보 씨가 지은 주택인 '거창 경덕재'는 2014년 1월 11일 화재로 본채가 완전히 타버리는 바람에 문화재 가치를 잃었다. '진주 하촌동 남인수 생가'는 근거자료 및 신빙성 부족, 지역주민의 새로운 증언 등으로 남인수 실제 생가로 보기 어렵다는 결론이 나와 8년 만에 해제됐다.

거창 경덕재·남인수 생가에 부여됐던 등록문화재 제147호·제153호는 계속 빈 공간으로 남아있게 된다.

1912년 건립된 진해우체국에 대해 많은 사람이 등록문화재로 생각하기도 한다. 하지만 진해우체국은 국가지정문화재인 사적 291호로 지정돼 있다.

등록문화재를 도내 지역별로 보면 창원이 10개로 가장 많고, 밀양 6개, 진주·통영 각각 5개 순이다. 김해·하동·함안·합천에는 없다.

전국적으로는 서울 174개, 전남 74개, 경기 66개, 전북 59개, 충남 50개로, 42개인 경남이 많은 편에 든다고 하기는 어렵다.

하지만 일제강점기 흔적인 '옛 진해요항부 사령부', '옛 진해방비대 사령부', '옛 진해해군통제부 병원장 사택' 등을 품고 있는 창원시 진해지역은 전북 군산과 함께 '대한민국 근대문화유산 지역' 대표성을 띠고 있다.

경남 지역별 등록문화재

진주

(1)**진주 문산성당**: 이곳은 1905년 소촌공소에서 본당으로 승격된 진주 지역 최초의 성당으로 광복 이전까지 진주를 포함한 서부 경남 일대 천주교의 거점이었다. 기와지붕으로 된 옛 성당 건물과 서양식 성당 건물이 경내에서 조화를 이루고 있다.

(2)**진주 옥봉성당**: 이 성당은 1911년 진주 문산성당의 옥봉공소로 시작해, 진주지역 천주교회사에서 중요한 역할을 했다. 정면의 돌출

된 높은 종탑을 중심으로 성당이 좌우대칭으로 구성돼 있다.

(3)**진주역 차량정비고**: 이 건물은 경전선과 호남선을 개통하면서 진주역에 설치한 차량정비고이다. 벽면에는 한국전쟁 때 총탄 흔적이 그대로 남아 있다.

(4)**진주 배영초등학교 구 본관**: 배영초등학교 본관은 진주공립심상소학교였던 곳이다. 전체적으로 근대적 조형성을 표현하고 있는 등 진주에 남아있는 가장 오래된 초등학교 건물로서 가치가 있다.

(5)**진주 의곡사 괘불도**: 근대기 동양화가에 의해 제작된 유일한 괘불이라는 점에서 매우 독특한 사례로 평가받는다. 근대기 제작된 불화들 가운데서도 미술사적으로 주목할 가치가 있다.

진주 문산성당

진주역 차량정비고

진주 배영초등학교 구 본관

창원

(1)**진해역**: 진해역사는 진해선로의 역사로 1926년 11월 건립됐다. 구조는 목구조에 벽체는 시멘트로 되어 있다. 역사는 군항제 기간에 간이역으로 사용되고 있다.

(2)**옛 진해해군통제부 병원장 사택**: 1930년대 건립된 건물로 일제 강점기 당시 진해 해군통제부 병원장이 살던 사택이었다. 지금은 '선학곰탕'이라는 음식점으로 사용되고 있다.

(3)**옛 진해요항부 사령부**: 일제 강점기 당시 일본 해군 기지인 진해요항부 사령부로 건립됐고, 현재는 우리나라 해군 진해기지 사령부로 사용되고 있다.

(4)**옛 진해방비대 사령부**: 1912년 일본 해군 기지인 진해방비대 사령부로 건립돼 최근까지 우리나라 해군 진해 기지 사령부 사무실로 사용됐다.

(5)**옛 진해방비대 사령부 별관**: 1912년 무렵 건립된 일본 해군기지인 진해방비대 사령부 별관이다. 본관과 비교하면 간소하지만, 1910년대 서양식 건물로서 건물 의장 요소가 뛰어나다.

(6)**옛 진해요항부 병원**: 1912년 해군 진해기지에 건립된 병원 건물로, 최근까지 의료원 본관으로 사용됐다. 붉은 벽돌을 이용해 정교하게 쌓는 등 짜임새 있는 입면을 구성했다.

(7)**옛 마산헌병 분견대**: 1926년 건립된 이 건물은 일본 헌병대가 독립투사들에게 가혹 행위를 자행했던 곳이다. 관공서 건축물로서의 권위적인 형태를 나타내고 있다.

(8)**마산 봉암수원지**: 1930년 일제 강점기 당시 마산에 거주하던 일본인과 일제 부역자들에게 물을 공급하기 위해 건립됐다. 당시 댐 축조 기술을 잘 보여주고 있다.

(9)**창원 소답동 김종영 생가**: 우리나라 현대 조각 개척자인 김종영 1915~1982 선생 생가로 가곡 '고향의 봄'에서 '울긋불긋 꽃 대궐'이라는 노랫말은 이 집을 묘사한 것이다.

(10)**백두산함 돛대**: 해군 창설 이후 장병과 가족 성금으로 1949년 미국에서 전투함을 구매한 후 백두산함이라 명명했다. 1959년 퇴역 이후 해군사관학교 내에 함정 돛대만을 보존했다.

밀양

(1)**밀양 삼랑진역 급수탑**: 경부선을 운행하던 증기기관차에 물을 공급하기 위해 1923년 삼랑진역에 건립된 급수탑이다. 교통 요충지였던 삼랑진역 시설물로서 가치가 있다.

(2)**밀양 교동 근대 한옥**: 안채는 1915년, 사랑채는 1937년 건립됐다. 국내 최초 민족계 지방은행인 구포은행 대지주였던 손영돈이 차남을 분가하려고 지었다. 근대 한옥 특징을 엿볼 수 있다.

(3)**밀양 퇴로리 근대 한옥**: 1910년 무렵 건립된 것으로 조선 후기 양반집 건축 형식을 따르고 있지만, 전·후퇴 공간 확장, 내부 수납공간 확대 등 근대 한옥 특징을 보여주고 있다.

(4)**밀양 상동터널**: 1905년 경부선 개통을 위해 건립됐다. 1960년대 초 경부선 노선이 변경되면서, 지금은 자동차·보행자 터널로 이용되고 있다. 당시로써는 매우 수준 높은 기술로 만들어졌다.

(5)**옛 밀양역 파출소**: 1920년대 건립된 파출소로 일제 강점기 때 한국인 억압이 행해졌던 건물이었다. 1980년 이후에는 부산항운노동조합 사무실로 사용됐다.

(6)**밀양 옛 비행기 격납고**: 일본이 태평양 전쟁에서 연합군 폭격을 피하기 위해 1940년경에 만든 비행기 격납고다. 일부 훼손됐지만 전면의 아치형 개구부와 곡면형 일체식 구조가 잘 남아 있다.

밀양 옛 비행기 격납고

옛 통영군청

통영

(1)**옛 통영청년단 회관**: 3·1운동 이후 지역 사람들이 성금을 모아 민족의식 고취와 자생적 사회 계몽 운동을 위해 1923년 건립한 회관이다. 일본의 탄압에도 민족의식을 고취해 온 역사를 증언하고 있다.

(2)**옛 통영군청**: 1943년 통영군청으로 지어졌으며, 2002년까지 통영시청 별관으로 사용됐다. 건립 당시 외관을 그대로 간직하고 있으며 통영 지역 문화·예술 활동의 전당으로 활용되고 있다.

(3)**통영 문화동 배수시설**: 1933년 일제 강점기 당시 이 지역 일대에 물을 공급하던 배수 시설이다. 통영 시내가 잘 보이는 야트막한 야산 위에 있다.

통영 문화동 배수시설

통영해저터널

⑷**통영해저터널**: 1932년 만들어진 동양 최초의 해저 구조물이다. 비록 공사의 주창과 시행이 일제에 의한 것이라고 해도 투입된 인력과 자재가 우리 민족에 의한 것이라는 측면에서 가치가 있다.

⑸**통영 용화사 괘불도**: 20세기 초반 경상도 지역을 중심으로 활동했던 완호 낙현이 수화승을 맡아 그린 10m에 육박하는 대형 그림이다. 전통 계승과 함께 근대적 기법을 잘 보여준다.

거제

⑴**거제 학동 진석중 가옥**: 1947년에 통영에 거주하는 목수에게 의뢰해 신축한 것이다. 그동안 부분적인 수리는 수차례 있었으나 현존

거제 학동 진석중 가옥

거제초등학교 본관

건물은 대대적인 내부 개조나 공간 변용은 없었다.

⑵**거제초등학교 본관**: 근대기 학교 건물의 전형적인 형식을 취했다. 석재 채석, 가공, 붉은벽돌 생산·운반 등에 주민들이 직접 참여하는 등 지역공동체가 참여해 역사적 가치가 높다.

사천

⑴**사천 다솔사 괘불도**: 조선 말 이후 서울·경기지역을 중심으로 성행하던 아미타 염불 신앙에 근거하여 제작된 괘불도다. 20세기 초 화승들 교류도 엿볼 수 있다는 점에서 가치가 있다.

의령

⑴**의령 오운마을 옛 담장**: 돌담과 탱자나무 울타리가 함께 구성돼 한옥, 오래된 큰 나무와 어우러져 아름다운 경관을 형성하고 있다.

⑵**정암철교**: 의령과 함안을 연결하는 교량으로, 1935년 철골 트러스교로 준공됐으나 6·25전쟁으로 파괴된 후 1958년 일부 남아있던 부분은 그대로 살려 재건했다.

의령 오운마을 옛 담장

의령 정암철교

창녕

⑴**남지철교**: 창녕과 함안 사이 낙동강을 가로질러 설치한 근대식 트러스 구조 철교다. 다리 상부는 마치 물결이 치는 듯한 모습을 연출한다. 이 시기 제작한 철교 가운데 가장 아름답고 우수한 다리로 평가받는다.

양산

⑴**양산 통도사 자장암 마애아미타여래삼존상**: 근대기 출발점에 있는 불교 조각이다. 19세기 유행한 불화의 시대적 특징이 잘 드러나 있으며 희소가치가 있다.

고성

⑴**고성 학동마을 옛 담장**: 마을 인근 산에서 채취한 2~3cm 두께의 납작돌과 황토로 쌓아 다른 마을 담장과는 차별된다. 마을 주변 대숲과도 잘 어우러진다.

창녕 남지철교

고성 학동마을 옛 담장

남해

(1)**남해 덕신리 하천재**: 퇴계 이황의 뒤를 이어 양관 대제학을 지낸 박충원의 후손이 건립한 재실이다. 강당과 사당을 한 건물에 결합한 근대기 재실 건축의 새로운 경향을 보여 준다.

산청

(1)**산청 특리 근대 한옥**: 일제강점기 평안북도 정주 군수를 지낸 민재호가 지은 건물이다. 전통 목구조에 일식 가구수법이 혼합돼 있으며 실용적인 평면 구성과 2층이 누마루로 형성된 점 등이 특이하다.

(2)**산청 단계마을 옛 담장**: 토석담이 주류를 이루며 전형적인 농촌 가옥들과 어우러져 독특한 풍경을 이루고 있다.

(3)**산청 남사마을 옛 담장**: '한국에서 가장 아름다운 마을연합'이 2011년 '1호'로 지정한 곳이다. 전통 한옥과 돌담이 고즈넉한 여유로움을 선사한다. 주민들은 '남사예담촌'이라는 이름을 만들어 민박한다.

남해 덕신리 하천재

산청 특리 근대 한옥

함양

⑴**함양 옛 임업시험장 하동·함양지장**: 일제강점기에 교토대학 부속 연습림을 관리하는 사무실로 1917년 건립됐다. 기둥 형식과 처마를 받치는 공포 형식 등이 특이하다.

거창

⑴**거창 정장리 양식 가옥**: 1947년 건립된 것으로 해방 이후 농장 주택의 근대적 모습을 잘 보여준다. 눈이 많은 지역적 특성을 고려해 지붕물매를 매우 경사지게 했다.

⑵**거창 황산마을 옛 담장**: 토석담과 활처럼 휘어진 전통 담장 길이 전통고가와 어우러져 고즈넉한 느낌을 준다. 거창 신씨 집성촌으로 10여 곳에서 민박한다.

⑶**거창 옛 자생의원**: 해방 이후 건립된 의료시설로 의원·주택·병동 건축물이 잘 남아있어 의료사적, 건축사적 보존가치가 높다. 현재 보수 및 원형복원공사가 진행 중이다.

예술인이 바라본 근대유산 진해

“동화 같은 도시 한눈에 반해 눌러앉아 버렸다”

2010년까지만 해도 진해시라 불린 창원시 진해구는 벚꽃으로 제일 유명하지만 사실 도시 자체가 통째로 근대 유산이기도 하다. 일제가 조선인들을 쫓아내고 해군기지로 만든 계획도시이기 때문이다.

‘본격적으로 군항 건설과 시가지 조성 공사가 시작된 것은 1910년 들어서였지만, 1909년에 이미 현동에는 군항 건설 준비가 시작됐다. 일본 해군은 일본회사에 토지를 대부했고, 대부를 받은 자들이 건물을 지으면서 진해 신도시 건설이 본격적으로 시작됐다. 진해는 이렇게 식민지가 되기도 전에 일제의 손에 들어갔다.’ 〈일제시대 문화유산을 찾아서〉(정태헌 외, 선인, 2012)

일제는 진해 제황산에 공원을 조성하고 그 옆에 중원로터리를 만들어 도시의 중심으로 삼았다. 남북에는 각각 북원·남원로터리를 두고 부챗살 모양으로 도시를 만들었다. 당시 도심 지역에 살던 조선인들은 ‘경화동 한국인 부락’으로 쫓겨났다.

이렇게 진해는 전형적인 근대 도시로 태어났다. 일제강점기 건물이 대부분 파괴된 한국전쟁 기간에도 별다른 피해 없이 살아남았다. 그래서일까, 역사적 의미가 별로 없는 듯한 진해 거리의 평범한 건물조차 잔뜩 근대의 분위기를 풍기고 있다.

진해에 전혀 연고가 없는 영화감독 이수지 씨가 이 도시에 반해 아예 정착해버린 것도 이런 이유다. 지난 2011년이었다. 당시 서울에 살던 이 감독은 창원에 일을 보러왔다. 일을 마치고 드라이브 삼아 차를 몰고 근처를 돌아보다가 우연히 진해에 오게 됐다.

"뭐 이런 데가 다 있지 그랬다. 도시가 되게 작아 보이는데 바로 앞에 바다, 바로 뒤에 산인 거다. 동화 같은 이미지였다. 도심으로 들어왔는데 느낌이 그냥 도시 같지 않고 영화를 찍으려고 일부러 만든 세트장 같았다. 그리고 시간이 아주 느리게 흘러가는 것 같았다. 사람들도 아주 느리게, 여유 있게 움직이는 것 같았고…. 어찌 보면 마치 과거로 들어가는 입구 같기도 했다."

진해우체국 앞에 선 영화감독 이수지 씨

이 감독이 결정적으로 진지하게 진해를 바라보게 된 건 중원로터리 곁에 있는 진해우체국을 보면서다. 진해우체국은 1912년에 지어진 1층 목조건물이다. 러시아풍의 근대건축으로 당시 우편환저금, 전기통신 업무를 하던 곳이다. 일반적인 근대유산이 등록문화재로 돼 있는 것과 달리 진해우체국 건물은 국가지정 사적 291호로 지정돼 있다. 그만큼 문화재 가치가 크다는 뜻이다.

"어쩌다가 중원로터리에 접어들었는데 건너편으로 진해우체국을 봤다. 건물이 아주 정교하고 예뻤다. 어쩌면 요즘 건물들이 더 대충 짓는 게 아닌가 할 정도로. 사실 진해우체국 때문에 진해를 다시 봤다. 그냥 뭐 시골이겠지 생각했는데 우체국을 본 순간 도시가 깊이가 있어 보였으니까…."

지금은 많이 사라졌지만, 2011년만 해도 중원로터리 주변으로 제법 많은 적산가옥이 있었다. 적산가옥은 해방 후 일본인들이 남기고 간 집을 말한다. 이 감독이 진해우체국 다음으로 보고 놀란 건 진해구 대죽동에 있는 어느 적산가옥이었다.

"진해우체국을 보고 나서 진해에 적산가옥들이 많이 있는 줄 모르고 돌아다니다가 이 적산가옥을 만났다. 그리고는 아, 진해에 이런 집들이 더 있겠구나 하고 막 찾아다닌 거다. 그러고 나서 여러 곳을 찾아냈다."

대죽동과 함께 이 감독의 마음을 사로잡은 곳은 지금의 편백로 주변이다. 지금도 길 주변으로 낡고 아담한 건물과 적산가옥들이 늘어서 있다.

"이 길을 지나가는데 뭐가 엄청 낯더라. 그리고 건물 뒤로 보이는 하늘 면적이 아주 넓다고 느꼈다. 뭔가 되게 옛날인 것 같은데, 이런

진해 중원로터리 근처에 있는 오래된 건물

곳에 사람들이 살고 있더라! 적산가옥을 그대로 살려 만든 여기 카페에서 두 번째 장편영화를 찍었다."

이 감독은 최근 진해에서 부쩍 '진해다운 모습'이 사라진 걸 안타깝다고 한다.

"대죽동은 엄청 많이 변했다. 이젠 흔적도 없다. 대죽동뿐 아니라 다른 곳에도 적산가옥이 많이 없어졌다. 대신 빌라 같은 건물이 들어섰다. 창원시로 통합되고 나서 뭔가 대도시처럼 변하는 것 같아 안타깝다. 전에는 도시 형태가 자유롭게 되어 있었는데 이제는 획일화되어간다. 예를 들어 보도블록도 옛날 모양 그대로 있으면 좋은데 지금은 진짜 창원시내 보도블록처럼 현대식으로 바뀌어 버렸다. 건물 위로 보이던 하늘 면적도 줄어들고…. 진해에 적산가옥이 많은 이유가 한국전쟁 때 다른 지역은 다 파괴됐는데 진해만 살아남아서 그렇다 하더라. 그런 전쟁도 파괴 못 한 적산가옥을, 지금은 그냥 사람이 파괴하고 있다."

그래서 이 감독은 어떻게 하면 '진해의 근대'를 사람들이 공유하면서 살 것인가 고민 중이다.

"역사는 역사인데 뭔가 흔적이 남아있으면 다르잖은가. 흔적을 보면서 상상하는 거랑 그냥 자료 보면서 상상하는 거랑은 차이가 난다. 처음 진해 왔을 때는 따뜻하고 동화 같고 뭔가 아늑하고 역사 속으로 들어오는 느낌이었고, 그런 모습을 기억하고 있으니까 지금도 예뻐 보이는데, 요즘 누가 처음 진해에 오면 그때 나랑 같은 기분이 들까 싶다. 근대건물은 근대와 현대 사이에 있는 일종의 정거장이다. 적산가옥이 사라질 때마다 그런 정거장이 사라지는 것 같아 아주 안타깝다."

교통요지 두 도시 '일제 수탈 흔적' 남아

밀양시와 진주시는 경남지역 시·군 중 근대유산이 제법 많은 곳이다.

밀양에는 교동과 퇴로리에 있는 근대 한옥과 삼랑진역 급수탑, 옛 밀양역 파출소, 옛 비행기 격납고와 상동터널이 등록문화재근대유산로 돼 있다. 밀양에서 활동하는 풍경사진가 배재홍 씨는 이 중에서 상동터널을 최고로 꼽는다. 상동터널은 1905년 경부선 철도노선을 개통할 무렵에 지은 것으로 알려진다. 1960년대로 들어서면서 철도 노선이 바뀌자 자동차와 보행자 통로로 지금까지 쓰이고 있다. 100년도 훨씬 전에 건설됐지만, 당시 기술로 매우 수준 높은 건축 기술을 보여주는 것으로 평가받는다.

배 씨의 말을 들어보자.

"붉은 벽돌이 촘촘히 박힌 천장과 벽면이 무척이나 단단하게 느껴지고, 바닥엔 천장에서 떨어진 듯한 빗물이 고여 있고 터널이라 발걸음 소리도 둔탁하고 무겁게 느껴지는 곳이다. 하지만, 봄이면 하얀 꽃잎들이 강변으로 흩날려 그야말로 눈꽃 세상이 펼쳐지는 곳이고, 터널을 빠져나오면 환한 풍경이 아름다운 장소다."

진주시에는 문산성당과 옥봉성당, 옛 진주역 차량정비고, 진주 배영초등학교 구 본관, 의곡사 괘불도가 근대유산으로 지정돼 있다. 문산성당이 독특한 분위기로 찾는 사람이 많긴 하지만, 가장 인기가 많은 곳은 옛 진주역 차량정비고다. 이 건물은 지난 1925년 무렵 경

옛 진주역 차량정비고에서 찍은 포크가수 권나무 앨범 사진

전선과 호남선을 개통하면서 옛 진주역에 만든 것이다. 지금은 오래된 건물 그대로 쓰이지 않고 있다. 벽면에는 한국전쟁 때의 총탄 흔적이 그대로 남아 있기도 하다.

진주지역 인터넷 언론 단디뉴스 권영란 대표는 “차량정비고는 그 독특한 분위기로 특히 사진가들에게는 로망 같은 곳”이라고 말했다.

2014년과 2015년 한국대중음악상 최우수 포크 노래상을 받은 포크가수 권나무도 첫 번째 정규앨범 사진을 진주역 차량정비고에서 찍었다. 진주에서 대학 생활을 한 그는 “옛날 건물이지만 이국적이면서 제가 생각하는 편안하고 모던한 공간이어서 건물 자체에서 많은 영감을 얻었다”고 말했다.

있는 듯 없는 그때 그 시절 '생기' 불어넣어야

창원시 마산합포구 월영초등학교 뒷길. 우거진 숲 사이 작은 돌담길을 오르면 일제강점기에 만들어진 가옥 3채를 만나게 된다. 마산 지역에 전기를 처음 공급한 '일한와사'라는 회사가 있었는데, 1938년 지어진 사택이 바로 이곳이다.

3채 가운데 유독 눈에 들어오는 한 집이 있는데, 일한와사 사장이 살았던 곳이다. 이 집은 일제강점기 이후에는 모직회사 사장, 고등학교 교장, 대학교 학장이 살았고, 40년 전에는 병원으로 사용됐다고 한다. 지금은 폐허로 방치돼 있다.

창원시 마산합포구 반월동에 남아 있는 일본식 가옥

지금은 폐허로 방치된 창원 반월동 일본식 가옥

마당에는 한때 병원이었다는 흔적이 남아 있다. 실내로 들어가면 건축에 지식이 없는 사람일지라도, 일본식 가옥이라는 걸 느낄 만하다. 내부 여기저기는 사람 살던 흔적이 남아 있다. 이사를 준비하다 멈춘 것으로 보이는데, 짐에 붙어 있는 메모에는 '2006년'이라고 적혀 있다.

사람 손길 사라진 그 시간 속에서 집은 죽어가고 있다. 바닥 마루는 침식으로 푹 꺼져 있다. 통합 이전 옛 마산시는 근대문화유산적 의미에서 이 주택을 주목하고 있었다고 한다. 하지만 이 집 소유주가 관심 두는 것을 원치 않았다고 전해진다.

창원시 마산합포구 어시장에서도 예사롭지 않은 건물을 만날 수 있다. 빨간 벽돌로 된 2층짜리인데 얼핏 봐도 만만치 않은 세월을 짐작하게 된다. 인근에서 노점을 하는 아주머니에게 물으니 "옛날에 무슨 창고용으로 만들었다고 하던데"라고 했다.

아주머니 답은 사실과 비슷했다. 오늘날 수협과 같은 역할을 하는 중간상인들을 '객주'라고 불렀는데, 1943년 그들 창고로 건립되었다고 한다. 이 건물은 단순한 시간적 의미에 그치지 않는다. 오늘날 남아 있는 유일한 객주 창고이기 때문이다.

창원시 마산합포구 장군동에는 1909년 만들어진 삼광청주 주조장이 있었다. 100년 된 이 건물을 지역주민들이 나서 보존해야 한다는 목소리를 높였다. 하지만 지난 2011년 11월 결국 철거되고 말았다. 삼광청주 상징과 같았던 굴뚝은 단 몇 초 만에 흔적도 없이 사라졌다.

그래도 이 일을 계기로 지역사회에서는 근대문화유산에 대한 인식을 새롭게 했다. 2013년 1월 '창원시 근대 건조물 보전 및 활용에 관한 조례'가 만들어졌다. 근대 건조물이란 '개항기 이후부터 1960년대 사이 건립된 역사적·건축사적·산업적 가치가 있는 건축·시설물'을 말한다. 시가 지정해 보존하겠다는 것이다. 장기적으로는 등록문화재에 이름 올리는 것도 염두에 두고 있다.

마산 어시장 옛 객주 건물

삼광청주 주조장 나무 전신주

창원시 문화예술과 문화담당 관계자는 "의미와 상징도 중요하지만 얼마나 원형이 남아 있느냐가 우선되어야 한다"고 했다.

삼광청주 보존운동을 자발적으로 했던 창원시 마산합포구 주민들은 '중앙동 문화역사 작은 박물관'을 만들었다. 무너진 삼광청주에서 나온 주조장 발효술통, 철제 금고, 상량 표지목, 기와, 나무 전신주 등을 전시한 것이다.

2015년 초에는 이들 주민 등이 나서 '마산역사문화유산보존회'를 만들었다. 최춘파(72) 부회장은 이렇게 말했다.

"우선 등록문화재인 옛 마산헌병분견대를 문화유산 교육공간으로 활용하는 것에 대해 논의하고 있다. 또한 마산합포구 중앙동에 화교학교 건물이 남아 있는데, 이 또한 보존가치가 있다고 생각한다. 삼광청주가 그렇게 없어진 것이 아쉽지만, 이제라도 시와 주민들이 이런 움직임을 보여 다행이라 생각한다."

경남예술인

경남 예술인

일제강점기, 해방기를 거쳐 한국전쟁 전후까지
경남은 근현대 한국 예술사에서 중요한 공간이었다.
창원(마산), 진주, 통영을 중심으로 일찍이 근대문화가 발달했고
한국전쟁의 영향도 비교적 적게 받은 까닭이다.
실로 많은 예술 거장들이 경남과 연결돼 있다.
경남에서 태어나 다른 지역에서 활동한 이도 있고,
다른 지역에서 태어나 경남에서 활동한 이도 있다.
경남에 잠깐 머무른 이도 있고, 경남에서 태어나 줄곧 경남에서
활동하면서도 세계적으로 인정을 받거나 한국 예술사에 의미 있는
발자취를 남긴 이들도 많다. 이번 편에서는 경남과 관련이 있으면서
근현대 한국 예술사에 두드러졌던 예술 거장들을 만나본다.

고향에 뿌리내린 거장들

세상을 흔들고 고향에서 잠들다

여기 다룬 예술가들은 경남에서 태어나 경남에서 활동한 거장들이다. 물론 이들은 일본이나 프랑스로 유학을 가기도 하고, 한동안 서울에서 지내기도 했다. 하지만 결국은 경남으로 돌아와 지역 문화계에 자극을 주고, 고향에서 눈을 감았다.

누구를 우선해서 다뤄야 하는가 하는 고민이 컸다. 예컨대 마산 출신 시조시인으로 서울에서 활동한 이은상과 평양에서 태어나 마산에서 주로 활동한 작곡가 조두남 같은 이들은 예술가로서는 훌륭하다. 하지만 혼란한 근현대사 속에서 보인 '기회주의적인 삶의 궤적' (여전히 논란을 일으키고 있다) 탓에 이들을 대표 예술인으로 다루기는 어려웠다. 한 가지 분명한 사실은 여기 소개한 이들 외에, 어디 내놔도 모자라지 않은 분들이 경남에 참 많다는 것이다.

화가 전혁림 1916~2010

전혁림은 1915년 1월 충무시(현 통영시) 무전동에서 태어났다. 한국의 피카소, 색채의 마술사, 한국 색면추상의 선구자 등 한국 미술사에 드러나는 거창한 이름과 달리 그는 주로 고향 통영과 부산 등 지역에서 활동했다. '코발트블루Cobalt Blue', 전혁림 작품의 상징인 이 색깔은 바다를 낀 통영·부산의 지역성을 잘 드러내고 있다. 지난 2006년 경남도립미술관에서 '전혁림의 삶과 예술'을 주제로 열린 세미나에서 당시 황원철 경남도립미술관장은 이렇게 말했다.

"전혁림은 수도권 미술문화에 대한 사대의식을 깨뜨려낸 순수한 지역 예술가다. 지역성을 낙후성과 연계해서 생각해 미술 문화의 본적은 지역이라는 것을 인식하지 못하고 무조건 수도권 문화의 종속적인 개념으로 보아 넘기려는 사고가 팽배해 있는 것이 문제다. 전혁림의 작가적인 소양과 활동을 통해서 '지역 미술을 보는 눈'을 교정시키기에 충분하다."

1995년 작업실에서 작업 중이던 전혁림 화백

전혁림은 해방 후인 1947년 통영 출신 음악가 윤이상·정윤주, 시인 유치환·김춘수·김상옥 등과 민족문화를 발전시키겠다는 목표로 통영문화협회를 설립하기도 했다. 시인 김춘수는 후에 전혁림을 두고 이렇게 읊었다.

전화백全畵伯

당신 얼굴에는

웃니만 하나 남고

당신 부인夫人께서는

위벽胃壁이 하루하루 헐리고 있었지만

Cobalt Blue,

이승의 더없이 살찐

여름 하늘이

당신네 지붕 위에 있었네

-김춘수 '전혁림 화백에게'-

아흔 살이 넘도록 왕성하게 작품활동을 하던 전혁림은 2010년 5월 노환으로 눈을 감았다. 현재 고향 통영에 전혁림미술관이 있어 그의 흔적을 전하고 있다.

무용가 김해랑1915~1969

김해랑은 1915년 10월 마산시현 창원시 마산합포구 창동에서 태어났다. 1932년 춤을 배우고 싶다는 열망으로 일본으로 건너가 현대무용을 배웠다. 당시 일본에 유학 중이던 최승희에게서 우리 전통춤도 익혔

1957년 무용가 김해랑이
무대에서 공연하고 있는 모습

다. 1939년 귀국해 고향 마산에 김해랑무용연구소를 세우고 많은 제자를 키웠다. 그리고 한국전쟁 후에는 서울에서 지내며 한국무용예술인협회를 창설하는 등 한국 무용계 대들보 노릇을 했다. 1956년 11월 다시 고향 마산으로 돌아와 남은 평생을 지역 문화·예술인과 함께 보냈다.

김해랑의 춤은 우리 고전무용에 현대적인 색을 입혔다는 평가를 받고 있다. 대표적인 작품으로 '아리랑'을 꼽는다. 나운규의 영화 〈아리랑〉을 무용으로 만든 이 춤은 해방 전부터 1960년대까지 가장 자주 추던 것이다. 일제강점기와 해방기에 공연 무대로 자주 쓰이던 마산 '강남극장'에서 올린 김해랑의 아리랑 공연을 묘사한 글을 보자.

'낫을 휘두르는 춤사위, 남루하고 더럽혀진 적삼을 입은 한 농부가 울분에 찬 듯 낫을 휘두르고 있다. 그의 눈은 분노로 이글거리고 호흡은 거칠다. 그는 마치 일제에 대항해서 싸우는 듯 혼자뿐인 무대 위에서 가상의 적을 향해 계속 낫질을 했다.' (마산국제춤축제위원회, 2011)

김해랑은 1969년 7월 마산합포구 자택에서 영원히 눈을 감았다. 오랜 암 투병 생활의 끝이었다.

"야들아, 너네는 겁도 없이 무대에 잘도 선다. 나는 와 이리 무대가 겁나는지 모르겠다."

그의 제자가 전한 이 말은, 한평생 그의 춤이 얼마나 진지했는지 보여준다.

조각가 문신1923~1995

조각가 문신은 1923년 1월 일본에 광부로 끌려간 아버지와 일본인 어머니 사이에서 태어났다. 5세 때 귀국해 마산시현 창원시 마산합포구 추산동에서 살았다. 16살 되던 해 다시 일본으로 건너가 서양화를 배웠다. 해방 후 서울과 부산·마산 등에서 인물, 풍경 등을 그리는 서양화가로 활동했다. 1961년 프랑스 파리로 건너간 문신은 추상화를 그리면서 조각 작업도 하기 시작했다. 1965년 잠시 귀국했다가 1967년 다시 파리로 돌아가서는 본격적으로 조각 작업에 열중했다. 1969년 프랑스 남부도시 발카레스 해안에 작품 '태양의 인간'을 설치하면서 세계적인 추상조각의 거장으로 성장했다.

프랑스에서 활동하던 문신은 1980년 고향 마산으로 돌아와 추산동 언덕에 작업장을 마련하고 열정적으로 창작에 몰두했다. 좌우대

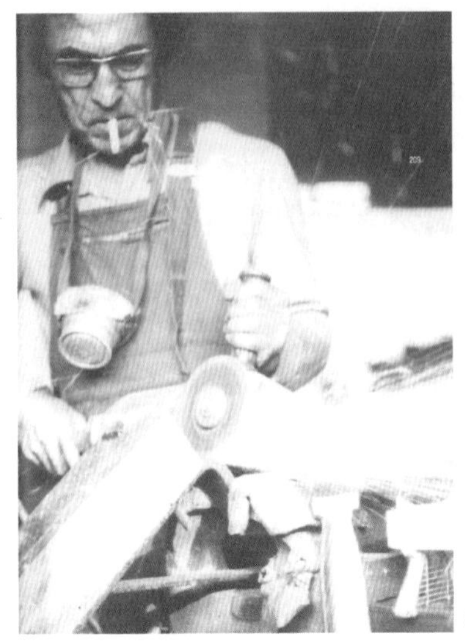

작업에 몰두한 조각가 문신

칭이 뚜렷하고 마치 외계 생물체를 닮은 듯한 그의 조각은 현재 서울 올림픽 조각공원 등 서울과 마산을 포함한 전국 곳곳에 설치돼 있다.

"내 작품을 보려거든 마산 문신미술관으로 오시오. 유럽 전시회를 마치고 문신의 작품을 구입하겠다는 세계 굴지 회사를 향해 문신은 이렇게 말했다. 당당했던 작가 문신의 자기 예술에 대한 자부와 문신미술관에 대한 포부를 읽을 수 있는 한 마디다." (이경미 노성미 김은정, 2009)

마산에 온 후 문신은 작업장이 있는 추산동 언덕에 자신만의 미술관을 14년에 걸려 완성했다. 문신미술관이다. 이는 자기 작품에 대한 사랑이면서 고향 마산에 대한 사랑이기도 했다.

문신은 1995년 5월 추산동 자택에서 눈을 감았다. 이보다 앞서 프랑스 정부는 문신에게 '예술문학기사' 훈장을 수여했다. 그리고 지역 문화 발전에 이바지하겠다는 문신의 유언에 따라 2003년 문신미술관은 옛 마산시에 기증됐다.

경남지역 예술인 기념관

'예술인 자취 오롯이' 기념관·미술관 12곳

위대한 예술인의 발자취를 가까이에서 살펴볼 수 있다면 그것은 행운이다. 그 예술인이 내 고장 사람이라면 더욱 그렇다. 지역 출신 예술 거장들은 지역 사람들의 자랑이자 긍지다. 특히 예술인을 꿈꾸는 이들이나 지역 예술인에게는 그 자체로 큰 자극이 된다. 자치단체들이 지역 출신 거장들의 기념물이나 기념건물을 만드는 이유도 여기에 있다. 경남에는 현재 예술인 관련 기념관이나 미술관이 12곳 있다. 기념비나 시비詩碑는 더 많을 것이다. 여기 소개하는 곳 이외에도 함안 출신 현대미술가 이우환, 옛 진해 출신 서양화가 유택렬, 창원 출신 조각가 김종영 등도 기념관이나 미술관을 조성하기로 하거나 이야기가 나오고 있다.

창원

문신미술관(창원시 마산합포구 문신길 147)

조각가 문신(1923~1995)

김달진문학관(창원시 진해구 소사로 59번길 13)

시인 한학자 김달진(1907~1989)

이원수문학관(창원시 의창구 평산로 135번길 32)

아동문학가 이원수(1911~1981)

통영

김춘수유품전시관(통영시 해평5길 142-16)

시인 김춘수(1922~2004)

박경리기념관(통영시 산양읍 산양중앙로 173)

소설가 박경리(1926~2008)

전혁림미술관(통영시 봉수 1길 10)

서양화가 전혁림(1916~2010)

청마문학관(통영시 망일 1길 82)

시인 유치환(1908~1967)

윤이상기념공원(통영시 중앙로 27 도천테마공원)

작곡가 윤이상(1917~1995)

진주

이성자미술관(진주시 에나로128번길 14)

서양화가 판화가 이성자 (1918~2009)

사천

박재삼문학관(사천시 서금동 101-61)

시인 박재삼(1933~ 1997)

하동

이병주문학관(하동군 북천면 이명골길 14-28)

소설가 언론인 이병주(1921~1992)

평사리문학관(하동군 악양면 평사리길 76-23)

소설가 박경리

아동문학가 이원수, 시인 권환, 작곡가 윤이상…

"미래를 바라보면 경남은 소중한 문학 자산을 가지고 있다. 권환과 이원수다. 왜냐하면, 북한 문학에서도 가르치기 때문이다. 경남문학이 통일문학에 이바지를 하는 대목이 여기에 있다." (우무석 시인, 2015)

북한에서도 인정받는 예술인 중에는 경남 출신이 많다. 언제가 될지는 모르지만 만일 '통일시대'가 열린다면 경남은 훌륭한 남북 예술 교류의 장이 될 수도 있다. 여기 그 기반이 될 예술인들을 소개한다.

아동문학가 이원수

한 번쯤은 북한 아이들이 앙증맞은 한복을 입고 '고향의 봄'을 열창하는 영상을 본 적이 있을지도 모르겠다. '나의 살던 고향은~'으로 시작하는 이 노래는 남쪽의 대표적인 동요이면서 북쪽에서도 즐겨 부르는 것이다. 가락을 지은 이는 작곡가 홍난파, 노랫말을 지은 이는 아동문학가 이원수다. 이원수1911~1981는 양산에서 태어나 창원시 의창구 소답동에서 어린 시절을 보냈다. 고향의 봄은 소답동을 배경으로 한 노래였다.

"소답리는 작은 마을이었지만 읍내에서도 볼 수 없는 오래되고 큰 기와집의 부잣집들이 있었다. 큰 고목의 정자나무와 봄이면 뒷산의 진달래와 철쭉꽃이 어우러져 피고, 마을 집 돌담 너머로 보이는 복숭아꽃 살구꽃도 아름다웠다.” (이원수, 1980)

현재 창원시 서상동에 이원수문학관이 있어 그의 삶을 기리고 있다.

시인 권환

대표적인 카프KAPF, 조선 프롤레타리아 예술동맹 시인, 권환1903~1954은 창원군 현 창원시 마산합포구 진전면 오서리에서 태어났다. 일본에서 고등학교를 졸업하고 교토대학을 졸업한 그는 고국으로 돌아와 카프 활동을 주도했다. 해방 후 한국전쟁이 일어나기 전까지 마산에서 교사를 지내다 1954년 지병으로 눈을 감았다.

한국전쟁이 일어나자 카프 활동을 했던 문학가들이 대거 월북한 것과는 달리 권환은 마산에 남았다. 하지만 북한문학사에서는 권환을 중요한 시인 중의 하나로 다루고 있다. 창원시는 매년 진전면 오서리에서 '권환문학제'를 열고 있다.

작곡가 윤이상

지난 1984년, 평양에 윤이상 음악연구소가 문을 연다. '동베를린 간첩단 사건'으로 남쪽에서 철저히 외면당한 음악 거장을 북쪽에서 받아 안은 것이다. 윤이상1917~1995은 통영에서 태어나 일본에서 음악을 배웠다. 통영여고, 부산사범학교 교사를 지내다 1956년 프랑스로 건너가 유럽에서 명성을 쌓아갔다. 1967년 동베를린 사건에 연루돼 옥고를 치른 후 1971년 독일에 귀화해 베를린예술대학교 작곡과 교수를 지냈다.

지금은 남쪽에서도 '통영이 낳은 세계적인 음악가'란 수식어가 붙어 윤이상의 음악성을 치켜세우고 있다. 통영시는 매년 윤이상을 추모하는 '통영국제음악제'를 열고 있다. 통영시 도천동에 윤이상기념공원이 있어 그가 남긴 발자취를 살필 수 있다. 윤이상기념공원에 있는 전시실에는 북한에서 만들어 보낸 윤이상 흉상이 전시돼 있다.

경남에 머물다 간 예술 거장

남녘 그 바다는 안았다, 고달픈 이야기를

결핵문학

창원시 마산합포구 가포동에 있는 국립마산병원은 결핵 연구와 치료를 전문으로 하는 곳이다. 이 병원은 1946년 같은 자리에 세운 '국립 마산 결핵요양소'로부터 시작됐다.

1948년 가포 국립마산병원 모습

가포동은 일제강점기에 이미 요양소가 생길 정도로 공기가 맑은 곳이었다. 별다른 결핵약이 없던 시절, 맑은 공기는 유일한 치료제였다. 결핵은 '가난한 글쟁이들이 잘 걸리는 병'이기도 했다. 그래서 당시 마산결핵 요양소는 유명한 문인들이 요양차 많이 찾았다. 지역 문인들은 이들과 교류하며 지역 문화 수준을 한층 끌어올렸다.

일제강점기에는 소설가 나도향, 시인 임화, 소설가 지하련 등이 요양소를 찾았다. 마산 요양소에서 꽃핀 임화와 지하련의 사랑 이야기는 잘 알려져 있다. 해방 후에는 시를 쓰고 사회활동도 활발했던 이들이 많이 찾았는데 시인 권환, 시조시인 이영도, 시인 김상옥, 시인 구상, 시인 김지하, 시인·사상가 함석헌, 시인 김춘수, 시인 서정주 등이 마산에서 지냈다. 작곡가 반야월의 '산장의 여인'도 마산 결핵 요양소에서 지낸 경험을 담았다. 이들이 마산에서 치료를 받으며 적은 글은 '결핵문학'으로 분류되기도 한다. 그들이 작품 속에 남긴 '마산 이야기'를 들어보자.

창원시 마산합포구 가포동에서 바라본 마산 앞바다

'마산의 바다는 좋습니다. 바다의 공기를 마시고 그것을 내뿜을 때는 마치 바다를 삼켰다가 배앝는 듯한 때가 있습니다. 구마산 지저분한 부두에 섰을 때라도 바다를 내다볼 때, 멀리서 흰 돛을 단 배가 유리 같은 바다 위로 미끄러져 갈 때에는 돛대 끝에 내 맘 한 끝을 매고 한없이 먼 나라로 나의 마음을 끌어가는 듯합니다.' 〈피묻은 편지 몇 쪽〉(나도향, 1926)

'뒤로 무학의 봉우리를 등지고, 멀리는 진해만두에 거제섬이 아련히 바라보이고, 가까이는 호수 같은 마산만 밖엔 저도[돌섬]가 울창한 송림을 머리에 이고 앉은 풍경은 굴곡과 변화 많은 해안선과 더불어 남해연안에 유수한 명승으로 굴지할 만하다. 해수는 동해와 같이 맑지는 못하나 근해에는 거의 동해와 서해에서 나는 여러 어류가 서식할 수 있을 뿐 아니라, 멀리는 진해만 외에 흘러드는 낙동강 하구를 위시로 가까이는 또한 대소 하천이 이리로 모여 담해양서의 살진 고기가 섞여 가워 금상첨화를

이룬 감이 있다.'〈조어비의〉 (임화,1941)

피난 미술가

1950년 한국전쟁이 일어나자 대부분 미술가는 임시 수도인 부산으로 피난했다. 하지만 마산·진해현 창원시와 충무현 통영시로 전쟁을 피해 온 이들도 적지 않았다.

'6·25 동란한국전쟁과 격동기에 도상봉1902~1977, 이중섭1916~1956, 최영림1916~1985 등의 피난 미술인들이 일시 체류하면서 지역 미술과의 교류가 있었다.' (경남도립미술관, 2008)

피난 미술가들의 삶은 팍팍했다. 전쟁통이라 할 수 있는 일이 그리 많지 않았다.

"당장 식생활의 고달픈 나날을 보내면서 군수 물자로 연명하기도 하고 부두 노동 등 잡종직을 찾아 나서기도 하였다. 그중 부산 영도의 한 도자기 회사에 도화 그리는 일에 투입되면서 화가들에게는 호구지책을 마련하는 계기가 되기도 하였다. 또 학교의 미술 강사, 극장가의 선전 간판, 간판소에 종사하는 정도였다." (황원철, 2010)

이런 시기에도 전시회는 꾸준히 열렸는데 이런 것이 지역 작가들의 창작 의욕을 부채질했다.

'피란 작가들에게 자극받은 부산 토박이 화가들의 토벽동인회와 피란

작가들이 합류한 후반기 동인전은 모두 6·25 전란기에 생성 발전하여 남방문화의 모태가 되기도 한다. 이런 광경을 목격한 마산 토박이 작가들도 흑마회라는 조직을 만들어 1950년대 전국 최초의 가두 전시를 열어 한국 근·현대 미술사에서 조명받고 있다. 당시 마산의 흑마회 창립 멤버를 보면, 이림, 이수홍, 배기준, 최운, 이준, 이상갑, 김주석, 문신, 김재규 등이 있다.' (경남도민일보, 2010)

전쟁이 끝나고 서울로 돌아간 피난 미술가들 덕분에 지역 예술인들이 전국적인 명성을 얻기도 했다.

"경남이 한국전쟁 때 피해가 덜하다 보니 예술인들이 피난을 오곤 했고, 그러다 보니 지역에 있는 미술인을 도와주고 그랬다. 특히 옛날에는 미술인들이 남해 쪽으로 오면 무조건 통영으로 갔다. 통영 지역 예술인들은 다른 지역 예술가들에게 술도 사주고, 회도 사주고 그러면서 친분을 쌓았다. 반대로 지역 예술인들이 서울에 가면 서로 소개를 해주며 전국적으로 인지도를 높이기도 했다." (한국미술협회 김상문 경남지회장, 2015)

한국 예술의 선구자들

들불처럼 번진 경남의 예술혼

전각

석불 정기호1899~1989는 근현대 전각가로서 중국과 일본에까지 명성

석불 정기호

을 날린 독보적인 장인이다. 1948년 대한민국 1호 국새인 태극인용을 만들었다.

정기호는 1899년 8월 창원군 상남면 지귀리현 창원시 의창구 명서동에서 태어났다. 16살이 되자 중국으로 건너가 전각장인 황소산에게서 10년 동안 전각을 배웠다. 이후 일본으로 건너가 일본 전각을 배우면서 명성을 떨치기 시작했다. 1945년 귀국해 당시 마산에 '고죽당'이란 도장집을 운영하기도 했다. 나중에는 부산으로 가 작품활동을 계속했다.

연극

극작가이자 연출가인 동랑 유치진1905~1974은 근대 연극사에서 최고 희곡작가로 꼽힌다.

통영에서 태어난 그는 일본에서 공부하고 나서 귀국해 1931년 극예술연구회를 창립하고, 극단 현대극장(해방 전), 극단 극예술협회(해방 후)를 조직했으며 한국무대예술원을 설립하는 등 한국 연극

영화 <지하촌>의 한 장면 ©이성철 교수

전반에 이바지한 바가 크다. 경남 연극이 1920년대 통영, 진주를 중심으로 발전했고, 해방 후 진주, 마산을 중심으로 경남 지역에서 활발하게 연극 활동이 이뤄진 것도 널리 보았을 때 모두 유치진으로 말미암는다.

영화

1920~30년대 카프[KAPF·조선프롤레타리아예술동맹] 영화부 소속으로 많은 활동을 펼친 영화인 중에 경남 출신 영화감독 강호[1908~1984]가 있다. 강호는 1908년 창원군[현 창원시 마산합포구] 진전면 봉곡리에서 태어났다. 12살이 되던 1920년 일본에 건너가 고생하면서 그림을 배웠다. 귀국 후 1927년 카프에 가입해 선전미술활동을 벌인다. 이때부터 본격적으로 영화 공부를 시작해 〈암로〉(1929), 〈지하촌〉(1931)을 만들었다. 1946년 월북, 영화를 만들며 대학에서 학생들을 가르쳤다.

유두열
'1984년 롯데 우승 주역'
마산동중
마산상고(현 마산용마고)

한문연
'초창기 롯데 안방마님'
마산동중
마산상고(현 마산용마고)

박동수
'1980년대 롯데 사이드암 에이스' 마산동중, 마산상고(현 마산용마고)

박영태
'1980년대 롯데 내야수'
마산동중
마산상고(현 마산용마고)

감사용
'삼미 슈퍼스타'
진해 출생-진해중
마산고

조광래
'컴퓨터 링커'
진주 출생
진주중-진주고

박창선
'대한민국 월드컵 1호 골'
김해 출생
김해합성초-김해중

김호곤
'2004 올림픽 대표팀 감독'
통영 출생
통영충렬초-통영중

이장수
'중국서 지도자 신화'
함안 출생-함안중

박항서
'경남FC 초대 사령탑'
산청 출생-산청생초초
산청생초중-경남FC 감독

여민지
'여자 축구 스타플레이어'
함안함성중
함안대산고(현 경남로봇고)

서정원
'1994년 월드컵 스페인전 극적 동점 골'
거제연초중-거제고

김종부
'1980년대 축구천재'
통영 출생-통영유영초

성정아
'1984년 올림픽 은메달 주역'
삼천포여중-삼천포여고

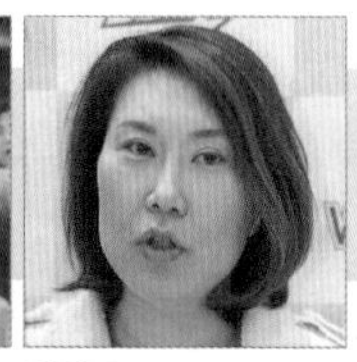

정선민
'여자농구 레전드'
마산여중-마산여고

황현주
'여자배구 명장'
하동 출생
진주동명중-진주동명고

강만수
'원조 거포'
하동 출생-하동중

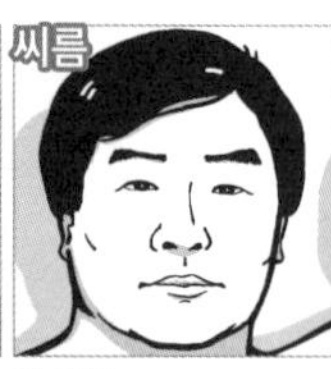

김성률
'마산 씨름계 전설'
마산 출생-마산중-마산상고(현 마산용마고)-경남대

이승삼
'털보 뒤집기 장사'
마산 출생-마산중-마산상고(현 마산용마고)-경남대

이만기
'모래판 황제'
의령 출생-마산중-마산상고(현 마산용마고)-경남대

김남순
'2000년 올림픽 단체 금·개인 은'
진해여중-진해여고

하형주
'1984년 올림픽 금메달'
진주 출생-진주 대아중

김미정
'1992년 올림픽 금메달'
마산 출생

손승모
'올림픽 남자 단식 유일한 메달'
밀양중-밀양고-밀양시청

이경원
'2008원 올림픽 복식 은'
마산성지여중-마산성지여고

공필성
'악바리'
진해남중
마산상고(현 마산용마고)

전준호
'원조 대도'
마산동중-마산고

장원삼
'현 삼성 좌완 에이스'
창원신월중
마산용마고

조정훈
'2009년 다승왕'
마산중
마산용마고

김호
'1994년 월드컵 대표팀 감독', 통영 출생
통영두룡초-통영중

이홍실
'1980년대 국내 최고 미드필더', 진해 출생-마산중앙중-마산공고-마산공고 감독

이차만
'대우로얄즈 전성기 이끈 지도자'
김해 출생-경남FC 감독

김병지
'현역 수문장 전설'
밀양 출생
밀양초-밀양중

김도훈
'현 인천 감독'
통영 출생
통영 유영초-통영중

김용대
'국가대표 GK 출신'
밀양 출생-밀양밀성초
창녕남지중-거제고

정재근
'연세대 황금 세대'
마산동중-마산고

김영만
'사마귀 슈터'
마산동중-마산고

하종화
'코트 위 신사'
진주동명중-진주동명고

윤종일
'한양대 황금세대'
진주동명중-진주동명고

전광인
'현 국가대표 에이스'
하동 출생
진주동명중-진주동명고

강호동
'이만기 시대 막 내리게 한'
진주 출생-마산중-마산상고(현 마산용마고)

황경수
'수많은 천하장사 만든 지도자' 합천 출생-합천중-경남대, 마산상고 감독

박시헌
'88올림픽 비운의 금메달리스트', 함안 출생-진해중앙고-경남대, 진해남중 교사

박성수
'88올림픽 단체 금·개인 은', 진해종고(현 진해제일고), 진해시청 감독

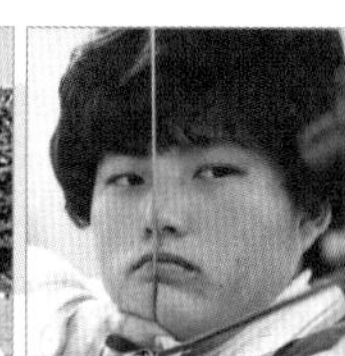

왕희경
'88올림픽 단체 금·개인 은', 진해여중-진해여고

경남 스포츠인

경남 스포츠인

예전만은 아니더라도 여전하기는 하다.

올림픽에서 메달을 따면 그 선수 고향은 떠들썩해진다.

환영 펼침막이 붙고, 기자들 발걸음이 몰린다.

1980년대 들어 여러 프로 종목이 만들어졌다.

프로 스포츠에서 '우리 팀'을 묶는 바탕은 역시 지역 연고다.

한국 사회에서 어느 분야든 마찬가지일 테다.

특히 스포츠에서는 '우리 지역 사람'에 좀 더 마음 쓰는 분위기다.

이름 석 자가 귀에 익은 수많은 스포츠인 가운데

경남 출신에 대해 살펴보려 한다.

경남 출신 스포츠 스타들

이들 활약상에 온 국민이 환호했다

경남 출신 스포츠 스타들을 종목별로 살펴보면 역시 그렇다. 인기 종목에서 많은 이름을 찾을 수 있다. 마산고·마산용마고로 나뉘는 야구, 통영·진주·마산뿐만 아니라 고르게 스타를 배출한 축구, 그리고 모래판 고장 마산이 있는 씨름이다.

야구 롯데 초창기 멤버 수두룩

야구는 1980년대 프로 초창기 롯데 멤버 중에서 반가운 이름을 만날 수 있다. 특히 마산동중-마산상고현 마산용마고 출신이 많다.

'안방마님' 한문연, '사이드암 에이스' 박동수, '수석코치'로 더 잘 알려진 박영태가 있다. 가장 강렬한 인상을 남긴 이는 유두열이다. 1984년 한국시리즈 7차전에서 3-4로 뒤지던 8회초, 스리런 홈런 한 방으로 롯데 우승 주역으로 남았다.

선수 시절보다는 훗날 '삼미슈퍼스타'가 새삼 주목받을 때 이름을 알린 감사용은 진해 출생으로 마산고에서 야구를 했다.

이들보다 좀 지나서는 전준호(마산동중-마산고), 공필성(진해남중-마산상고)이 마산 출신 계보를 잇는다.

현역으로는 국내 대표 좌완 장원삼(창원신월중-마산용마고), 2009년 다승왕 조정훈(마산중-마산용마고)이 있다.

미국 마이너리그에서 꿈을 키우다 일본으로 건너간 하재훈, '한화 미래'라 불리는 김민우도 마산용마고 출신이다.

이 외에도 야구팬들 귀에 익은 진상봉, 김창희, 김경환, 신명철, 채종범, 이동학, 오정복, 정훈도 경남 출신이다.

축구 가장 많은 스타 배출

축구는 지명도 면에서 좀 더 풍성하다고 할 수 있다.

1994년 미국월드컵 대표팀을 이끈 김호 감독은 통영을 대표하는 축구인이다. 통영에서 중학교까지 나왔고, 프로 지휘봉을 놓은 이후에는 몇 년 전까지 통영에서 아이들을 가르쳤다.

또한 대표팀·올림픽팀·프로에서 오랫동안 지도자 생활을 한 김호곤, 1986년 월드컵 본선 불가리아전에서 동점 골을 터트린 김종부 경남FC 감독도 통영 출신이다. 인천 감독인 김도훈도 통영에서 태어나 통영유영초-통영중을 나왔다.

진주를 대표하는 축구인은 조광래다. 그는 진주봉래초 시절 축구도 잘하면서 공부 머리까지 있었다. 체육특기자 아닌 입학시험을 통해 진주중·진주고에 들어갔다가 고등학교 1학년 때 축구를 본격적으로 했다. 현역 시절 '컴퓨터 링커'라는 별명이 말해주듯, 두뇌를 겸

비한 대표적인 축구인으로 손꼽힌다.

'마산공고'로 대표되는 마산 출신으로는 1983년 세계청소년축구 4강 주역 유병옥, 1980년대 국내 최고 미드필더 이홍실, 1994년 월드컵 무대를 밟은 신홍기, 2002년 월드컵 멤버 최성용이 있다.

월드컵 대한민국 1호 골(1986년 대회 아르헨티나전) 주인공 박창선, 그리고 프로축구 대우로얄즈 전성기를 이끈 이차만은 김해 출신이다.

럭키금성·울산 지휘봉을 잡았던 고재욱은 통영, 중국에서 지도자 신화를 일군 이장수는 함안, 경남FC 초대 사령탑이었던 박항서는 산청, 경남FC 전 감독 최진한은 진주가 고향이다.

밀양에서는 걸출한 두 골키퍼를 배출했다. GK 레전드 김병지, 그리고 국가대표 출신 김용대다.

'날쌘돌이' 서정원은 고향은 이 지역이 아니지만 거제연초중-거제고를 나왔고, 하석주는 함양 출생이다.

현역으로는 윤빛가람·윤일록, 그리고 진주봉래초 출신 남태희가 진주 축구 자존심을 이어가고 있다.

여자축구에서는 창원명서초-함안함성중-함안대산고[현 경남로봇고]를 나온 여민지·이정은이 이름을 알리고 있다.

농구 마산·삼천포, 배구 진주·하동

농구는 마산과 삼천포로 나뉜다. 여자 농구 레전드 정선민은 마산여중-마산여고를 나왔다. 연세대 황금기를 이끈 정재근, '사마귀 슈터' 김영만, 창원LG 전 감독 강을준은 마산동중-마산고 출신이다. 마산여고 김지윤·신정자, 마산고 송영진·황진원도 반가운 이름들이다.

1984년 LA올림픽 여자농구 은메달 주역인 성정아, 농구대잔치 시절 스타플레이어였던 박정숙·조문주는 삼천포여고 출신이다.

배구는 진주봉원초-진주동명중·고뿐만 아니라 한양대-현대자동차까지 함께한 단짝 하종화·윤종일이 있다.

하동에서도 많은 스타를 배출했다. 여자배구 명장 고 황현주, 국가대표 에이스 전광인은 하동에서 태어나 진주동명중·고를 각각 나왔다. 1980년대 대한민국 거포였던 강만수도 하동 출신이다. 하동초 시절에는 핸드볼, 하동중 시절에는 축구를 하다가, 부산성지공고 때부터 본격적으로 배구를 했다.

말이 필요 없는 씨름, 그리고 유도 스타

씨름은 마산중-마산상고현 마산용마고 코스를 밟은 김성률·이승삼·이만기·강호동이 곧 한국 씨름 계보이기도 하다. 이만기·강호동 같은 천하장사를 조련한 황경수는 합천 출신이다.

유도에서는 1984년 LA올림픽 금메달리스트 하형주가 있다. 진주 출생인 하형주는 진주대아중 시절 씨름 선수로 소년체전 경남대표로도 출전했다. 유도로 전향한 것은 중학교 3학년 때라고 한다. 하형주를 기억하는 한 씨름인은 이렇게 전했다.

"씨름 선수로는 느리고 둔한 편이었다. 그래서 운동을 시켰던 삼촌이 부산에 끌고 가서 유도를 하게 했다. 씨름을 통해 중심 잡는 기술을 먼저 익혔으니, 유도에 큰 도움이 된 거다. 즉 하형주는 씨름에서 기초를 닦아 유도에서 기량을 폈다고 할 수 있다."

1992년 바르셀로나올림픽 여자 유도 금메달리스트 김미정은 마산에서 태어났지만 갓난아이 때 수도권으로 이사했다. 그럼에도 당시

1992년 바르셀로나올림픽
유도 여자 72kg급에서
김미정 선수가 금메달을 딴 순간 ©연합뉴스

당시 마산 집에서 환호하는
김미정 선수의 어머니와 가족
©연합뉴스

올림픽 금메달을 딸 때 고향 마산이 들썩였다. 그의 부모들이 당시 마산 합성동에 살고 있었기 때문이다. 올림픽에서는 부모 거주지가 중요하기도 하다. 대통령 축전이 우선적으로 부모 있는 곳으로 보내지기 때문이다. 당시 어느 일간신문 관련 기사 제목은 '이쁜이, 고향 마산 빛내줬다'였다.

복싱·양궁·배드민턴 올림픽 메달리스트

많은 이가 88서울올림픽 복싱 금메달리스트 박시헌(함안 출생-진해중앙고-경남대)을 기억한다. 하지만 영광보다는 '비운의 복서'로 짙게 남아 있다. 당시 결승전은 사실상 패한 경기였지만, 개최지 배경이 작용하며 판정승을 거뒀다. 당시 자신의 팔이 올라가자 박시헌 스스로도 얼떨떨한 표정을 지었다. 박시헌은 한동안 위축된 시간을 보내야만 했다.

양궁에서는 진해 출신들이 이름을 알렸다. 88서울올림픽에서 남자 박성수, 여자 왕희경은 단체 금메달, 개인 은메달을 동시에 거머쥐었다. 2000년 시드니올림픽에서도 김남순이 역시 단체 금, 개인 은을 목에 걸었다.

배드민턴에는 두 스타가 있다. 올림픽 남자 단식 메달리스트(2004년 아테네올림픽 은메달)인 손승모가 밀양 출신이며, 2008년 베이징올림픽 복식 은메달리스트인 이경원은 마산성지여중-마산성지여고를 나왔다.

그때 그 스타들 근황은?

현장을 지키거나 다른 인생 살거나

경남 출신 스타들 가운데는 고향서 자신의 역할을 이어가기도 하고, 타지에서 또 다른 삶을 살기도 한다.

야구 출신은 경남을 연고로 한 NC 다이노스를 통해 지역팬들과 호흡을 이어가고 있다. 한문연·박영태·박동수·전준호가 코칭스태프로 활약했거나 하고 있다. 공필성은 2014년까지 롯데 코치로 활동하다 선수단-프런트 간 갈등 소용돌이 때 팀을 떠났다가 두산으로 옮겼다.

축구 스타들은 그라운드 곳곳에서 왕성한 활동을 하고 있다.

박항서는 상주상무를 오랫동안 이끌었고, 이흥실은 안산경찰청, 김도훈은 인천유나이티드 지휘봉을 잡고 있고, 김종부는 경남FC 감독을 맡고 있다.

김호곤은 대한축구협회 부회장, 조광래는 대구FC 대표이사, 김호는 용인시축구센터 총감독으로 또 다른 시간을 보내고 있다.

농구 정재근은 현역 시절 깔끔한 경기 매너로 사랑받았지만, 연세대 감독이던 2014년 머리로 심판 얼굴을 가격해 자격 정지 5년 제재를 받았다.

배구 하종화는 모교 진주동명고로 돌아와 팀을 이끌고 있고, 그의 단짝 윤종일은 현역 시절 소속팀 현대자동차에 남아 일반 사원으로 근무하고 있다. 진주동명고 출신 강용래 또한 은퇴 이후 소속팀이었던 한국전력에서 근무하고 있다.

복싱 박시헌은 지난 시련을 딛고 대표팀 감독으로 지도력을 인정받고 있다.

동아대 교수로 재직 중인 유도 하형주는 2008·2012년 총선 때 새누리당 출마 뜻을 밝혔지만 잇따라 낙천했다. 유도 김미정은 용인대 유도경기지도학과 교수로 재직 중이다.

배드민턴 손승모는 밀양시청 감독, 이경원은 대표팀 코치, 양궁 박성수는 인천양궁협회, 왕희경은 강원체육중학교 지도자로 활약하고 있다.

세상을 떠난 이들도 있다. 모래판을 호령하던 김성률 장사는 지난 2004년 56세 나이로 생을 마감했다. 여자프로배구 '우승 청부사'라 불렸던 황현주 감독은 2014년 현대건설 지휘봉을 놓고 진주선명여고 총감독을 맡았는데, 그해 12월 심장마비로 세상을 떴다. 마산중앙중-마산공고 출신으로 2003년 올림픽대표팀에도 소집된 바 있는 정종관은 지난 2011년 프로축구 승부조작 파문 때 스스로 목숨을 끊기도 했다.

통영 출신 축구인 **김호**

"경제적 여유있는 이들이 인재육성 한몫"

통영 사람들은 지역 대표 스포츠인으로 김호(72) 축구 감독을 꼽는 데 주저하지 않는다.

국가대표 수비수로 활약했던 김 감독은 현역 은퇴 이후 명장으로 더 날렸다. 김호 감독 하면 사령탑을 맡았던 1994년 미국 월드컵 이야기를 빼놓을 수 없다. 서정원의 극적인 골로 스페인전 2-2 무승부, 꼭 잡아야 했던 볼리비아전 0-0 무승부, 전차 군단을 진땀 흘리게 했던 독일전 2-3 패…. 비록 2무 1패로 16강 진출에는 실패했지만, 강렬한 기억을 남겼다.

김 감독은 수원삼성·대전시티즌 등 프로팀을 이끌다 지난 2009년 고향 통영으로 돌아왔다. 꿈나무들과 시간을 보내기 위해서다. 그리고 2015

통영 출신 김호 감독은 최근까지 고향에서 인재 육성에 힘을 쏟다가
지금은 경기도 용인축구센터 총감독으로 또 다른 도전을 하고 있다.
용인축구센터 내 전시관에서 옛 월드컵 이야기를 들려주고 있는 김 감독

년 경기도 용인축구센터 총감독을 맡으며 또 다른 인재 육성에 힘을 쏟고 있다.

1944년 통영 도천동에서 태어난 김호 감독은 통영두룡초-통영중학교를 나왔다.

"1954년 아시안게임 축구 결승에서 한국이 대만에 져 준우승을 했다. 그때 라디오중계를 들었는데 너무 화가 나더라. 내가 축구선수가 되겠다고 생각한 거지. 훗날 국가대표가 되어 그 당시 뛰었던 대만 선수들과 직접 경기를 하기도 했다."

어릴 적 집안은 경제적 여유가 있었다고 한다. 때로는 그의 집이 운동부 합숙소로 이용되기도 했다고 한다.

초·중학교 시절에는 빼어난 공격수로 활약했다. 지금도 통영두룡초 교장실에는 그가 활약하던 시절 우승기가 보관돼 있다고 한다. 그는 고등학교 때부터 타지 생활을 했다.

"통영중 졸업 후 갈 곳이 없어서 1년간 쉬었다. 그러다 부산동래고를 나온 통영 분이 추천을 해서 그 학교에 들어가게 된 거다. 중학교까지 공격수였다가 이때부터 본격적으로 수비를 맡게 됐다."

김 감독은 1960~70년대 초 10여 년간 국가대표로 활약했다. 이 당시 국가대표팀에는 경상도 출신이 많았다고 한다. 지난 2013년 지역 출신 김호·이차만·조광래·박창선이 한 자리에 모였다. 이들은 옛 시절을 회고하며 '1970년대 국가대표팀 절반은 경상도 선수였다. 경상도 사투리가 곧 표준어였다'고 했다. 김 감독은 이러한 물꼬를 튼 사람 중 한 명이다.

"통영 출신 중에서 처음 국가대표에 뽑힌 사람은 최귀인이었고, 그 다음에 내가 들어갔다. 이후에는 부산동래고 출신이 많았다. 김호곤·박영태·강병찬, 그 밑으로 박성화·임태주 이런 친구들이다. 우리 때는 부산지역 고등학교 출신이 꽃을 피웠다고 할 수 있다. 이후에는 통영 출신들도 중동고 등 서울로 많이 갔고. 고재욱·김종부가 그렇다."

통영에서 유독 많은 축구인이 배출된 이유를 어디서 찾을 수 있을까?

"나라가 가난한 시절이었지만 통영은 어장이 풍부해 먹고살 만했다. 생선은 늘 먹을 수 있어 체질적으로 강해지는 데 좀 도움 된 것 같다. 일본을 오가며 사업하는 이도 많았는데, 이런 분들이 인재 육성에 도움을 줬다. 형편 어려운 아이들에게는 유니폼 지원 같은 것도 해면서 말이다."

김 감독이 고향에 돌아온 것도 봉사를 위해서다. 어릴 때 마땅한 지도자가 없어 어려움을 겪은 기억이 있기에, 유소년 가르치는 일을 5년 넘게 했다. 하지만 아쉬움은 있는 듯하다. 고향을 다시 떠나 용인으로 간 것과 같은 맥락이다.

"여기 온 이유는 밑에서부터 인재를 다변화해서 육성하려는 의지와 시스템이 잘 되어 있기 때문이다. 경남은 무엇을 하자는 말은 무성한데 실제 연결되는 것은 부족한 것 같아 아쉬웠다."

그러면서 애증이 교차하는 말을 덧붙였다.

"누군가는 '당신이 지역을 위해 한 것이 뭐냐'고 말하기도 한다. 스포츠인들은 자신뿐만 아니라 고향을 마음속에 품고 그 명예를 위해 더 열심히 하기도 한다. 사업·돈 같은 것에만 가치를 두는 것 같아 안타까운 마음이 들 때가 있다…."

진주 출신 배구인 **하종화**

"학교체육 연계 탄탄…좋은 선수 꾸준히 배출"

1990년대 오빠부대를 몰고 다닌 '배구 스타' 하종화(47). 프로배구 현대캐피탈 지휘봉을 놓은 이후 모교 진주동명고 감독을 맡고 있다.

그는 진주시 수곡면 사곡리에서 태어나 진주봉원초-진주동명중-진주동명고에서 배구를 했다.

"당시 진주배영초등학교에 배구부가 있었다. 그 학교 선생님이 키 큰 선수를 찾기 위해 내가 있던 사곡초등학교까지 오신 거다. 기억은 없는데 부모님 말씀으로는 내가 해보겠다고 했다더라. 하하하."

'단짝' 윤종일(47)을 만난 것도 배영초등학교 때다. 하지만 팀이 해체하면서 선수들 모두 배구를 접었는데, 유독 하종화·윤종일만 그 끈을 놓지 않았다고 한다. 다행히 진주봉원초 선생님 눈에 들어 이어갈 수 있었다.

진주 출신 하종화 감독은 현대캐피탈을 마지막으로 프로 지휘봉을 놓고
모교 진주동명고로 돌아왔다. 하 감독은 "선수들 스스로 운동하는 이유를 찾게끔
이끌어주는 게 학교체육 지도자 역할"이라고 했다.

윤종일에 대한 어릴 적 기억은 이렇다.

"그때는 내 키가 조금 더 컸다(현역 때 윤종일 205㎝·하종화 195㎝). 윤종일은 바짝 마르고 우유도 못 먹을 정도로 비위가 약했던 기억이 있다. 포지션은 달랐지만 선의의 경쟁자이기도 했다."

둘은 이후 진주동명중-진주동명고 주축 멤버로 활약했고, 1987년 세계청소년선수권 우승 주역으로 이름을 알렸다. 대학 진학 때는 진로를 각자 고민했지만 송만덕 감독 눈에 들어 한양대 전성시대를 함께 이끌었다. 실업에서도 현대자동차에서 함께했으니, 20년 넘게 호흡을 맞췄다.

현재도 둘은 연락을 주고받는다고 한다. 하 감독은 "현대자동차 사원으로 잘 지내고 있다"라며 근황을 전했다.

진주는 배구 고장이라 할 만하다. 하종화·윤종일뿐만 아니라 김형태·강용래·김양수·황현주 같은 선수를 배출했다. 현재도 전광인·정민수·김광국이 이름내밀고 있다.

남자는 진주동명중-진주동명고-진주과기대로 연결된다. 초등학교 팀은 모두 해체됐는데 그 빈자리를 하동초등학교가 메워주고 있다. 여자부는 진주선명여중-진주선명여고가 여전한 명성을 잇고 있다. 이렇듯 학교체육 연계시스템이 탄탄하다 보니 꾸준히 좋은 선수를 배출하고 있다.

시간을 돌려보면 신갑용(79) 전 동명중학교 교장이 큰 역할을 하기도 했다. 선수 출신은 아니지만 1979년 동명중 배구부를 창단하며 물심양면으로 선수들을 지원했다.

"배구에 대한 열정이 대단한 분이셨다. 바닥을 다져주신 이런 분이 많이 있었기에 진주 배구가 지금까지 올 수 있었던 것 같다."

진주 혹은 다른 지역에서 운동했지만 하동에서 태어난 배구인도 많다. 강만수·황현주·전광인이 그렇다. 하 감독은 "지리산 정기를 받아서 특출난 배구인들이 난 게 아닐까"라고 했다. 진주 배구인들은 '동명백구회'라는 모임을 통해 1년에 한두 번 자리를 함께하고 있다.

하 감독은 자녀가 네 명이다. 아들만 야구를 하고 있고, 딸 셋은 배구를 했거나 하고 있다.

"스스로 하겠다고 했다. 그런데 배구부 감독으로서 이런 좋은 점이 있더라. 예전에는 학생 스카우트 하러 다닐 때 학부모에게 말하기가 그랬는데, 이제는 딸 모두 배구를 하고 있으니 자신있게 권할 수 있다. 실제로 부모님들이 긍정적으로 받아들이는 부분도 있다."

지도자 하종화는 선수시절과 마찬가지로 '부드러운 카리스마'를 잃지 않는다. 아이들 스스로 배구를 알아가도록 돕고 있다. 지도자로서 프로

팀과 비교해 학교팀은 챙길 게 많다. 학부모 관계, 학생들 진로, 초·중·대 지도자들과 호흡 등 지역사회와 계속 소통해야 한다. 하 감독은 이렇게 덧붙였다.

"지금도 식당가면 과거를 기억하시는 분이 많다. 팔이 안으로 굽는다고 '진주놈, 경상도 놈'이라서 더 많이 생각해 주시는 것 같다. 지금은 또 배구 지도자로서 더 좋은 모습을 보여드리도록 할 것이다."

근성·기질 어떨까?

변방에 대한 괄시, 투쟁심으로 승화

경상도 사람 하면 곧잘 '화끈함', '무뚝뚝함' 이런 이미지로 연결된다. 지역 출신 스포츠인들에게도 근성·기질 면에서 특징되는 부분이 있을 법하다.

도내 체육계 한 관계자는 이렇게 말했다.

"선수 개개인 스타일에 따라 당연히 다르다. 굳이 찾아보자면 이런 건 있는 것 같다. 전라도 출신 선수들은 독하게 하는 면이 있는데, 오히려 경상도는 좀 퍼석한 면이 있다. 정이 많아서 상대방을 적당히 배려하려는 부분이 있는 것 같다. 충청도는 정치권에서 '캐스팅보트'라는 말을 많이 하는데, 체육계에서도 그런 면이 좀 있는 것 같다."

하지만 결국에는 실력이 있으면 여유도 뒤따르는 법이다. 이 관계자는 씨름을 예로 들었다.

"김성률 장사는 절대 샅바 싸움을 안 했다. 기량이 워낙 빼어나니 '너 잡고 싶은 대로 잡으라'는 거다. 그 밑에서 후배들도 알게 모르게 그 영향을 받아 샅바 싸움은 적게 하는 편이다. 물론 승부 근성은 또 다른 부분이다."

바다 낀 지역이 대부분 그렇지만, 특히 통영 사람들은 기질이 억센 편이다. 하지만 빼어난 바다 경관은 여기 사람들 감수성을 키우기도 했다. 이러한 통영에서 많은 축구인이 나왔다. 이에 대해 김호 감독은 이렇게 말했다.

"축구는 상대방과 뒹굴고 부딪치는 운동이다. 투쟁력이 있어야 하는 거다. 그런 면에서 통영 자체의 거센 기질은 운동하는 데 큰 도움이 됐다. 어릴 때 배 타고 몇 시간씩 왔다갔다 했는데, 바다를 보면서 거대한 꿈과 욕망을 키웠다. 예술인들은 거센 파도를 보며 감수성을 키웠다면 나는 강한 마음을 다진 거지."

스포츠 역시 서울 중심으로 돌아가는 건 마찬가지다. 이에 지역 출신은 은근한 멸시를 감내하기도 한다. 김호 감독은 이렇게 전했다.

"서울과 이북, 연·고대 출신이 장악하고 있을 때라 나는 돌연변이에 가까웠다. 지역과 연관된 선후배들이 없다 보니 혼자일 때가 많았다. 내 마음속에 외로운 투쟁심 같은 것이 있었다. 결국 실력으로 사람들이 인정해줄 때까지 기다려야 했다. 타지로 떠날 때 부모님한테 '앞으로 자주 뵙지 못할 것'이라고 미리 말했다. 실제로 운동하는 내내 휴가는 거의 없었다. 그들보다 더 잘하기 위해 빈 숙소에 혼자 남아 연습할 수밖에 없었다."

경남도체육회 박소둘(64) 전 사무처장은 마산 출신 수영인이다. 그는 1975·1976년 전국체전 수영에서 5관왕을 차지하며 명성을 날렸다. 현역 시절 전남 해남 출신 조오련과 각별한 사이였다고 한다. 서울서 괄시를 받다 보니 경상도·전라도 출신 둘은 자연스레 의지하게 됐다는 것이다.

도내 각 종목 메카

사격하면 창원

도내에는 특정 종목과 어울리는 고장이 여럿 있다. 사실 야구·축구는 전국적으로 봤을 때 그리 도드라진 정도는 아니다. 이보다는 '마산 씨름', '진주 배구', '김해 하키', '진해 양궁', '밀양·마산 배드민턴', '농구 마산·삼천포', '창원 사격' 등이 더 무게감 있다. 그 배경에는 초·중·고·대학 팀 연계가 중요한 지점으로 작용한다.

'마산 씨름'은 교방초-마산중-마산용마고-경남대-창원시청이 탄탄히 자리잡고 있다. 이들은 초·중·고·대학 선수 할 것 없이 연대훈련을 통해 성장한다. 김성률 장사라는 걸출한 스타의 기술도 혼자에 그치지 않고, 이러한 훈련 방식으로 후배들에게 전수됐다.

하키는 김해에서 많은 국가대표를 배출하고 있는데, 남자는 중·고·일반팀, 여자는 중·고·대학팀으로 구성됐다.

양궁은 경북 김진호, 청주 김수녕, 광주 서향순에 묻혀 있기는 하지만, 1988년 올림픽에서 진해여고 왕희경, 진해종고현 진해제일고 박성수

창원은 경남대·창원시청 지도자들이 인재 영입에 공을 들이며
국내뿐 아니라 세계 대회에서 좋은 성적을 올리고 있다.
이를 바탕으로 2018년 세계선수권대회를 유치하며 '사격 메카'로 완전히 자리 잡았다.

가 단체 금과 개인 은을 따며 '진해 양궁' 초석을 다졌다.

배드민턴은 남자 밀양중-밀양고-밀양시청, 여자 성지여중-성지여고-창원시청으로 이어진다.

최근에는 사격 하면 창원이 떠오른다. 2018년 세계선수권대회까지 유치했다. 박정희 정권에서 한때 실세였던 '피스톨 박' 박종규는 1970년대 대한사격연맹회장으로 있었고, 그의 동생 박재규 경남대 총장은 팀 창단을 통해 오늘날까지 '사격 메카 창원'에 힘을 보태고 있다.

이와 함께 지도자들이 좋은 선수 스카우트에 공을 들인 것도 주효했다. 특히 경남대 출신 진종오가 올림픽 금을 따며 지역과 학교를 빛냈다. 지금은 창원시청 소속 선수들이 국내뿐만 아니라 세계 대회에서도 정상급 활약을 펼치고 있다.

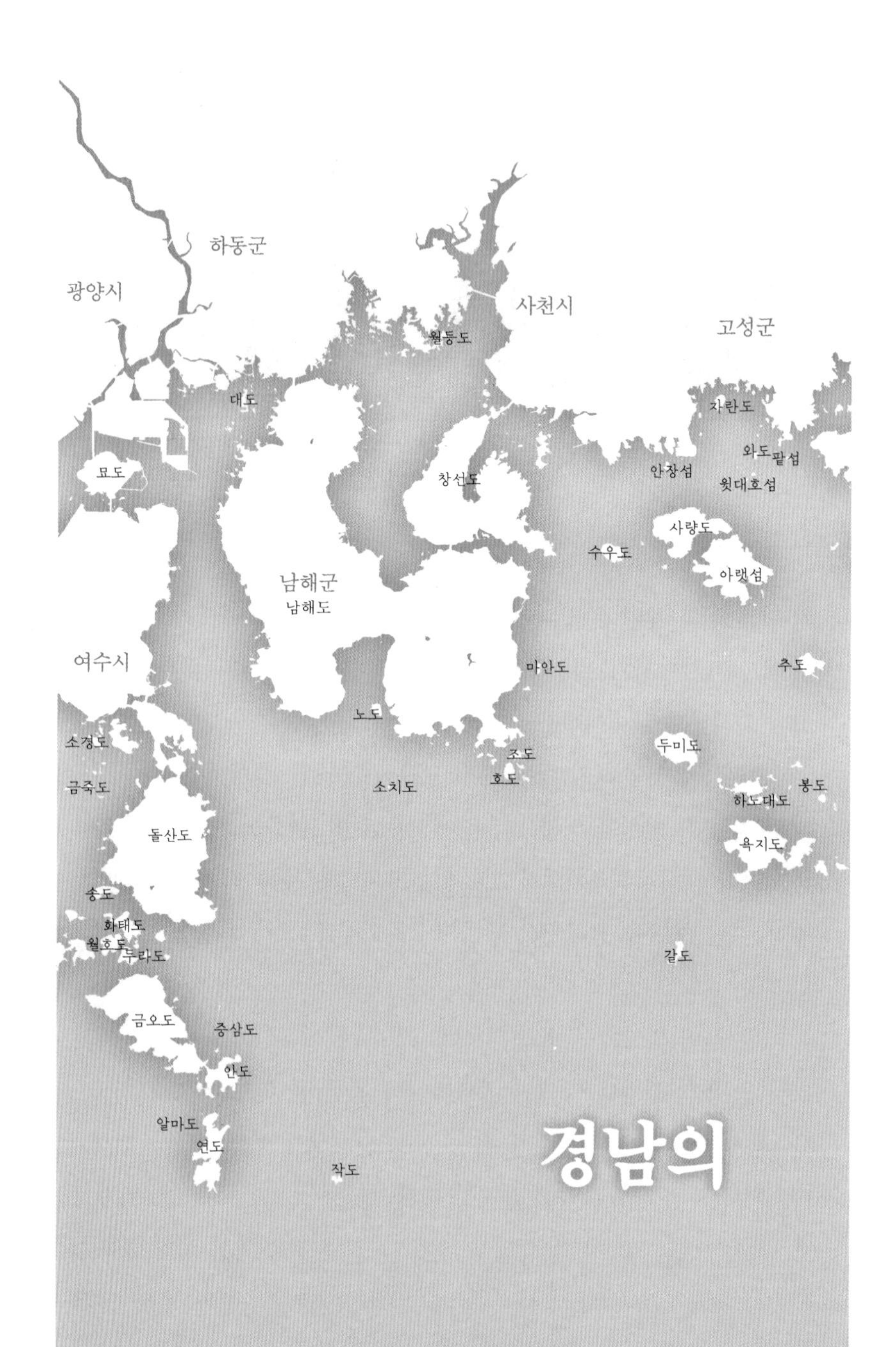
하동군
광양시
사천시
고성군
월등도
대도
자란도
묘도
와도
팔섬
안장섬
윗대호섬
창선도
사량도
수우도
남해군
남해도
아랫섬
여수시
마안도
추도
노도
소경도
두미도
조도
호도
금죽도
소치도
봉도
하노대도
돌산도
욕지도
송도
화태도
월호도
두라도
갈도
금오도
증삼도
안도
알마도
연도
작도

경남의

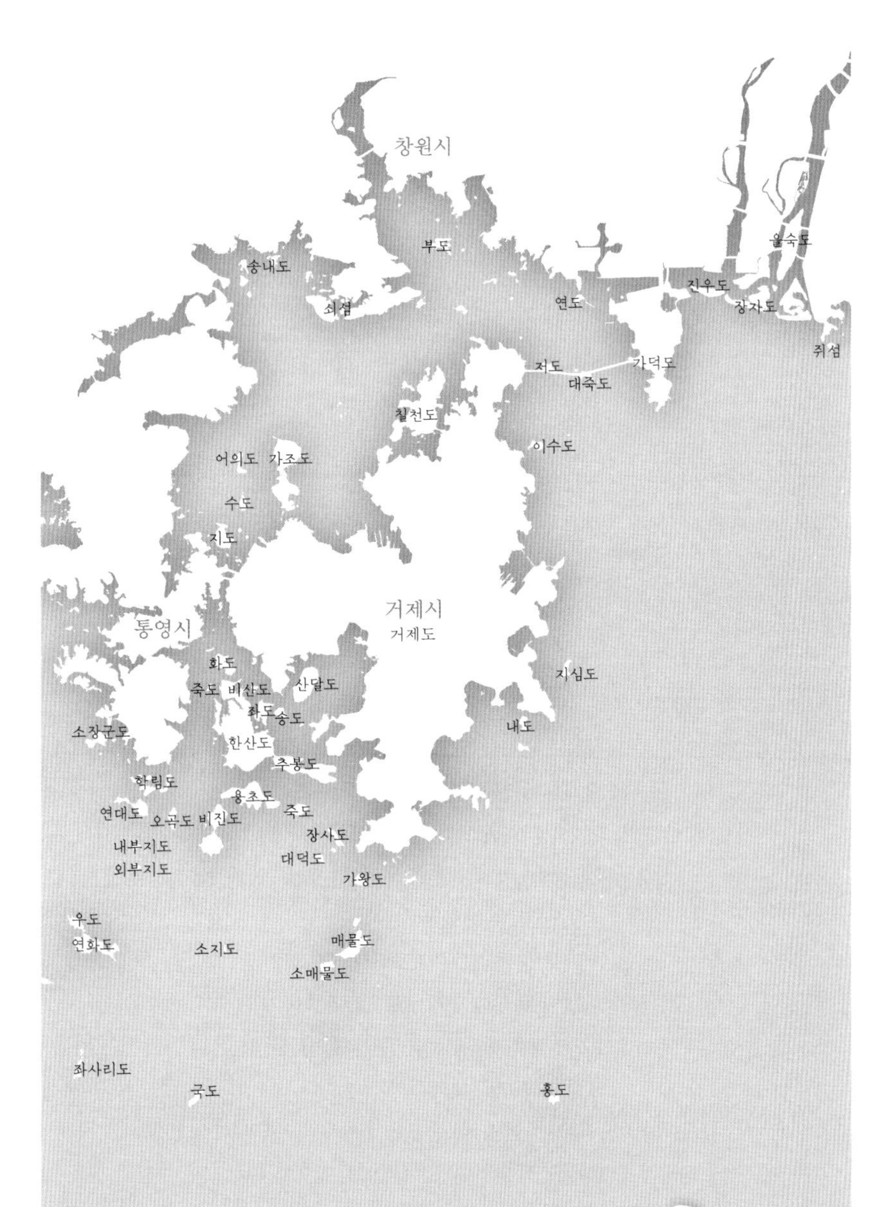
창원시
부도
울숙도
송내도
진우도
쇠섬
연도
장자도
취섬
저도
가덕도
대죽도
칠천도
이수도
어의도
가조도
수도
지도
거제시
거제도
통영시
화도
지심도
죽도
비산도
산달도
좌도
송도
소장군도
내도
한산도
추봉도
학림도
용초도
연대도
오곡도
비진도
죽도
장사도
내부지도
대덕도
외부지도
가왕도
우도
연화도
소지도
매물도
소매물도
좌사리도
국도
홍도

섬

경남의 섬

경남에서 섬을 거느린 자치단체는 창원시, 통영시, 사천시, 거제시,
고성군, 남해군, 하동군 이렇게 7곳이다.
이들 시군 통계를 종합하면 경남에는 모두 862개 섬이 있다.
이 중 유인도는 77개다. 유인도에는 모두 6381가구 1만 2162명이
산다. 무인도는 785개다. 정부의 적극적인 무인도 관리로
무인도 수는 늘어나는 추세다.
경남에서 가장 큰 섬은 거제도다. 제주도에 이어
전국에서 두 번째로 크다. 거제는 또 해수욕장이 17곳으로
경남에서 가장 많다. 한려해상국립공원의 중심인 통영은
섬이 570개로 '섬 왕국'이라 불린다.
전국에서도 1004개 섬을 거느린 전남 신안에 이어 두 번째다.
경남에서 바다로 가장 멀리 떨어진 유인도는 통영에 속한 국도,
갈도인데, 바다낚시를 즐기는 이들에게 인기가 많다.

섬 아우르는 한려해상국립공원

서해·동해엔 없는 푸른 섬들의 향연

이야기를 통영시 미륵산에서 시작할까 한다. 미륵산을 올랐다. 그 유명한 케이블카를 타지 않고 등산길을 걸어서 갔다. 먼바다에서 일본으로 다가오는 태풍 탓에 바람이 많이 불어 케이블카는 움직이지 못했다. 힘겹게 올라서 그런지 미륵산 정상에서 만난 바다는 유달리 탁 트인 듯했다. 바다에는 여기저기 섬들이 둥둥 떠 있었다. 왼쪽부터 오곡도, 국도, 연대도, 연화도, 우도, 만지도, 초도, 쑥섬, 욕지도, 하노대도, 상노대도, 곤리도, 두미도, 추도, 소장군도, 사량도, 오비도, 이끼섬, 밀도 등 미륵산 정상에서는 통영 지역 웬만한 섬을 한눈에 볼 수 있다. 저 섬들이 바로 한려수도閑麗水道다. 이는 통영 한산도에서 사천, 남해를 지나 여수 오동도에 이르는 바다를 아우르는 말이다. 통영은 이 한려수도의 중심이다.

‘통영은 예향이고 맛의 고향인 동시에 섬 왕국이기도 하다. 한려해상 국립공원의 중심에 위치한 통영 바다의 물빛은 청보석처럼 푸르다. 그 푸른 물빛으로 인해 통영 섬들 또한 청보석처럼 빛난다. 통영의 섬들은 그 빼어난 풍광만큼이나 걷기 좋은 트레일도 많다. 대부분 한 시간 내외의 거리에 위치한 통영 섬들은 내륙과의 교통도 편리하다.’ 〈걷고 싶은 우리 섬, 통영의 섬들〉(강제윤, 호미, 2013)

통영은 570개(유인도 43개, 무인도 527개) 섬을 거느리고 있다. 경남에서는 가장 많고, 전국에서는 전라남도 신안군(880개)에 이어 두 번째다. 통영 유인도 중에서는 한산면 한산도와 사량면 하도가 각각 14.7㎢로 면적이 가장 넓다. 하지만 인구는 욕지면 욕지도가 1563명으로 제일 많다.

미륵산 정상에서 바라본 한려수도풍경

통영 지역 섬 중 소매물도 등대섬이나 비진도 산호빛 해변은 그 경치로 유명하다. 또 연대도는 생태 친화적인 섬으로, 연화도는 걷기 좋은 섬으로 이름이 나 있다.

1968년 12월 31일 정부는 한려수도를 거제와 남해를 포함해 한려해상국립공원으로 지정했다. 우리나라 최초 해상국립공원이다.

이 공원의 동쪽에 있는 거제는 행정구역상 육지에 속하지만 그 자체가 섬이다. 제주도에 이어 우리나라에서 두 번째로 큰 섬이다.

'거제도는 제주특별자치도를 제외하고는 한반도에서 가장 큰 섬이다. 가만히 보면 거제나 제주나 건넌다는 제濟라는 글자로 인수분해가 된다. 섬으로 건너가려면 배가 있어야 할 것인데 거제는 세계 제일의 조선산업단지를 가지고 있으니 자체 조달의 태세가 갖춰진 셈이라고 할까. 하지만

배 없이도 건너온 것은 많다. 동백나무가 그렇고 곰솔이, 후박나무, 담팔수가 그렇다. 민들레, 할미꽃이 다르랴.' 〈우리는 거제도로 갔다〉(김주영·김별아·권지예·구효서 등 35인 글, 지식파수꾼, 2010)

지금은 우리나라 조선산업 중심지가 되었지만, 거제는 도내에서 가장 많은 해수욕장을 거느린 휴양지이기도 하다. 경남에는 해수욕장이 25곳 있는데, 이 중 17곳이 거제에 있다. 이 중 둥글거리는 자갈로 백사장이 형성된 몽돌해수욕장이 예전부터 유명했다. 남부면 갈곶리에 있는 해금강은 명승지로 지정돼 있다. 명승지는 아름다운 자연환경 중에서 특히 가치가 있는 곳을 국가가 법으로 정한 것이다. 해금강은 바닷가 절벽을 바닷물이 오랜 세월에 걸쳐 깎아낸 절경이다.

소매물도 풍경

거제 해금강 주변 작은 섬들

거제는 73개(유인도 10개, 무인도 63개) 섬을 거느리고 있다. 이 중 일운면 지세포리에 속한 지심도는 일제강점기 아픔을 간직하면서도 풍광이 아름답기로 유명하다. 또 일운면 와현리에 있는 외도는 개인 소유 섬인데, 유명한 해상식물공원으로 발전해 많은 이가 찾고 있다.

한려해상의 서쪽에 있는 남해 역시 거제처럼 육지로 분류되지만 남해도와 창선도로 이뤄진 우리나라에서는 네 번째로 큰 섬이다. 경남에서는 거제에 이어 두 번째다. 남해란 이름은 우리나라 남해안의 한가운데 있어 붙여진 것이라고 한다.

남해를 치켜세우는 이들은 남해가 제주도만큼이나 매력적이라고 말한다. 비옥한 토지는 거의 사계절 내내 농사를 지어 항상 푸르다. 특히 바닷가 마을마다 방풍림이 잘 보존돼 있어 독특한 풍경을 만들었다. 삼동면 물건리 해안에 있는 방조어부림이 대표적인데, 1만여 그루의 나무가 1.5㎞에 걸쳐 이어져 있다.

창선도와 남해도 사이 바다에는 죽방렴이 유명하다. 이는 바다에 부채모양으로 대나무발을 쳐서 고기를 잡는 전통 방식이다. 죽방렴에서 나는 멸치는 전국적으로 이름이 나 있다.

이 외에 사천시 대방동 삼천포항과 남해군 창선면 사이 섬 3개를 연결해 이어진 창선·삼천포대교는 그 자체로 훌륭한 볼거리다. 하동군 금남면 노량리와 남해군 설천면 노량리를 잇는 남해대교는 우리나라 최초 현수교인데, 이로써 남해가 처음 육지와 연결되었다. 남해대교 아래 바다는 임진왜란 마지막 바다 전투이자 이순신 장군이 전사한 그 노량해전의 현장이다.

사천 지역에는 백로와 왜가리의 번식지로 유명한 학섬이 있다. 또 한려해상에는 속하지 않지만 별주부전의 배경인 비토섬도 제법 크고 이름난 섬이다.

섬이 만든 특산물

욕지도 고구마, 추도 물메기…

통영 욕지도는 우리나라 3500여 섬 가운데 48번째로 크다. 하지

욕지도 고구마 밭

만 벼농사할 만한 땅은 변변치 않다. 대신 고구마·고등어·감귤을 내놓는다.

욕지도 관광 명소인 '욕지할매 바리스타 커피점'에서 물어보니 "그래도 주 소득원은 고구마"라고 했다. 섬을 둘러보니 과연 그랬다. 비탈진 곳 할 것 없이 온통 고구마밭이다.

조선시대 강제 이주로 무인도였던 이곳에 사람이 다시 들어온 것은 1888년이라고 한다. 쌀농사 하기 어려운 이 땅에서 찾은 것이 고구마였다고 한다. 토질, 물 빠짐, 해풍 등 자연환경이 고구마와 맞았기 때문이다.

욕지도는 일제강점기에 고등어 집산지기도 했다. 특히 집집이 고등어를 저장하는 '독'이 있었다고 한다. 무분별한 어획과 바다환경 변화로 지금은 그 시절을 따라가지 못하는 분위기다. 이제는 양식으로 그 명맥을 이어가고 있다.

욕지도에는 감귤 재배단지가 형성돼 있다. 농학자인 우장춘 1898~1959 박사가 욕지도에 왔다가 '감귤 재배 최적지'라고 한 후 1960년대부터 본격적으로 생산했다고 한다.

제주도와만 어울릴 것 같은 감귤은 거제 지심도와도 인연이 있다. 이곳에 시집와 60년 넘게 살고 있는 박계아(81) 할머니 말이다.

"농대 나온 외삼촌이 지심도 왔다가 '밀감나무를 심어 봐라'면서 일본 책 하나를 줬어. 그대로 따라 하니 아주 잘되더라고. 그걸로 아이들 공부 다 시켰지. 밀감밭에는 온종일 햇빛이 들어와서 겨울에도 아주 따듯했어."

현재 거제 지심도에는 15가구가 있는데, 대부분 민박·음식점으로 먹고산다고 한다.

통영 추도는 물메기, 특히 건메기(건조) 고장이다. 여기 사람들은 10월부터 3월까지 작업한 물메기로 1년을 먹고산다. 일 마친 아낙들이 물메기 가득한 대야를 안고 집으로 가는 풍경을 여전히 볼 수 있다.

몇 년 전 방송 이후 유명세를 치렀지만, 팔순 노인들은 어릴 적부터 물메기를 접했다고 한다. 건메기 작업 때는 여러 번 헹궈야 하기에 많은 물이 필요하다. 추도는 다른 섬과 달리 물 걱정이 없다. '물섬'이라고 할 정도다. 땅 아래가 미륵도와 연결된 화산섬이다. 높은 압력 때문에 물이 풍부하게 흘러나온다. '추도 물메기'는 물이 만들

건조되고 있는 추도 물메기

어 내는 셈이다. 또한 건메기는 피 뽑는 작업이 중요하다. 여기 사람들은 오랜 시간을 거치면서 그 기술을 축적해 놓고 있다.

통영 매물도는 1920년대 제주도 해녀들이 정착한 이후 싱싱한 해산물을 내놓고 있다. 특히 해녀들이 직접 딴 '매물도 자연산 돌미역'은 전국에 이름나 있다. 매해 장마 전까지 미역 말리는 풍경이 섬을 가득 채운다.

통영 한산면 비진도권인 죽도는 한려수도 내 '가장 부자 섬'이라고 불린다. 이곳에는 삼치가 있기 때문이다. 그리고 통영 학림도는 '조개섬'이라 불린다. '바지락 며칠 캐서 수천만 원 벌었다'는 말이 나올 정도다.

남해 창선도는 그 옛날 유자를 처음 시작해 '남해 유자'가 입에 달라붙게 했다.

거제 칠천도는 대나무 종류이면서 식용으로 이용되는 맹종죽이 많이 자란다.

이러한 특산물 아니더라도 섬은 육지와 비교해 먹고사는 걱정은 덜하다고 한다. 통영 욕지도 한 주민은 "조금만 부지런하면 배는 안 곯지. 산에 가면 나물 있고, 바다 가면 톳·가시리 등 해산물이 널려 있으니까"라고 했다.

욕지도 고등어 산 증인 **제명수** 할머니

"한 때는 도시 번화가 못지 않았는데…"

통영 욕지도 자부마을. 이곳에는 한창 고등어 좋던 시절 흔적이 남아 있다. 고등어를 소금에 절여 보관하는 '대형 간독'이다. 넓이는 가로·세로 2m가량 되고, 높이는 어른 키 세 배가량 된다. 제명수(85) 할머니는 이 간독에 대해 잘 알고 있다. 친정아버지가 만든 것이기 때문이다.

"해방되면서 아버지가 일본 사람한테 배를 물려받았어. 이름을 해방호라 지었지. 그걸로 고등어잡이를 20년 정도 했어. 고기 잡아 오면 주로 마산·부산으로 팔려 갔고. 차에 큰 간독이 있기는 해도 다 못 들어가면 다른 데 보관해야 할 거 아니야. 그래서 여기에 간독을 크게 만든 거지."

할머니도 아버지를 도와 고등어 간독 일을 했다고 한다.

"그때는 일꾼 30~40명이 온종일 일했지. 고등어 창자 빼는 사람, 바닷물에 씻는 사람, 소금 간 하는 사람…. 간독에 사다리 놓고 두어 명 들어가서는 작업한 걸 착착 재는 거지. 이 넓은 공간을 고등어로 다 채웠어."

할머니는 아버지 몰래 이웃에게 인심을 쓰기도 했단다.

"아줌마들이 옆에 있으면 일부러 고등어를 부러트려. 그러고는 '이건 못 팔겠네'라면서 발로 슬쩍 밀어주는 거지. 일하는 사람들도 돈 대신 고등어를 받아갔고. 고등어잡이 배가 들어오면 곡식을 뱃사람들한테 주고 우리는 고등어를 받아오지. 고등어는 창자도 젓갈로 해서 먹으니 하나도 버릴 게 없지."

욕지도 자부마을 항구는 잘나갈 때 도시 번화가 못지않았다고 한다.

"고등어 배가 얼마나 많이 들어왔다고. 뱃사람들 북적거리니까 여기서부터 저 끝까지 밤 장사하는 사람들이 깔렸지. 술집에 아가씨 5~6명씩은 데리고 있었어. 새벽 내내 노랫소리가 들리니 주민들은 시끄러워 잠도 못 자는 거고. 여기 섬사람들은 일할 때는 강하게 하고, 놀 때는 또 확실하게 놀아. 내 나이 정도에 지르 박 못 추는 할배·할매 없을 거야. 관광 떠날 때는 서울사람 못지않게 멋쟁이로 변신하지."

5~6년 전까지만 하더라도 욕지도 인근에서 고등어를 잡았다고 한다. 지금은 바다 온도 변화 등으로 멀리까지 나가야 한다. 대신 사람들은 양식에 눈 돌리고 있다.

고등어 대형 간독은 욕지도 전체에 세 개 있었는데, 두 개는 형태를 찾기 어렵다고 한다. 빈 독에 물이 차고 고양이 같은 짐승이 빠지다 보니,

골칫거리가 된 것이다. 연탄재로 막아버리거나 헐어버렸다는 것이다. 할머니 간독도 지금은 장판을 덮어 두었다. 그래도 반가운 소식이 있는 듯했다.

"이거 보러 오는 사람이 제법 되거든. 그래서 시에서 보존할 건가 봐. 위에 천장을 만들어 준다고 하데. 다른 데서는 큰 물통 같은 걸 주로 이용했고 이런 간독은 보기 어려우니까. 역사적으로 의미 있는 거니까."

거제 지심도

이제는 생활 일부가 된 일제 군사기지 흔적

거제 지심도는 '동백섬'으로 잘 알려져 있다. 한편으로는 '일제 군사시설 유적의 섬'이라 할 만하다. 일제는 중국 침략을 위해 지심도 군사기지 계획을 세웠다. 10여 가구 되던 주민은 강제로 쫓겨났다. 1936년 100여 명 규모 포대가 들어섰다.

그 흔적은 지금도 고스란히 남아 있다. 둥근 콘크리트 구조물인 포진지 4곳은 원형을 잘 간직하고 있다. 탄약·포탄을 보관하던 지하 벙커식 탄약고는 4개의 방으로 이뤄져 있다. 벽면 군데군데 있는 관광객 낙서가 아이러니하게 다가온다. 욱일기 게양대에는 지금 태극기가 대신 달려 있다. 그 외 일본군 서치라이트 보관소, 일본군 방향지시석도 당시 상황을 상상하게끔 한다.

일본군 전등소 관사는 적산가옥 형태를 잘 간직하고 있다. 부대

거제 지심도 바다

막사, 식당, 중대장 관사였던 곳은 민박집으로 이용되고 있다.

15가구 되는 지심도에서 가장 오랫동안 살았다는 박계아(81) 할머니를 만났다.

"해방 이후 사람들이 다시 띄엄띄엄 들어왔는데, 들어온 순서대로 좋은 집을 차지했겠지. 지금도 100년 된 일본식 가옥 3~4채가 남아 있지. 우리집은 예전에 일본군 전기발전소 창고로 쓰였던 곳이야. 시아버지가 여기 들어와서는 방으로 개조했고, 집 대문은 우리집 양반이 만들었고. 나는 거제 장승포 살다가 6·25전쟁 막 끝나고 여기로 시집왔거든. 전기도 없고 물도 없었어. 막막해서 울기도 많이 울었고."

적산가옥 형태의 일본군 전등소 관사

원형이 잘 유지돼 있는 포진지

박 할머니는 이곳에서 벌어진 많은 일을 기억하고 있다.

"언젠가 한번은 미군 헬기가 불시착해서 마을 보리밭이 쑥대밭이 됐어. 섬사람들은 또 헬기 구경한다고 우르르 몰려나왔지. 미군이 뭐라 뭐라 하는데 알아들을 수 있나. 아마도 '미안하다' 그런 말이었겠지. 그러고는 그냥 가버리데. 보리밭 주인은 농사 망친 거지만 누구한테 말도 못하는 거고."

일본 사람들과 관련한 기억도 전했다.

"여기서 근무했던 일본 군인이었던가 봐. 그 사람이 죽으면서 자기는 지심도 앞바다에 뿌려달라고 유언을 한 거지. 자식들이 유해를 지심도에 들고 와서는 뿌리고 간 적이 있어. 지금도 일본 군사기지 보러 일본 관광객들이 많이 와. 학자들, 공부하는 학생들도 오기도 하고. 지심도가 그런 걸로도 이름나긴 났나봐."

그 옛날 일본 군인들이 내려다보던 바다를 박 할머니는 쳐다보고 있었다. 할머니는 "이렇게 있으면 마음이 탁 트이기는 하는데, 우울한 마음도 많이 들어"라고 했다.

동백철 아닌 평일 지심도는 관광객이 많지 않다. 파도·바람 소리 느끼기 더없이 좋다. 70~80여 년 전 일본 군인들 마음에는 여기 섬 소리가 어떻게 다가왔을까?

사천 비토섬

노을 지는 갯벌 매력

사천 비토는 드라이브하기 제격인 곳이다. 남해고속도로 곤양IC에서 내려 서포에 내디딘 후 이정표를 따라 향하면 된다. 2차로 도로를 따라 펼쳐지는 시골 풍경에 속력은 '안단테'가 딱이다.

서포를 지난 지 얼마 안 돼 마주하는 갯벌. 보이는 곳마다 갯벌이니, 가장 먼저 마중한 것도 갯벌이요, 가장 먼저 마음 흔든 것도 갯벌이다. 무엇에 그리 수줍은 듯 붉게 물들어서는, 가시는 걸음걸음 풍광을 내놓는다.

사천 비토섬 풍경

산과 들, 바다 그리고 갯벌이 어우러진 비토. 이곳에 거주하는 400여 주민은 바지락, 굴, 전어, 낙지 등을 잡아 생계를 유지한다. 육지와 비토를 잇는 거북교를 건너 펼쳐진 길을 따라다니는데, 촌로는 차를 신경 쓰는 둥 마는 둥 길모퉁이서 리어카를 끌어대고, 아이들은 무엇에 그리 신이 났는지 도로를 휘젓는다.

비토는 '별주부전'의 무대다. 하지만 접하는 것이라곤 안내 표지판이나 도로명, 간간이 보이는 조형물 정도. 테마파크가 있다지만 시선을 끌기에는 부족하다.

비토의 명물은 '갯벌'이다. 그중에서도 노을 진 갯벌을 최상품으로 치고 싶은데, 낙조에 물들어가는 모습을 보노라면 전국 어디에 내놓아도 빠지지 않겠다 싶다.

통영 비진도

해수욕장 길 끝에 선물같은 풍경

모양과 크기가 비슷한 두 개의 섬(내섬·외섬)이 모래톱으로 연결된 이곳은 그 이름처럼 '보배에 견줄 만한' 풍광을 자랑하는 섬이다. 모래톱을 중심으로 좌우에 펼쳐진 모래·몽돌해수욕장은 여름철엔 인파로 북적인다. 550m에 이르는 천연 백사장과 얕은 수심은 조용한 어촌 마을에 현대식 펜션이 자리 잡은 이유이기도 하다.

5㎞ 정도 되는 산호길은 한려해상국립공원 바다 백릿길 중에서도 으뜸으로 친다. 높이 320m 선유봉까지 가는 길이다. 이정표는 비교

선유봉 정상에서 바라본 비진도.
두 개의 섬이 모래톱으로 연결된 모습이 인상적이다.

적 완만한 둘레길 3.2㎞과 가파른 산길 1.7㎞을 제시한다. 선유봉 정상에 도착하면 탁 트인 바다, 망망대해다. 사진으로만 보던 눈부신 섬 전경이 눈앞에 그대로 펼쳐진다.

외섬 인구는 70여 명인데 대부분 60·70대 할머니다. 여름철에는 여행객을 상대로 민박을 운영하고 봄·가을에는 땅두릅·시금치 등 특산물을 수확하는 게 이곳 주민의 삶이다. 젊은 남자들은 먼 바다로 조업을 나가기도 한다. 주로 농어나 부시리를 잡는다. 그렇다고 마냥 태평한 생활은 아니다. 공철주(66) 비진도 어촌계장은 걱정이 많다.

"조업을 쉬는 여름철에는 여행객을 상대로 해상 낚시 관광을 제공하기도 한다. 하지만 2014년에는 태풍 때문에, 2015년에는 메르스 여파로 여행객이 많이 줄었다. 그마저도 대부분 외지 사람이 와서 지은 펜션에서 묵었다 간다. 해수욕장과 펜션만 오가다 보니 민박도 낚시 관광도 시원치 않게 된 거지. 마을 사람들이 6명씩 조를 지어 매일 해수욕장을 청소하는데, 남 좋은 일만 하는 것 같아 속상하다."

산홋빛 바다와 깎아지른 절벽, 금빛 모래로 섬 주민의 팍팍한 삶을 품은 비진도는 아마 계속해서 많은 사람을 유혹할 것이다.

대중가요 속 경남

처녀 뱃사공
Trot
윤부길 작사
한복남 작곡
황정자 노래
낙동－－－ 강
낙동－－－ 강
강 바－람－－－이 치마폭에 스 치－－－면 －
강 바－람－－－에 앙가슴을 헤 치－－－면 －
군인 간 오 라 버－－니 －－－－ － 소 －식－－ 이 오－－
고요 한 처 녀 가－－슴 －－－－ － 물 －결－－ 이 이－－－
네 － 큰애 기－사 공－이면 누－가 뭐라－ 나
네 － 오라 비－제 대－하면 시－집보내－ 마
늙－으신 부 모－님은 내가 모－시 고 에헤 야 데 －－헤－야
어－머님 그 말－씀이 수줍 어－질 때 에헤 야 데 －－헤－야
－노를－－－저－어－라 삿대－－ 를－ 저어－－라 －
－노를－－－저－어－라 삿대－－ 를－ 저어－－
D.C.
라 －

대중가요 속 경남

1950년대에 신민요풍 창법으로 인기를 끈
가수 황정자1929~1969가 부른 '처녀 뱃사공'은 함안이 배경이다.
작사가이자 코미디언이던 윤부길1912~1957이
지난 1953년 한국전쟁 피난 생활을 마치고 유랑극단을 끌고
서울로 가던 중 함안에서 공연을 했다.
그는 당시 가야장에서 공연을 마치고 대산장으로 가던 중이었는데
나루터에서 나룻배를 몰던 두 처녀를 만났다.
이들에게서 군에 입대한 후 소식이 끊긴 오빠를 기다린다는
사연을 듣고서 안타까운 마음으로 노랫말을 지었다고 한다.

경남이 담긴 대중가요

소재는 지역구, 유행은 전국구

우리나라 가요계 1세대가 개척한 1930년대는 대중가요의 황금시대로 불린다. 이때는 많은 일본 레코드 회사들이 조선 땅에 지점을 차린 시기이기도 하다. 축음기에서 흘러나온 유행가 자락은 대중가요가 새로운 문화로 정착하는 데 크게 이바지했다.

당시 유행가 속에는 경남 지역을 소재로 한 곡들이 적지 않다. 대부분 경남이 고향인 음악인들이나 경남과 인연을 맺은 이들이 지은 것들이다. 지역을 소재로 하긴 했지만, 유행은 전국적이었다. 혼란하고 고단한 시기, 마음을 어루만지는 대중가요에서 위로를 찾는 것은 예나 지금이나 다르지 않은 까닭일 것이다. 멀리는 일제강점기에서 가까이는 1980년대까지 경남 지역을 다룬 대중가요를 훑어보자.

돌아와요 충무항에(1970)-통영시

'꽃피는 미륵산엔 봄이 왔건만/ 님 떠난 충무항은 갈매기만 슬피우네/ 세병관 둥근기둥 기대여 서서/ 목메어 불러봐도 소식없는 그사람/ 돌아와요 충무항에 야속한 내 님아' ('돌아와요 충무항'에 중. 작사 김성술. 작곡 황선우. 노래 김해일)

'돌아와요 충무항'에는 조용필이 불러 크게 유행한 '돌아와요 부산항에'의 원곡으로 알려진 곡이다. 통영 도심의 옛 지명인 충무시를 배경으로 한다. 작사와 노래를 한 가수 김성술[예명 김해일]이 지난 1970년 발표했지만 이듬해 김 씨가 사고로 목숨을 잃으면서 음반이 빛을 보지 못했다.

삼포로 가는 길(1983)-창원 진해구

'바람 부는 저 들길 끝에는/ 삼포로 가는 길 있겠지/ 굽이굽이 산길 걷다 보면/ 한 발 두 발 한숨만 나오네/ 아 뜬 구름 하나 삼포로 가거든/ 정든 님 소식 좀 전해 주렴/ 나도 따라 삼포로 간다고/ 사랑도 이젠 소용없네/ 삼포로 나는 가야지' ('삼포로 가는 길' 중. 작사·작곡 이혜민. 노래 강은철)

이른바 '7080세대' 애창곡 중 하나인 '삼포로 가는 길'은 창원시 진해구 명동에 있는 삼포마을 이야기다. 가수 김홍국의 '호랑나비'를 만들기도 한 작곡가 이혜민(60)이 고등학생 때 진해 삼포마을에 머물면서 지은 노래라고 한다.

황포돛대(1967)-창원 진해구

'마지막 석양 빛을 기폭에 걸고/ 흘러 가는 저 배는 어데로 가느냐/ 해풍아 비 바람아 불지를 마라/ 파도소리 구슬프면 이 마음도 구슬퍼/ 아 어데로 가는배냐 어데로 가는배냐/ 황포 돛대야' ('황포돛대' 중. 작사 이용일. 작곡 백영호. 노래 이미자)

국민 가수 이미자를 톱스타로 만든 '동백 아가씨'(1964)와 비슷한 시기에 역시 그가 불러 인기를 끌었던 '황포돛대'의 배경도 진해다. 이 노래는 고향이 진해인 작사가 이용일1936~2000이 군 복무 시절 고향인 진해 앞바다를 생각하며 지었다고 한다.

삼천포아가씨(1981)-사천시

'비내리는 삼천포에 부산배는 떠나간다/ 어린나를 울려놓고 떠나가는 내님이여/ 이제가면 오실날짜 일년이요 이년이요/ 돌아와요 네 돌아와요 네 삼천포 내 고향으로' ('삼천포아가씨' 중. 작사 반야월. 작곡 송운선. 노래 은방울자매)

은방울자매의 1981년 데뷔곡인 '삼천포아가씨'는 작사가 반야월이 삼천포에 있는 친구의 딸 이야기를 듣고 노랫말을 지은 것이다. 이 노래로 당시 삼천포가 전국적으로 알려지게 됐다.

이 외에도 경남 지역을 소재로 한 가요에는 오동동 타령(1954. 작사 윤부길. 작곡 한복남. 노래 황정자)-창원시 마산합포구, 하동포구

아가씨(1972. 작사 정두수. 작곡 박춘석. 노래 하춘화)-하동군, 물레방아도는데(1973. 작사 정두수. 작곡 박춘석. 노래 나훈아)-하동군, 밤배(1975. 작사 오세복. 작곡 이두진. 노래 둘다섯)-남해군, 화개장터(1988. 작사 김한길. 작곡·노래 조영남)-하동군, 이별의 김해공항(1982. 작사 박경춘. 작곡 김종유. 노래 현철과 벌떼들)-김해시 등이 있다.

경남 출신 가요계 큰 별들

손목인·박시춘, 대중가요 황금시대 이끈 1세대 작곡가

우리나라 가요계에 불멸의 발자취를 남긴 것으로 평가받는 작곡가 손목인[1913~1999]은 진주 태생이다. 일제강점기 고복수가 부른 '타향살이', 이난영이 부른 '목포의 눈물', 김정구의 '바다의 교향시'를 만들었다. 해방 후에는 당대 최고의 재즈 밴드라 불리던 C.M.C[조선뮤지컬 클럽] 밴드의 리더로 활약했다. 이후에도 영화 음악, 방송국 음악 담당자 등 다양한 활동을 했다.

손목인과 함께 우리나라 가요계 1세대 대표적 작곡가로 추앙받는 박시춘1913~1996은 밀양 출신이다. 남인수가 부른 '이별의 부산 정거장', '청춘고백', '감격시대' 등과 현인이 부른 '신라의 달밤', '고향만리', '비 내리는 고모령', 장세정의 '샌프란시스코', 황금심의 '삼다도 소식', 백설희의 '아메리카 차이나타운' 등 많은 노래를 지었다.

1930년대 대중가요 전성기를 풍미한 가수 남인수1918~1961도 진주 출생이다. 작곡가 박시춘·조명암과 짝을 이뤄 '애수의 소야곡', '가거라 삼팔선' 등 수많은 인기곡을 남겼다.

가수 백년설이 불러 인기를 끈 '나그네 설움', '번지 없는 주막' 등 노래를 지은 이재호1914 또는 1919~1960는 진주에서 태어났다. 진방남이 부른 '불효자는 웁니다', 이해연의 '단장의 미아리고개'도 이재호가 지은 노래들이다.

국내 가요계 1세대 대표 작곡가 박시춘

'소양강 처녀'를 작곡한 반야월(오른쪽)과 노래를 부른 가수 김태희 모두 경남 출신이다.

'불효자는 웁니다'를 부른 가수 진방남본명 박창오, 예명 반야월·1917~2012은 마산에서 태어났다. 1939년 전국 콩쿠르에서 1등을 한 후 오랫동안 가수 활동을 했다. 한국전쟁 이후에는 필명을 반야월로 해 '산장의 여인', '아빠의 청춘', '소양강 처녀' 등 유행곡 가사를 지었다.

작곡가 이봉조1931~1987는 남해군에서 태어나 진주에서 학교를 다녔다. '밤안개', '보고 싶은 얼굴' 등 가수 현미의 노래와 '맨발의 청춘' 등 가수 최희준의 노래를 주로 지었다.

이 외에도 '홍도야 울지 마라'를 노래한 가수 김영춘1918~2006은 김해 출신이다. 블루스의 여왕으로 불리며 '대전 블루스'를 노래한 안정애(80)는 하동이 고향이다. 많은 리메이크곡과 '죄 많은 인생' 등 노래를 부른 가수 남백송(80), '소양강 처녀'를 부른 가수 김태희(65)는 밀양에서 태어났다.

하동 출신 작사가 **정두수**

"고향 떠올리면 노랫말이 샘물처럼 솟구쳐"

1941년, 다섯 살 아이는 외할머니·이모와 함께 하동장에 갔다. 아이는 하모니카 소리에 발걸음을 멈췄다. 이를 본 이모는 시집가기 전 마지막 선물로 하모니카를 쥐여주었다. 아이는 그때부터 틈만 나면 뒷동산에 올라 하모니카를 불었다. 눈앞에는 섬진강 하동포구 풍경이 그림처럼 펼쳐져 있었다.

아이는 이 마음을 훗날 노랫말에 담았다. 1966년 은방울자매가 부른

'하동포구 아가씨'다.

'하동포구 팔십리에 달이 뜰 때면 / 정한수 떠 놓고 손 모아 빌던 밤에 / 부산 가신 우리임은 똑딱선에 오시려나 / 쌍계사의 인경소리 슬프기도 한데 / 하동포구 아가씨는 잠 못 들고 울고 있네'

하지만 이것만으로 성이 차지 않아 같은 제목의 다른 노랫말을 만들었다. 1972년 하춘화가 부른 '하동포구 아가씨'다.

'쌍돛대 임을 싣고 포구로 들고 / 섬진강 맑은 물에 물새가 운다 / 쌍계사 쇠북소리 은은히 울 때 / 노을 진 물결 위엔 꽃잎이 진다 / 팔십리 포구야 하동포구야 / 내 님 데려다주오'

작사가 정두수(80) 선생 이야기다. 이름 석 자만으로는 선뜻 다가오지 않을 수 있다. 이렇게 설명해야겠다. 이미자의 '흑산도 아가씨', 은방울자매의 '마포종점', 들고양이들의 '마음 약해서' 같은 노래를 만든 작사가다. 한평생 만든 노래만 3500곡이 넘는다.

그는 하동군 고전면 성평리에서 태어났다.

"하동에는 지리산이 있고, 섬진강이 있고, 한려수도가 있다. 내 아호가 삼포三抱다. 세 가지를 관대하게 품었다 이거지. 태어난 하동 고전면 성평리는 금오산 아래에 자리하고 있다. 별을 따는 마을이라 할 정도로 아름다운 곳이다. 그러한 어릴 적 기억이 몸에 배어있다 보니 노랫말로 샘물 같이 뿜어나오는 거지. 아무리 길어 올려도 계속 솟아나더라. 그래서인지 내 글을 두고 흔히들 '차 맛'이라고 하더라. 허허허…"

고향 관련 노래만 67곡이다. 학창시절 부산서 학교에 다녔는데, 방학 때면 뱃길로 고향을 찾았다. 이때 마음을 담은 노래가 이미자가 부른 '삼백 리 한려수도'다. 이 밖에 '섬진강', '지리산', '섬진강 연가', '노량대교', '내 고향 하동포구', '하동사람' 같은 노래를 만들었다. 스스로도 고향 관련 노랫말이 너무 많다는 걸 느꼈다. 애써 피해서 그 정서만 담은 것이 '꽃잎 편지', '목화 아가씨', '감나무골', '아랫마을 이쁜이' 등이다.

그는 한때 휴대전화 컬러링으로 나훈아가 부른 '물레방아 도는데'를 이용했다. 이 역시 그가 만든 노래로, 일제강점기 고향과 작별하고 전쟁터로 향한 삼촌에 대한 마지막 기억을 담고 있다.

이러한 노래 대부분은 이미자·나훈아·남진·하춘화 같은 당대 최고 가수들이 불렀다. 여기서는 진주 출신 남인수1918~1962 이야기가 덧붙는다.

"남인수 선생이 고향에서 폐결핵 요양을 하고 있었다. 고등학교 2학년 때였는데, 가수지망생 친구와 무턱대고 남인수 선생을 찾아갔어. 직접 쓴 시를 보여줬지. 남인수 선생은 아주 좋다면서 나중에 같이 음악 하자는 말을 했지. 군대 다녀오니 선생은 이미 세상을 뜬 후였다. 같이 작업하지 못한 한이 남아서 이미자·나훈아·남진 같은 가수들에게 내 열정을 모두 쏟아부었다."

그는 대부분 노래를 작곡가 박춘석1930~2010과 호흡 맞췄다. 서울서 자란 박춘석은 "아름다운 고향을 품은 당신이 부럽다"면서 하동을 함께 찾아 곡 작업을 했다고도 한다.

정 작사가는 시간이 지나서 강원도 홍천, 충북 보은, 경북 문경 관련 노랫말도 만들었다. 그곳 사람들이 '하동 노래만 하지 말고 우리 지역을 대표하는 노래도 만들어 달라'는 이유였다. 관련 노래비가 전국에 14개나 되는 이유다.

그는 자신이 만든 수많은 노래 가운데 가장 애착이 가는 건 이미자가 부른 '고향의 꿈'이라고 한다.

"스무 살 이후 서울에 정착해 지금껏 타향살이하고 있지만, 고향에 대한 연정을 버릴 수는 없지. 어릴 때 눈에 담았던, 마음에 품었던 것들…. 지우려 하면 더 고통스럽다. 유언장 같은 마음으로 쓴 노래가 '고향의 꿈'이다. 하동 노래의 결산이라고 할 수 있다."

직접 한 가락 들려주었다.

'지금쯤 고향 집에는 떠날 때 심어놓은~ 하얀 목련꽃이 달빛에 젖으면서 곱게 피겠네~ 몸은 떠나도 마음속에 사무치는 고향~ 아득한 고향 하늘에 구름이 흘러갈 때~ 내 마음은 고향 하늘에 여울져 흘러서 가네~'

노래 들으면 지역이 보인다

고향 진주에 대한 남인수 마음이 잘 드러나는 일화가 있다. 1955년 연예인 지방공연 때였다. 남인수는 동료들과 함께 진주로 향하는 열차에 올랐다. 10년 만에 찾는 고향이었다. 남인수는 열차에서 동료 음악인에게 간곡한 부탁을 했다고 한다. '이번 진주 공연에서 고향 노래를 꼭 부르고 싶으니 한 곡 만들어 달라'는 것이었다. 그렇게 탄생한 노래가 '내 고향 진주'였다. 당시 공연장을 찾은 청중은 이 노래를 들으며 너나 할 것 없이 눈물을 쏟았다고 한다.

남인수는 사후 친일인명사전에 이름이 올랐다. 이전까지 열리던 '남인수가요제'는 명칭이 바뀌었고, 진양호에 있는 동상도 환대받지 못하는 분위기다. 동상 옆에는 그가 부른 불멸의 히트곡 '애수의 소야곡' 악보 비석이 있다.

이 노래 악보 비석은 또 다른 지역에도 있다. 밀양 영남루 바로 옆에 있는 박시춘 생가다. 이 노래를 작곡한 이가 박시춘이기 때문이다. 그 또한 친일행적에서 자유롭지 못하다.

마산 출신 반야월은 전국에 노래비 14개가 있다. 마산여객선터미널 앞 '내 고향 마산항' 노래비도 그중 하나다. 반야월은 세상을 뜨기 전 친일 행적에 대해 사과했다. 몇 년 전 창원시에서 '산장의 여인' 노래비를 추진했는데 지역사회 반발로 없던 일이 됐다.

1981년 은방울자매가 부른 '삼천포 아가씨'는 당시 전국을 애잔한 물결로 만들었다. 삼천포 사는 어느 여인이 고시 공부를 핑계로 서

삼천포 아가씨

울서 연락 끊은 남자를 잊지 못한 실제 이야기를 담고 있다. 반야월 친구 딸 사연이기도 했다. 반야월은 이를 노랫말에 담아 세상에 내놓았다. 사천 노산공원에 있는 '삼천포 아가씨 상'은 여전히 하염없는 마음을 담고 있다.

둘다섯이 부른 '밤배'는 한때 초등학교 교과서에도 수록된 바 있다. 이 노래 배경지는 남해 상주 바다다. 노래를 만든 이두진은 지난 2007년 인터넷 카페에 '밤배 이렇게 만들어졌습니다'라는 글을 올렸다.

"남해안을 여행하게 되었습니다. 당시에는 남해대교도 놓이기 전이었지요. 남해읍에서 다시 상주해수욕장을 찾아갔습니다. 그리고 남해의 명산 금산에 올랐습니다. 그곳 보리암에서 하룻밤을 묵게 되었는데, 멀리 바다를 내려다보니 캄캄한 밤바다에 작은 불빛이 외롭게 떠가는 것이 보

하동포구 아가씨 노래비

황포돛대 노래비

였습니다. 그 인상을 그대로 메모했고, 즉석에서 곡을 흥얼거려 보았습니다. 이튿날 남해를 나와 삼천포를 경유하여 서울로 올라와 노래를 다듬었습니다. 마침내 밤배 노래가 완성된 것입니다."

이후 이 사연을 알게 된 남해군은 상주은모래비치에 '밤배' 노래비를 만들었다.

조영남은 '화개장터'를 부르면서 비로소 자신의 이름, 그리고 이 장터를 전국에 알렸다. 지금보다는 덜 알려졌을 때 조영남은 당시 소설가였던 김한길과 함께 지냈다고 한다. 어느 날 김한길이 내민 화개장터 관련 신문기사를 읽고서 영감을 얻어 만든 노래라고 한다. 하동이 고향인 정두수 작사가는 "그 정서를 노랫말에 잘 담은 것 같다"며 흡족해했다.

정 작사가 고향 땅에는 '하동포구 아가씨', '물레방아 도는데', '시오리 솔밭길' 노래비가 자리하고 있다. 특히 '하동포구 아가씨' 노래비는 은방울자매 아닌 하춘화가 부른 것을 담고 있다. 그가 하춘화 곡에 좀 더 마음 두기 때문이다.

이 밖에 진해에는 '배따라기' 이혜민이 만든 '삼포로 가는 길' 노래비, 이미자가 부른 '황포돛대' 노래비가 있다. 한때 노래 속 주인공을 놓고 논란이 많았던 '처녀뱃사공'은 함안에 노래비가 있으며, 김용임이 노래한 '항구의 연인' 노래비는 거제 옥포동에 자리하고 있다.

함안 통기타 가수 **조용호**

경남을 노래하다

컨트리음악을 하는 인디가수 조용호(33)는 함안에 산다. 자칭 '함안 통기타 가수'다. 그는 노래 제목에 유달리 구체적인 도내 지명을 많이 쓴다. 그중에서도 '상남동 노래'와 'Full of peace, 함안'은 제목뿐 아니라 가사 자체도 지역적인 내용이다.

'창동은 옛날에 죽었고 댓거리도 망해 가는데/ 아이고 이게 뭐야 상남동에도 주말에 사람이 없다/ 길바닥은 얼어붙었고 사람들의 귀도 얼어붙었네/ 분수광장 모퉁이에 기타밴드여 슬픈 노래를 불러라' ('상남동 노래' 중, 작사·작곡 조용호)

'어계선생 집터에 놀러 갔다가 채미정에서 한숨을 자고/ 고려동 돌담길을 쓰다듬다가 문득 자양산을 보내/ 당신은 가보았나 남쪽 나라에 지금은 버려진 곳에/ 따사로운 햇살 집집마다 수박이 열리는 곳' ('Full of peace, 함안' 중, 작사·작곡 조용호)

조용호는 지역을 소재로 노래를 만드는 것이 자신에게는 지극히 자연스러운 일이라고 말한다. 컨트리음악이라는 장르 자체가 일상, 주변 이야기를 소재로 많이 쓰는 까닭이다.

'상남동 노래'는 지난 2012년 겨울 만들어져 싱어 송 라이터 조용호의 탄생을 알린 곡이다. 창원에 대학 후배가 하는 공연을 보러 갔다가 나도 노래를 만들어보자며 만들었단다. 창원 번화가 상남동 거리에서 느낀 쓸쓸함을 표현했다고 한다.

가사 중에서 옛 마산의 번화가 창동과 댓거리를 '죽었다', '망해간다'고 표현한 것은 지난 시절 문화적이고 낭만적인 분위기가 사라지고 상업화되어가는 것이 안타깝다는 의미다.

'Full of peace, 함안'은 작정하고 함안을 노래하자며 2014년 여름에 만든 곡이다. 인디 포크가수지만 어르신들도 좋아할 만한 노래를 만들자는 생각도 했다.

노래에 나오는 장소들은 젊은이들에게는 고리타분할지도 모르지만 나름 되새겨볼 의미가 많은 곳이라고 조용호는 말한다. Full of peace는 함안을 영어로 풀어 쓴 것이다. 가득할 함咸과 편안할 안安으로, 평화로 가득한 함안이라는 뜻이다.

마산을 노래에 담은 **왕성상·황영일** 씨

지역 출신들끼리 의기투합

노래방 기기에서 '마산'으로 검색하면 노래가 몇 곡 나온다. 그중에 '이별 없는 마산항'과 '마산포 순정'은 만들어진 사연이 독특하다.

노래를 부른 이는 현직 언론인이면서 가수인 왕성상(62·대전) 씨다. 가사를 지은 이는 작고한 시인으로 한국예술문화단체총연합회 사무총장을 역임한 최절로1931~2012 씨다. 곡을 지은 이는 마산제일여자고등학교 등에서 교사를 오래 지냈고 지금도 활동이 왕성한 노년 성악가(테너) 황영일(72·창원) 씨다.

왕성상 씨

두 곡 모두 1998년에서 1999년 사이에 만들어졌다. 당시 <경남도민일보> 서울취재본부장이던 왕 씨가 마산항 개항 100년에 즈음해 마산에 대한 노래를 만들고자 했다.

왕 씨는 지난 1994년 남인수가요제에서 우수상을 받아 가수협회에 공식으로 등록된 가수였다. 당시 예총 사무총장이던 최 씨에게 가사를, 서울에서 활동하던 황 씨에게 곡을 부탁했다. 이들은 모두 재경 마산향우회에서 만났는데, 마산고등학교 선후배 사이이다.

'개항백년 마산항에는/ 합포만 푸른물 인정 넘치고요/ 오대양 잇는 돋섬에는/ 나래펴는 갈매기들 노래소리/ 의거의터 마산 사나이/ 의리하나만은 끝내준다오/ 이별이 없는 항구/ 이별이 없는 항구/ 이별 없는 마산항' ('이별 없는 마산항' 중, 작사 최절로·작곡 황영일)

황영일 씨

'봄오는 마산포 살구꽃 언덕

으로/ 태평양 훈기타고 온/ 제비들 날개짓이 가볍다/ 화끈한 마산 총각/ 꽃 한송이 꺾어들고/ 사랑하는 이여 이것 받으소/ 뚝심으로 끌어당겨 한아름 받으소/ 뚝심으로 끌어당겨 한아름 받으소' ('마산포 순정' 중, 작사 최절로·작곡 황영일)

이렇게 만든 노래는 지난 1999년 5월 1일 마산종합운동장에서 열린 마산 개항 100년 기념행사에서 공식 발표됐다.

왕 씨는 지금도 대전에서 언론인으로 활동하며 잡지 등에 음악 관련 글을 기고하고 있다. 황 씨는 현재 창원시에 살며 칠순을 넘긴 나이에도 한 달에 두세 번씩 연주 활동을 하고 있다. 두 사람 다 지금도 가끔씩 '이별 없는 마산항'과 '마산포 순정'을 부른다고 한다.

'홍대' 꿈꾸는 경남

인디음악 꽃피우려 지역 뮤지션 분주

창원을 연고로 한 프로야구단 NC 다이노스의 응원가 중에 '마산스트리트'란 노래가 있다. 원 제목은 'come on come on 마산스트리트여'인데 유명한 4인조 밴드 노브레인의 노래다. 노브레인의 보컬 이성우가 작사와 작곡을 했는데, 그의 고향이 마산이다. 서울에서 힘들게 음악을 하면서 고향을 생각하던 마음을 노래로 만들었다고 한다.

노브레인은 크라잉넛 등과 함께 홍대에서 활동한 우리나라 1세대

인디밴드로 불린다. 1999년 이후 폭발적으로 성장한 인디음악은 '자본에서 독립적'이라는 기존 의미에서 벗어나 하나의 대중가요 장르로 인정받은 듯하다. 특히 요즘에는 소셜미디어가 발달하면서 대중들이 쉽게 인디음악을 접할 수 있게 됐다. 이제는 대형 기획사 소속 가수 못지않게 인기를 누리는 인디밴드나 가수도 제법 생겼다.

1990년 후반에서 2000년대 초반에 이르는 한국 인디음악의 '폭발기'에는 경남에서도 인디밴드 활동이 활발했다. 핵심은 진주였다. 진주에서 오랫동안 활동한 문화기획자 김재희(40·진주시) 씨는 당시 한국 인디신(인디음악계)의 4대 축으로 서울 홍대 '드럭', 부산 '625', 대구 '헤비', 진주 '다다'를 들었다. 모두 당시 음악 클럽 이름이다. 한 마디로 '장난이 아니었던 시절이었다고 한다. 그만큼 진주에 음악적인 에너지가 넘쳐나던 때로 그는 기억하고 있다.

실제 지난 2000년 진주 클럽 다다를 중심으로 부산·대구지역 밴드들이 모여 '록스타 어라이브-먼나라 이웃나라'란 제목으로 컴필레이션 음반(일종의 기획 음반)을 낸 적도 있다. 레이블(소규모 기획사) 이름을 '다락'이라고 지었는데, 우리나라 최초 지역 인디레이블이었다고 한다.

이후로 한동안 뜸하던 경남지역 인디음악계가 요즘 활기를 띠고 있다. 진주·창원·김해를 중심으로 열심히 활동하는 가수들이 늘었고, 공연을 할 만한 공간도 제법 많아졌다. 대표적으로 경남에서 활동하던 포크가수 권나무(31·본명 권경렬)를 들 수 있는데, 2014년과 2015년 연속으로 한국대중음악상 최우수 포크 노래상을 받으며 포크 음악계 신성으로 떠올랐다. 이 외에도 바나나코, 조용호, 엉클밥, 마르꼬스 같은 '홍대급' 음악인들이 경남에서 활동하고 있다.

경남지역 인디음악을 전국적으로 알리는 데에는 김재희 씨가 기

문화기획자 김재희 씨가
도내 인디음악에 대해서 말하고 있다.

획한 '오프스테이지 라이브'란 영상들이 많은 기여를 했다. 시작은 지난 2013년 12월 (재)경남문화예술진흥원이 주최, (사)코리아드라마페스티벌조직위원회가 주관하는 '경남 대중음악 디지털콘텐츠 제작지원 사업' 프로젝트였다. 지역 밴드 5팀으로 영상 10개를 만들어 제출만 하면 끝나는 일이었다. 하지만 김 씨는 페이스북 페이지를 만들어 대중들에게 적극적으로 경남지역 인디음악인들을 소개했다. 프로젝트가 끝난 후에도 꾸준히 작업을 해 현재 페이지에는 12개 팀 이상, 45개 동영상이 공개돼 있다.

김 씨가 가수나 밴드를 섭외하는 원칙은 자기 이야기가 있느냐다. 그리고 자신만의 음악을 만들어 실제 연주가 가능해야 한다. 깐깐한 기준은 효과가 있었다. 오프스테이지 라이브 페이지는 개설 한 달 만에 13만 명이 페이지 '좋아요'를 눌렀고 최고 15만 명까지 늘었다가 지금은 10만 명 수준을 유지하고 있다. 페이지를 보고 전국에서 자신들도 영상을 만들어달라는 연락이 귀찮을 정도로 들어왔다. 그중에는 유명 가수도 있었다고 한다. 하지만 김 씨는 지금도 지역 음악인 위주로 작업을 하고 있다.

'언제 어느 곳이든 아무렇게나 오시라'

-이원규 시인 〈행여 지리산에 오시려거든〉-

지리산

지리산

—

지리산은 제주도를 제외한 한반도 남단에서 가장 크고 높은 산이다.
행정구역으로 삼도봉을 기준으로 경남에는 산청군·하동군·함양군을
포함하고 전북은 남원시, 전남은 구례군에 걸쳐 있다.
지리산은 남쪽 지역 여러 강의 어머니이기도 하다.
지리산 북쪽으로 흘러내린 물은 엄천강에서 경호강으로,
다시 남강에서 낙동강으로 이어진다.
남쪽으로 흘러내린 물은 그대로 섬진강이 된다.
지리산은 지난 1967년 우리나라 1호 국립공원으로 지정됐다.
산이 높고 넓은 만큼 자연·인문을 망라해 많은 것을 품고 있다.
2박 3일 동안 그 커다란 품으로 들어가 보았다.
지리산을 향한 여정은 산청에서 시작해 함양으로,
다시 하동으로 이어진다.

산청군 중산리에서 올라가다

지리산에서 가장 높은 봉우리는 천왕봉으로 높이가 1915.4m다. 천왕봉으로 가는 길 중 산청군 시천면 중산리 골짜기에서 시작해 법계사를 거치는 코스가 가장 짧다.

중산리로 가는 길은 남명 조식1501~1572 선생을 만나는 길이기도 하다. 길목에 있는 덕산德山이란 마을 때문이다. 지리산으로 들어가는 마지막 큰 마을이다. 이곳에 남명 선생이 만년을 보냈다는 서재 산천재山天齋와 선생의 묘소, 선생을 모신 덕천서원德川書院이 있다. 이 주변에서 흔히 보는 덕德이란 한자는 바로 남명 선생을 뜻한다. 남명 선생은 퇴계 이황과 나이가 같으면서 학문으로도 쌍벽을 이루었던 분이다. 남명 선생이 제자를 가르치던 산천재에서는 천왕봉이 아득하

산천재

산청 중산리 성모상

게 보인다. 선생은 그야말로 천왕봉 같은 기상으로 한세상을 살아가셨다 한다.

중산리 계곡까지는 버스가 들어간다. 계곡 주변으로 식당과 숙박 시설이 제법 들어서 있다.

버스 정류장에서 계곡을 가로질러 다리를 건너면 성모상으로 가는 길이 나온다. 성모聖母는 지리산 산신山神이다. 마고 할매라고도 한다. 제주도 설문대 할망처럼 여성성을 지닌 수호신이다. 조선시대까지만 해도 천왕봉 근처에 성모사란 절이 있었고, 그곳에 성모상이 있었다고 한다. 스님들은 그 성모상을 석가모니의 어머니인 마야부인이라고 불렀다 한다. 하지만 백성들은 천왕성모라고 부르며 지리산 산신으로 숭배했다고 한다. 특히 무속인들이 많이들 찾았다고 한다. 현대에 들어 절은 사라지고 성모상만 남았다가 이마저도 1970년대에 실종되고 만다. 그러던 것을 혜범이라는 스님이 1978년 다시 찾아내 지금은 중산리 계곡 근처에 있는 천왕사에 모시고 있다. 현재 경상남도 민속자료 제14호로 지정돼 있다.

중산리 버스 정류장 근처에 있는 성모상은 천왕사 성모상과 같은 것을 지난 2000년 산청군 시천면 주민들이 돈을 모아 만든 것이라고 한다. 모양은 같지만 크기가 더 크다. 성모상 앞에는 제단이 마련돼 있다. 지금도 무속인들이 찾아와 기도를 드린다. 잠깐 곁에서 이야기를 엿들으니 전주·대전·강원도 등 전국에서 찾는다고 한다.

버스 정류장에서 매표소가 있는 중산리 탐방안내소까지는 다시 제법 걸음을 옮겨야 한다. 지리산 국립공원은 입산시간을 통제하고

중산리

있다. 혹시 법계사에서 운영하는 버스를 얻어탈까 하고 기다리고 있자니 안내소 직원이 다가와 입산 통제시간이 다 되어 가니 그냥 걸어서 올라가라고 한다. 중산리에서는 오후 2시가 넘으면 산으로 들어갈 수 없다. 대피소에서 자기로 예약을 했다면 오후 4시까지가 통제 시간이다. 직원은 가끔 통제시간을 조금 넘겨 오시는 분들도 있는데, 언성을 높여 항의를 해도 절대로 들여보내 주지 않는다고 설명한다.

드디어 지리산 품으로 들어왔다.

칼바위를 지나면서 등산로가 험해진다. 그런 만큼 위험 안내 표지도 많다. 산행 전 준비운동 방법과 심폐소생술도 알려준다. 심장돌연사를 예방하려면 충분히 휴식해야 한다는 표지도 있다. 등산로 길섶을 살리려고 스틱을 사용하지 말자는 캠페인 펼침막도 있다. 무엇보다 눈에 들어오는 것은 반달곰을 마주치지 않게 조심하라는 내용이다. 정해진 등산로를 벗어나지 말고, 혹시 만나더라도 최대한 조용히 도망치라고 한다. 특히 곰에게 먹을 것을 주지 말란다. 이빨이 썩는다는게 이유다.

칼바위

온몸이 땀에 젖고 나서야 첫날 숙소인 로터리대피소에 도착한다. 산속은 벌써 어스름 저녁이 내리고 있다.

천왕봉에 오르다

새벽 3시. 조용히 배낭을 챙겨 대피소를 나온다. 매점에서 산 비스킷으로 간단하게 요기를 하고 산길을 나선다. 산길은 캄캄한 어둠 속에 있다. 손전등을 켜고 조심조심 산길을 오른다. 법계사에서 천왕봉을 오르는 길은 험하기로 이름 나 있다. 어둠 속이라서 그런지 발길이 조심스러워서 그런지 힘들다는 생각은 들지 않는다.

새벽 4시, 법계사에서 목탁소리가 들려온다. 도량석이다. 새벽 예불 전에 도량을 청정하게 하려는 의식이다. 곧이어 범종이 울린다. 새벽 범종은 미물을 깨우는 소리라고 한다. 돌아보니 사위는 아직 어둡다. 하늘에는 아직 달이 희미하게 걸려 있다. 천왕봉에 가까워질수록 서늘한 기운이 느껴진다. 마지막 오르막은 거의 네 발로 기어서 올라간다. '깔딱고개'라 불리는 급경사다. 드디어 천왕봉이다. 1시간 40분 정도 걸렸다. 천왕봉에는 50여 명이 모여 일출을 기다리고 있다. 천왕봉 일출은 노고단 운해, 반야봉 낙조, 피아골 단풍, 벽소령 달, 불일암 폭포, 세석평원 철쭉, 섬진강 물줄기, 칠선계곡 절경, 연하봉 선경 등 지리산 십경 중 단연 최고로 꼽는다.

장엄한 일출은 없었다. 다만 동쪽 하늘 갈라진 구름 사이로 황금빛 햇살이 길에 늘어지며 능선들을 비춘다. 옅은 구름과 함께 첩첩 겹친 능선들을 바라보자니 지리산이 왜 천하명산인지 알겠다. 사람들이 모두 떠나기를 기다려 혼자 천왕봉에 선다. 천왕은 불교에서 불법을 수호하는 신을 말한다. 사찰 입구에 있는 사천왕의 천왕이

지리산 천왕봉 풍경

다. 불법으로 들어가는 입구가 사천왕문이라면, 신의 경계로 들어가는 입구가 천왕봉일 것이다. 선인들의 글을 보면 천왕봉에 오른 후 감상이 주로 인간 삶의 하찮음이었다. 그만큼 천왕봉에서 보는 풍경은 압도적이다.

천왕봉에서 내려와 세석대피소 쪽으로 방향을 잡는다. 이제부터는 능선을 오르내리는 길이다. 세석까지는 제석봉1808m, 연하봉1730m, 촛대봉1703.7m 같은 봉우리를 계속 넘어야 한다.

봉우리를 넘을 때마다 한 번은 산청 방향으로, 한 번은 함양 방향으로, 또 한 번은 전라도 방향으로 시야가 탁 트인다. 전라도 방향으로 아득히 이어지는 산줄기는 전라도 쪽 중심 봉우리인 반야봉1732m과 노고단1507m으로 연결될 것이다.

가는 길에 장터목대피소에서 간단하게 아침을 해먹는다. 급히 갈 이유가 없으니 쉬엄쉬엄 걷는다.

세석대피소 가는 길에는 드문드문 평원이 펼쳐진다. 낮은 나무와 풀, 들꽃이 바람에 흔들리는 모양을 보고 있자면 몸과 마음이 한결 가벼워진다. 곳곳에 나타나는 구상나무 군락은 독특한 풍광이다. 씩씩하게 길을 걷는 초등학생 아이 둘을 만난다. 친구 세 명이 함께 왔단다. 왜 둘이냐고 물으니 한 아이는 고소공포증이 있어 보호자로 온 자기 아버지와 천천히 오고 있다한다. 힘든 기색은 없고 마냥 즐거워 보인다.

그렇게 세석대피소에 도착한다. 지리산에 들어온 지 이틀이 지났다.

천왕봉에서 세석대피소 가는 길에 본 풍경

함양군 백무동으로 내려가다

비 오는 아침 세석대피소 한신계곡을 따라 산에서 내려간다. 바위가 비에 젖어 미끄럽다. 넘어질 게 무서워 속도가 아주 느리다. 능선을 걷던 것과는 달리 하산길에서는 웅장한 지리산이 보이지 않는다. 대신 늠름한 나무와 무성한 수풀, 시원한 계곡 풍경이 이어진다. 특히 길 곳곳에서 만나는 부러진 거목들은 자연의 힘이 때로 얼마나 무서운지 상상하게 한다.

4시간을 걸어서야 겨우 백무동 매표소를 지난다. 지리산 국립공원을 빠져나온 것이다. 이곳은 함양군 마천면 백무동계곡이다. 오래전 천왕봉에 기도를 하려는 무당들이 모여 살았던 곳이라 한다. 백 명의 무당이 살았다고 해서 백무百巫라는 이름이 붙었다 한다.

백무동계곡에도 식당과 숙박시설이 많다. 계곡이 깊고 시원해 여름 피서객도 많은 편이다. 이곳 버스정류장에는 백무동에서 바로 동서울, 남서울, 대전, 안양, 부천으로 가는 고속버스가 있다. 이곳을 거치는 시골버스도 많이 있다. 시골버스를 타고 근처 마천면사무소까지 나왔다.

마천면은 지리산의 풍성함을 제대로 보여주는 곳이다. 이중환이 〈택리지〉에서 지리산을 두고 '깊고 험하지만 화전민도 천석을 한다고 할 정도로 그 골이 넓고 깊다'고 했다. 그래서 역사적으로 유민들이 많이 숨어 살던 곳이다. 가락국 마지막 왕인 양왕이 신라에 쫓겨 마지막으로 거점을 삼은 곳도 마천면 추성마을이다.

마천면사무소를 지나 금대산을 잠시 오른다. 이곳에서는 천왕봉을 포함해 지리산을 전체적으로 볼 수 있다. 무엇보다 금대산에서는 지리산 자락에 펼쳐진 다랑이논들을 한눈에 볼 수 있다. 이들 다랑이논이야말로 지리산의 강한 생산력을 그대로 보여주는 풍경이다.

금대산 자락에서 밭일을 하는 노부부를 만났다. 묵묵히 땅만 바라보고 일하는 부부. 그 너머로 지리산 연봉들이 구름에 가린 채 서 있다.

함양군 마천면 금대산 자락에서 본 지리산

하동군 청학동을 가다

세석대피소에서 한신계곡 반대편 삼신봉으로 방향을 잡고 내려오면 하동군이다.

삼신봉에서 길은 두 갈래. 하나는 쌍계사로 가는 길이다. 쌍계사로 가는 길은 그 유명한 불일폭포를 지나는 길이기도 하다. 쌍계사 주변은 지리산 매화와 녹차가 자라는 곳이다. 그리고 화개천을 따라 더 내려가면 섬진강 줄기와 만나게 된다. 대표적인 하동의 풍경이다.

다른 하나는 청학동으로 가는 길이다. 청학동의 다른 이름은 도인촌道人村이다. 강대성1890~1954이 창시한 종교인 '유불선갱정유도교儒佛仙更正儒道教' 신봉자들이 한국전쟁 이후 이곳으로 모여들어 살면서부터 마을이 생겼다고 한다.

역사가 60년이 되지 않는 이 마을이 유명해진 것은 유교를 중심으로 불교·도교를 포함해 동서양 학문을 모두 합쳐 현대문화의 부조리를 배제하고 인간 본성을 찾는다는 교리에 따라 머리를 땋거나 상투를 틀고, 흰 옷을 입는 등 전통 생활방식을 고집하며 살았기 때문이다. 1980년대 이후 청학동의 모습이 세상에 알려지며 외부사람들이 드나들기 시작했다. 훈장, 서당, 댕기 머리 꼬마 등 일반적으로 사람들에게 심어진 청학동 이미지가 이 시기에 형성된 것이다.

최근에는 청학동보다 근처에 있는 삼성궁으로 사람들의 발길이 이어지고 있다. 삼성궁은 강민주한풀선사가 1983년부터 해발 850m 지역에 고조선 시대 소도蘇塗를 복원한 것이다. 삼성은 환인, 환웅, 단군을 뜻한다. 오랜 시간 차곡차곡 쌓은 돌탑들이 이제는 독특한 풍경으로 사람들을 그러모으고 있다. 이곳도 이전에는 사람들이 함부로 들어가지 못했다고 한다. 지금은 하동 지역 대표 관광지 중 하나

도인촌 풍경

하동 청암면 삼성궁. 오랜 시간 쌓아오고 있는 돌탑이 인상적이다.

로 관광객들이 끊임없이 찾는 곳이다. 한때는 신선도를 수행하는 도사들이 수십 명에 이르렀지만 지금은 십여 명 정도라고 합니다.

현재 청학동은 마을공동체가 거의 사라진 듯하다. 이제 청학동에는 식당과 숙박시설, 예절교육을 한다는 서당이 가득하다. 물론 지금도 도인촌에는 유불선갱정유도교를 믿는 이들이 몇몇 남아 전통을 지키며 살고 있다. 마을 풍경도 나름 어느 정도는 옛 모습을 간직하고 있다. 하지만 이제는 자동차가 마을 안까지 밀고 들어온다.

마을 길 위에 서서 마실 나온 도인촌 할머니 두 분을 가만히 지켜본다. 지리산 골짜기에서 오래 살아 그런지 얼굴들이 참 맑고 곱다. 할머니들은 텃밭에서 여물어가는 호박을 흐뭇하게 바라보며 이야기를 나눈다.

그런 할머니들 곁으로 여름 피서객을 태운 승용차가 지나간다. 이어 한 무리 관광객들이 왁자하게 떠들며 마을길에 들어선다. 그들을 피해 할머니들은 조용히 집안으로 들어간다. 그런 할머니들 뒷모습에서 지리산 마고할매를 본다. 지리산으로 시집와서 평생을 살아간 그들이 곧 지리산 성모가 아닐는지. 가만히 두 손 모으고 읍揖한 후에 뒤돌아 산에서 내려간다.

누가 그랬다. 아무리 망가지더라도 지리산은 지리산이라고. 지리산은 크고 인간은 작고 하찮다.

작은 들꽃부터 멸종위기종까지 6703종 '삶의 터전'

지리산은 산이 높고 넓은 만큼 다양한 생물이 살고 있다. 2014년 기준으로 지리산에는 식물 1074종, 동물 4668종, 기타 생물 961종 등 모두 6703종이 있다.

산림은 온대남부형에 속하지만 고산지대에는 한대식물이, 산기슭으로는 온대식물이 무성하다. 구체적으로 해발 500~600m 이하에는 졸참나무·떡갈나무, 500~1000m에는 굴참나무, 900~1400m에는 신갈나무, 1350~1860m에는 구상나무, 가문비나무가 숲을 이루고 있다. 목본식물 중 대표적인 것은 구상나무다. 전나무목 소나뭇과에 속하는 늘푸른 바늘잎나무인데 우리나라에서만 발견된다. 대

해발 1350~1860m에서 자생하는 구상나무

표적으로 한라산과 지리산 해발 1400m 이상 지역에 군락을 이루고 있다. 구상나무는 세계자연보전연맹IUCN이 선정한 멸종위기종으로 최근 분포지역이 줄어들고 있어 정부가 복원 사업을 벌이고 있다.

지리산 종주 능선을 따라가다 보면 다양한 초본식물을 볼 수 있는데, 그중 산오이풀은 여름에 가장 흔히 볼 수 있는 들꽃이다. 일반적으로 오이풀은 줄기나 잎을 비비면 오이냄새가 난다고 해 붙여진 이름이다. 5가지 오이풀 종류가 우리나라에 있는데, 산오이풀은 지리산과 설악산 고산지역에서만 볼 수 있다. 8, 9월이면 붉은 자줏빛 꽃이 핀다. 오이풀 뿌리는 지혈제로 쓰인다.

아마도 지리산에 사는 동물 중 가장 유명한 것은 반달가슴곰이 아닐까. 현재 멸종위기 야생동식물 1급, 천연기념물 329호로 지정돼 있다. 지난 2004년 지리산 반달가슴곰 복원사업을 본격적으로 추진한 이후 최근까지 37마리가 야생하는 것으로 확인된다. 국립공원관리공단은 2020년까지 50마리까지 개체수를 늘릴 계획이다.

대피소

총 8곳…세석대피소 최대 190명 수용

지리산에 있는 대피소는 그야말로 비상상황에 안전하게 대피할 수 있는 곳이다. 하지만 평소에는 지리산을 찾은 이들에게 산속 숙박시설이자, 훌륭한 쉼터다.

현재 지리산에는 세석대피소, 장터목대피소, 로터리대피소, 치밭

세식평원에 자리한 세석대피소

목대피소(이상 경남지역), 벽소령대피소, 연하천대피소, 피아골대피소, 노고단대피소(이상 전라 지역) 등 모두 8개가 있다.

이 중 규모가 가장 큰 곳은 세석대피소다. 세석대피소는 세석평원에 자리 잡고 있다. 세석평원은 지리산 주능선 중 촛대봉[1703m]과 영신봉[1652m] 사이에 있는 우리나라 최대 고산평원이다. 세석대피소는 한꺼번에 190명 정도를 수용할 수 있다.

장터목과 로터리대피소는 천왕봉에서 일출을 보려는 이들이 주로 이용하는 곳이다. 이곳에서 잠을 자고 새벽에 일어나 한두 시간만 산을 타면 천왕봉에 도착한다.

대피소 잠자리는 마룻바닥 침상 형태로 개인 공간은 아주 적다. 매점에서 간단한 음식을 살 수 있지만 취사는 직접 해야 하고 샤워 시설도 없다. 지리산에서는 아무 데서나 취사를 할 수 없기도 해서 끼니때가 되면 대피소 취사장에 음식을 준비하는 이들이 붐빈다.

민간이 운영하는 피아골과 치밭목대피소를 빼면 대피소를 지키는 이들은 모두 국립공원관리공단 소속 직원이다.

보통 4명의 직원이 두 명씩 번갈아가며 대피소를 지킨다. 규모가 큰 세석대피소는 직원이 7명이다. 대피소 직원들은 일주일에서 10일 정도 산 속에서 머물러야 한다. 매점 판매에서 화장실 청소, 전기 공사 등 하는 일도 다양하다.

옛날 지리산 유람엔 사찰·승려 도움 필수

지리산은 우리나라 어떤 명산보다도 사찰이 많은 곳이다. 대표적인 사찰로 전남 구례군에 있는 화엄사·천은사, 경남 하동군에 있는 쌍계사를 꼽는다. 모두 역사가 오래고 사세가 큰 사찰들이다. 이 외에도 지리산 계곡을 따라 연곡사(구례), 칠불사(하동), 길상사·대원사·내원사(산청), 벽송사(함양), 실상사(남원) 등이 있다.

이 중 하동군 화개면 운수리에 있는 쌍계사는 대한불교조계종 제13교구 본사로 43개 말사와 4개 암자를 거느린 큰 사찰이다.

하동 쌍계사 대웅전

함양 벽송사

쌍계사를 포함해 주변이 경상남도 기념물 제21호로 지정돼 있을 정도로 문화재 가치도 크다. 봄이면 쌍계사로 가는 벚꽃길을 보려 사람들이 몰려든다.

산청군 시천면 중산리에 있는 법계사는 우리나라에서 가장 높은 곳1400m에 있는 사찰이다. 워낙 높은 곳에 있다 보니 한국전쟁 때 불에 탄 후 토굴만 남아 있다가 근래 들어서야 복원됐다. 지금은 사라진 사찰로 천왕봉 근처에 성모상을 봉인하던 성모사, 노고단에 역시 성모를 모시던 남악사가 있었다고 한다.

요즘처럼 등산로가 발달하지 않은 옛날에는 지리산을 오르는 일은 쉽지 않았다. 그래서 옛 사람들의 지리산 유람에서는 사찰과 승려의 도움이 절대적이었다. 사찰은 숙식을 제공했고, 승려는 길 안내를 맡았다. 지리산 자락에 있는 마을들은 보통 사찰에 딸린 땅을 소작하는 사람들이 사는 사하촌寺下村이었다. 예컨대 다랑논으로 유명한 함양군 마천면 마을들은 남원시 산내면에 있는 신라 천년고찰 실상사와 그 말사를 중심으로 세워진 사하촌이다.

계곡

국내 3대 계곡 중 하나가 있다

지리산에는 높은 봉우리만큼이나 계곡이 많다. 그중 칠선계곡, 한신계곡(이상 함양), 대원사계곡(산청), 피아골(전남 구례), 뱀사골(전북 남원)이 유명하다.

칠선계곡은 지리산 계곡 중 단연 으뜸으로 친다. 설악산 천불동계곡, 한라산 탐라계곡과 함께 우리나라의 3대 계곡이다. 지리산 십경十景에도 포함돼 있다. 칠선계곡을 통하는 등산로는 함양군 마천면 추성마을에서 천왕봉까지 9.4㎞ 정도다. 길이 험난하고 원시림으로 둘러싸여 있어 함부로 가기가 위험하다. 현재 국립공원관리공단은

칠선계곡 등산로를 통제하고 탐방 예약·가이드제를 시행하고 있다. 미리 신청을 하면 직원이 나서서 안내를 하는 방식이다. 칠선계곡을 따라 천왕봉까지 가다 보면 용소, 주지터, 추성망바위, 선녀탕, 옥녀탕, 비선담, 칠선폭포, 대륙폭포, 삼층폭포, 마폭포 등 신비한 경치가 연이어 나타난다.

칠선계곡으로 가지 못하는 아쉬움은 백무동에서 천왕봉에 이르는 한신계곡으로 달랠 수 있다. 천왕봉에서 한신계곡을 따라 내려가는 길에는 한신폭포, 오층폭포, 가내소폭포, 첫나들이폭포 이렇게 잇달아 4개 폭포가 나타난다. 특히 가내소폭포가 있는 곳은 가내소라는 웅덩이가 있는데, 옛 사람들은 가뭄이 들면 이곳에서 제를 지내곤 했다. 짙은 녹색의 물빛은 이곳이 얼마나 깊은지를 증명한다.

한신계곡 가내소

피아골은 전남 구례군 연곡사에서 반야봉으로 이어지는 계곡이다. 옛날부터 피, 기장 같은 곡식을 많이 가꾸어 피밭골이라 불렸는데, 점차 발음하기 편하도록 피아골이 됐다고 한다. 한국전쟁 당시 빨치산 근거지로 유명하다.

뱀사골은 지리산 반야봉에서 전북 남원시 산내면 부운리 방향으로 흘러내리는 계곡이다. 100명 정도가 한꺼번에 앉을 수 있는 너럭바위가 곳곳에 있다.

빨치산 흔적들

'민족상잔' 그 아픔 서린 골

근현대사 속 지리산 이야기에서 빨치산을 빼놓을 수 없다. 지리산은 은신처가 필요했던 빨치산에게 그 품을 내주었다.

지리산 대원사(산청군 삼장면) 계곡. 유홍준 교수가 〈나의 문화유산 답사기〉에서 남한땅 최고 탁족처로 꼽았다. 발 담그고 더위 날리기 좋은 무릉도원인 곳이다.

불과 50~60년 전에는 죽음의 공간이었다. 빨치산·국군 할 것 없이 이곳에 들어갔다가 살아 돌아온 사람이 없었다고 한다. 그래서 이곳에서도 '골로 갔다'는 말이 따라붙었다.

빨치산 토벌 작전이 마무리 된 것은 1963년 11월 12일 새벽이다. 그 마지막 공간은 대원사 아래에 있는 내원사(산청군 삼장면) 계곡이다. 이곳에서 이일영 부대 소속이던 남자 이홍이(당시 30세)는 사살됐고, 여자 정순덕(당시 29세)은 총상을 입은 채 붙잡혔다. '마지막 빨치산'이라 불리는 정순덕은 지리산 아래에서 나고 자랐다. 남편을 따라 지리산 더 깊숙한 곳으로 들어가 12년 간 빨치산으로 살았다. 고향 땅 인근 내원사계곡에서 붙잡혀 23년 동안 옥살이를 하다 2004년 세상을 떴다.

'남도부'라는 이름을 사용한 빨치산 사령관 하준수1921~1955. 그는 일제강점기 때 지리산 칠선골로 들어가 '보광당'이라는 조직을 만들었다. 이에 '최초 빨치산'이라 불리기도 한다. 오늘날 함양군 병곡면 도천마을에 그의 생가가 폐허로 남아 있다.

남강 발원지인 천왕샘으로 향하다 보면 법계사(산청군 시천면 중산리)라는 절을 만날 수 있다. 지리산 1450m에 자리하고 있다. 이

산청 법계사에서 본 지리산

산청 지리산 빨치산 토벌전시관

나라 사찰 가운데 가장 높은 곳에 있다. 산 속에 안겨 있으며 외부 조망도 가능한 이곳은 빨치산 지휘본부로 이용되기도 했다.

함양군 마천면에 있는 벽송사는 '한국 선불교 최고 종가'라는 이름을 달고 있다. 널찍한 터를 안고 있어 빨치산 야전병원으로 사용된 이유를 짐작게 한다. 국군이 빨치산 소탕을 위해 불을 질러 모두 소실되기도 했다. 1960년대에 중건한 것이 지금에 이르고 있다.

산청군 삼장면 소막골은 오늘날 캠핑야영장으로 이름을 알리고 있다. 지리산 동부 통로라 할 수 있는 이곳은 빨치산이 가장 먼저 자리 잡은 공간이기도 하다.

산청군 시천면 중산리에는 지리산 빨치산 토벌전시관이 있다. 빨치산 생활상을 재현해 놓기도 했다. 아픈 역사보다는 국군의 소탕공에만 방점을 둔 것 같아 돌아서는 발걸음을 무겁게 한다. 하동군 화개면 지리산역사관도 빨치산 루트, 관련 인물 등을 담고 있다.

조선시대 기행문 형식으로 등장

'지리산가智異山歌'라는 백제 가요가 있었다는 고서 기록이 있다. 지은이·연대는 알려지지 않았지만 이것이 지리산 관련 최초 문학작품으로 전해지고 있다. 지리산 문학은 조선시대 들어 기행문 형식으로 등장한다. 김종직의 '유두류록遊頭流錄', 이륙의 '유지리산록遊智異山錄'이 대표적이다. 김일손의 '속두류록續頭流錄'에는 이러한 내용이 담겨 있다.

'천왕봉이 10리 정도 되어 보였다. 여기서 5리쯤 가서 법계사에 닿으니 중은 한 사람밖에 없고, 산꽃이 곱게 펴 저문 봄철을 수놓았다 …… 저물녘에 봉우리의 절정에 오르니…… 김종직·유호인·조위가 성화 임진에 함께 오르다고 쓰여 있었다.'

합천이 고향인 남명 조식은 61세 때 산청으로 와 후진 양성을 위한 산천재를 만들었다. 오늘날 산청군 시천면에 자리한 산천재 앞에는 지리산이 우뚝 서 있다. 남명 조식은 시조에서 '두류산 양단수를 예 듣고 이제 보니 / 도화 뜬 맑은 물에 산영조차 잠겼에라 / 아이야 무릉이 어디오 나는 옌가 하노라'라며 이상향에 대한 마음을 드러냈다.

현대 들어서는 이병주 대하소설 '지리산'이 빨치산을 본격적으로 담았다. 이후 조정래 '태백산맥', 김원일 '겨울골짜기'와 같은 작품이 이어졌다. 이태가 지은 빨치산 수기 '남부군'은 지난 1990년 정지영 감독 손에 영화로 만들어졌다.

이외 지리산 문학 작품은 서정인 '달궁', 문순태 '피아골', '철쭉제', 김주영 '천둥소리' 등 시대적 아픔이 주요 정서로 깔렸다.

지리산에서 만난 사람들

산청군 중산리 언덕에서 카페 하는 **조은새**(30) 씨

Q: 우리나라에서 가장 높은 곳에 있는 정식 카페일 것 같은데 어떻게 여기서 카페를 할 생각을 했나?

"부모님께서 여기서 13년 동안 식당을 하셨다. 2015년에 게스트하우스를 새로 시작했다. 원래는 지금 카페 자리에서 빈대떡을 팔려고 그랬는데 제가 카페를 하자 그랬다. 서울에서 직장 생활을 했는데, 많이 힘들더라. 이럴 때 아니면 또 언제 부모님과 같이 살아보겠나."

Q: 언제부터 한 건가?

"공사는 2014년 10월부터 했는데 겨울에 땅이 꽁꽁 얼어버리더라. 그래서 2015년 4월에 다시 시작해 정식으로 연 건 2015년 7월 20일이다. 주로 등산객 위주로 많이 온다."

산청군 중산리 민간산악구조대장 **조홍규**(62) 씨

Q: 민간구조대가 뭔가?

"회원들 회비를 모아 운영하는 순수 자원봉사단체다. 우리는 1982년 시

작했다. 지금은 회원이 16명인데 모두 응급처치 자격증이 있다. 지리산 산청군 지역에서 사고가 나면 우리가 바로 출동한다."

Q: 언제 사고가 자주 나나?

"비 오는 날이다. 미끄러지거나 바위 아래서 비를 피하다 깔리거나 그런다. 계곡에서 미끄러져서 정신을 잃기도 한다. 그럴 때 우리처럼 경험 많은 이들이 신속하게 찾아내는 게 때로 생명을 살리기도 한다."

Q: 등산객들에게 하고 싶은 말이 있나?

"보통 관광버스 기사들이 산악회 만들어서 많이 오는데 사람들 관리를 안 한다. 사고 신고 들어와서 달려가 보면 혼자 비 맞고 멍하니 앉아 있는 때가 잦다. 배낭 하나 들어주는 사람이 없다. 다들 하산해서 술 마시고 있고…. 제발 같이 온 사람들 좀 잘 챙겼으면 좋겠다."